KB214418

리치 원전 【5권】

Fonti Ricciane

그리스도교의 중국 진출기

리치 원전 【5권】

Fonti Ricciane

—

1판 1쇄 인쇄 2024년 10월 30일
1판 1쇄 발행 2024년 11월 15일

—

저　자 ｜ 마태오 리치, 파스콸레 마리아 델리야
역주자 ｜ 김혜경
발행인 ｜ 이방원
발행처 ｜ 세창출판사
　　　　신고번호 제1990-000013호
　　　　주소 03736 서울시 서대문구 경기대로 58 경기빌딩 602호
　　　　전화 02-723-8660 팩스 02-720-4579
　　　　이메일 edit@sechangpub.co.kr 홈페이지 www.sechangpub.co.kr
　　　　블로그 blog.naver.com/scpc1992 페이스북 fb.me/Sechangofficial 인스타그램 @sechang_official

—

ISBN 979-11-6684-335-8 94230
　　　　979-11-6684-330-3 (세트)

—

이 역주서는 2018년 대한민국 교육부와 한국연구재단의 지원을 받아 수행된 연구임.
(NRF-2018S1A5A7029259)

—

이 책은 한국연구재단의 지원으로 세창출판사가 출판, 유통합니다.
잘못 만들어진 책은 구입하신 서점에서 바꾸어 드립니다.

리치 원전 【5권】

Fonti Ricciane

마태오 리치의 원전과
유럽-중국 간 첫 번째 관계사

(이탈리아 왕립 학술원 주관)

파스콸레 마리아 델리야 발행 및 주석

김 혜 경   역

세창출판사

선교의 점진적인 발전과 개별 그리스도인의 증가
1603년 2월부터 1610년 5월 10일까지, 그리고 1611년 11월 1일까지

리치원전 전체 차례

2권

2책

I. 조경(肇慶) = 소흥 수도원(1583년 9월 10일부터 1589년 8월 초순까지)

3책

★ 제1부(제1장~제9장)

II. 소주(韶州) 수도원(1589년 8월 26일부터 1595년 4월 18일까지)

제3장 구태소가 어떻게 소주에 거주하게 되었고 마태오 신부의 제자가 되었는지에 대해, 이후 구태소 덕분에 소주에 자리를 잡게 된 경위에 대해(1590년 말부터 1591년 9월까지)

제4장 우리가 소주에서 겪은 어려움과 두아르테 데 산데 신부가 소주에 가고, 마카오로 돌아가는 길에 생긴 일에 대해(1590년 말부터 1591년 9월까지)

제5장 안토니오 데 알메이다 신부의 사망과 그가 있던 소주로 프란체스코 데 페트리스 신부가 투입된 것에 대해(1591년 10월 11일부터 1591년 12월 말까지)

제6장 마태오 리치가 남웅(南雄)으로 어떻게 갔는지에 대해, 그 지역 일부 그리스도인들이 한 일(1591년 말부터 1592년 중반 즈음까지)

제7장 밤에 강도들이 수도원을 침입하여 두 신부에게 상해를 입히고 재판에 넘겨졌으나 신부들에 의해 풀려나다(1592년 7월부터 1594년 6월까지)

제8장 프란체스코 데 페트리스 신부의 사망과 소주에서 그의 자리를 대신할 라자로 카타네오 신부가 입국하게 된 경위에 대해(1593년 11월 5일부터 1594년 11월까지)

제9장 마태오 리치가 처음으로 남경 황궁에 가게 되고, 그 과정에서 일어난 일에 대해(1594년 11월 ?부터 1595년 5월 31일까지)

★ 제2부(제10장~제14장)
III. 남창(南昌) 수도원(1595년 6월 28일부터 1598년 6월 25일까지)

제10장 마태오 리치 신부가 어떻게 남경에서 쫓겨났는지에 대해, 그리고 어떻게 강서의 중심도시로 가게 되었는지에 대해(1595년 6월 1일부터 29일까지)

제11장 남창 지역 통감이 거주하는 강서의 도읍에 어떻게 거주지를 마련하게 되었는지에 대해(1595년 7월부터 9월까지)

제12장 황가(皇家)의 두 친족과 리치가 어떻게 친구가 되었는지에 대해, 남경에서 그들에게 한 설교(1595년 8월 20일경부터 10월까지)

제13장 교섭이 성공한 사실을 어떻게 알렸는지에 대해, 두아르테 데 산데 신부가 조반니 소에이로 신부를 남창으로 보내고 거기서 우리가 집을 어떻게 매입할 수 있었는지에 대해(1595년 12월부터 1596년 7월까지)

제14장 소주에서 라자로 카타네오 신부가 겪은 큰 봉변과 니콜로 론고바르도 신부와 요안데 로챠 신부의 입국(1596년 9월 ?부터 1597년 12월 말까지)

리스도인들이 점차 생겨나기 시작한 것에 대해서(1599년 6월 20일 무렵부터 1600년 3월경까지)

★ 제2부(제11장~제20장)
V. 북경 수도원(1601년 1월 21일부터 1602년 9월 21일까지)

위해 그를 북경으로 부르게 된 것에 대해, 황궁에서 그리스도교가 순조롭게 출발하게 된 것에 대해(1600년 2월 1일부터 1602년 9월 21일까지)

4권

5책 선교의 점진적인 발전과 개별 그리스도인의 증가
(1603년 2월부터 1610년 5월 10일까지, 그리고 1611년 11월 1일까지)

제1장 순찰사 알렉산드로 신부가 어떻게 일본에서 마카오로 오게 되었는지, 중국에 어떻게 다시 물건을 보냈는지, 마누엘 디아즈 신부가 다른 6명의 예수회원과 어떻게 마카오로 돌아왔는지에 대해

제2장 마태오 리치의 출판 작품들로 인해 우리와 그리스도교가 얻은 공신력에 대해

제3장 1604년 서 바오로 박사가 북경에서 어떻게 진사 시험에 통과하고 진 마르티노가 어떻게 무관이 되었는지에 대해, 그 외 북경에서 그리스도교와 관련한 일들에 대해

제4장 왕국 밖에서 들어온 많은 그리스도인의 존재를 중국에서 어떻게 발견하게 되었는지에 대해, 그들이 여전히 '십자가 신봉자'라는 이름으로 계승되어 오고 있는 것에 대해

제5장 이 시기에 소주 수도원에서 일어난 일에 대해

제6장 이 시기에 남창 수도원에서 일어난 일에 대해

제7장 그 시기에 남경 수도원에서 일어난 일에 대해, 구태소가 이냐시오라는 이름으로 개종한 것에 대해

제8장 북경 수도원에서 추진하는 일의 성과와 더 크고 편안한 집을 매입한 것에 대해, 바오로 박사가 마태오 리치와 함께 어떻게 『기하원본』을 번역하고 출판하게 되었는지에 대해

제9장 중국과 일본의 순찰사며 중국선교의 첫 발기인 알렉산드로 발리냐노의 죽음에 대해

제10장 우리가 광동(廣東)에서 겪은 큰 시련과 그로 인해 광주에서 프란체스코 마르티네스 수사에게 닥친 일에 대해, 그리고 그가 고통 중에 사망하게 된 것에 대해

5권

참
고
도
서

약
어
표

Abbozzo della Storia dei Mim: 왕홍서(王鴻緖), 『명사고(明史藁)』.

AHSI: Archivum Historicum Societatis Iesu (예수회 역사 고문서실), Roma, 1932.

Ajuda: Biblioteca e Archivio del palazzo di Ajuda in Lisbona, Portogallo.

Aleni[1]: Giulio Aleni, 『대서리서태선생행적(大西利西泰先生行蹟)』[경교당(景教堂) 판, 복
주(福州), 1630[1]]**1**

Aleni[2]: Giulio Aleni, 『직방외기』, [북경, 1623], in 『천학초함』[북경, 1629], XIII, XIV.

AMCL: 인광임(印光任)과 장여림(張汝霖), 『오문기략(澳門記畧)』, 재판.

Annali della Prefettura di Shiuchow: 『소주부지(韶州府志)』.**2**

Annali della Prefettura di Wuchang: 『무창부지(武昌府志)』.

Annali Generali del Fukien: 『동치복건통지(同治福建通志)』.

Annali Generali del Kwangtung: 『도광광동통지(道光廣東通志)』.

---

1 본서[리치 원전(Fonti Ricciane)] 제1권에서는 진원(陳垣), 1919년 판본을 사용하며 필
   사본이 오류가 많아 손을 많이 대야 했다. 그래서 제2권은 바티칸도서관(Borgia Cin.,
   350³)에 소장된 매우 귀한 1630년도 판본을 사용했다. 이 판본은 바티칸도서관의 "연
   구와 텍스트(Studi e Testi)" 시리즈에서 내가 이탈리아어 번역, 개론 및 주석을 포함하
   여 원문으로 곧 출판하게 될 것이다.
2 본서에서 사용한 많은 연감(Annali)은 상해(上海) 인근 서가회(徐家匯) 도서관에 소장
   된 것으로, 서가회 관계자께 진심으로 감사드린다.
      그 외 다른 연감들과 많은 연구 자료는 북경국립도서관에 있는 것으로, 위엔통리(袁
   同禮) 관장과 그분의 중국인 협력자들의 탁월하고 지치지 않는 지원에 크게 빚을 졌
   다. 깊이 감사드린다.

17

Annali Generali di Tsaoki: 『조계통지(曹谿通志)』.

ARSI : *Archivio Romano della Compagnia di Gesù*(예수회 로마 고문서고).

주의: 별도의 명시가 없는 한, 이것들은 항상 미간행 원고임.

Atti autentici di Scenzom [Shen Tsung][=Uanli]: 『명신종만력실록(明神宗萬曆實錄)』(북경 국립도서관).

Bartoli[1]: *Della Cina*, in *Opere del* P. Daniello Bartoli, Torino, 1825, voll. XV-XVIII. 이 책 에서는 인용한 장과 페이지만 표기함.

Bartoli[2]: *Del Giappone* in *Opere del* P. Daniello Bartoli, Torino, 1825, voll. X-XIV. 이 책 에서는 인용한 책의 장과 페이지만 표기함.

BCP: *Bulletin Catholique de Pékin* (북경천주교 회보), 북경.

BD: Herbert A. Giles, *A Chinese Biographical Dictionary*, 런던, 1898.

BDM: *Boletim eclesiàstico da diocese de Macau* (마카오교구 교회 회보), 마카오.

BEFEO: *Bulletin de l'Ecole Française d'Extrême Orient* (극동아시아 프랑스학교 회보), Hanoi.

Beltchenko: H.S.Bruneert and V.V.Hagelstrom, *Present Day Political Organization of China*. Revised by N.T.Kolessoff. 러시아 원어에서 번역 A. Beltchenko and E.E. Moran, Scianghai, 1912.

Benedetto: Luigi Foscolo Benedetto, *Marco Polo, Il Milione*, prima edizione integrale, Firenze, 1928.

Bernard[1]: Henri Bernard, *Aux Portes de la Chine*, Tientsin, 1933.

Bernard[2]: Henri Bernard, *Le P. Matthieu Ricci et la Société Chinoise de son temps 1610*, Tientsin, 1937. Voll. 2.

Bernard[3]: Henri Bernard, *Le Frère Bento de Goes chez les Musulmans de la Haute Asie* (*1603-1607*), Tientsin, 1934.

Bernard[4]: Henri Bernard, *Aux origines du cimetière de Chala. Le don princiet de la Chine au P. Ricci* (*1610-1611*), Tientsin, 1934.

Biermann: Benno M. Biermann, *Die Anfänge der neueren Dominikanermission* in China, Münster i. W., 1927.

BP: 북당(北堂)도서관, *Biblioteca dei gesuiti a Pechino*(북경예수회도서관), ossia antica biblioteca dei gesuiti a Pechino, ora presso la chiesa del nord o Péttam nella stessa città.

Bretschneider: E. Bretschneider, *Medieval Researches from Eastern Asiatic Sources*, Londra[1887]. voll. 2.

Brucker: Joseph Bruker, *Benoît de Goes, Missionnaire voyageur dans l'Asie Centrale (1603-1607)* in *Etudes*, 1879, gennaio-giugno, pp.589-612, 678-695.

Cciachizuo: Cciachizuo[사계좌(查繼佐)], 좌윤(左尹)이라는 이름으로 알려짐, 1584-1612년에 『죄유록(罪惟錄)』을 씀.

CCS: *Collectanea Commisionis Synodalis* (시노드 회의록), 북경.

CFUC. 앞의 Aleni[2] 참조.

Chavannes: Edouard Chavannes, *Les Mémoires historiques de Se-ma Ts'ien*, Parigi, 1895-1905. Voll. 5.

Chavannes[1]: Edouard Chavannes, *Les deux plus anciens spécimens de la cartografie chinoise*, Estratto da *Bulletin de l'Ecole Française d'Extrême Orient*, Hanoi, 1903, Aprile-giugno, pp.214-247.

Ciamsimlam: 장성랑(張星烺), 『중서교통사료휘편(中西交通史料彙篇)』, 북경, 1926, 전 6권.

Ciamueihoa: 장유화(張維華), 『명사불랑기려송화란의대리아서전주석(明史佛郎機呂宋和蘭意大里亞西傳注釋)』, 북경, 1934. Yenchin Journal of Chinese Studies, Monograph Series, N.7.

Civ. Catt.: *Civiltà Cattolica*, Roma, 1850.

Codex novitiorum: *Codex novitiorum Societatis Iesu, qui Romae tirocinium posuerunt ab anno MDLXVI ad annum MDLXXXVI.* Si conserva nella casa di Noviziato della Provincia romana della Compagnia di Gesù in Galloro(Ariccia).

Cordier, *BS.*: Henri Cordier, *Bibliotheca Sinica. Ditionnaire bibliographique des ouvrages relatifs à l'Empire chinois*, Parigi, 1904-1908. Voll. 4. Suppl. 1924.

Couling: Samuel Couling, *The Encyclopedia Sinica*, Scianghai, 1917.

Courant: Maurice Courant, *Catalogue des livres chinois, coréens, japonais* etc., Parigi 1902-1910. Voll. 3.

Couvreur: Séraphin Couvreur, *Choix de documents*, Hokienfu, 1906.

Couvreur, *Chou King*: Séraphin Couvreur, 『서경(書經)』, Sienhsien[이하 "獻縣天主堂印

書館"으로만 표기], 1916.

CP: *Labor Evangelica. Ministerios Apostolicos de los obreros de la Compañia de Jesùs. Fondaciòn y progressos de su Provincia en las islas Filipinas, historiados por el P. Francisco Colin S.I. Nueva ediciòn por el P. Pablo Pastells S.I.* Barcellona, 1900-1902. Voll.3.

Cronaca dei Mim: 손극가(孫克家), 『명기(明紀)』.

Cronaca del 1610 (1610년도 연감): José Monsanha, *Lembranças que pertenecen á varela, que el Rey de China deu aos Padres da Companhia pera sepultura do Padre Matheus Riccio, hum dos primeiros Padres que entrou na China.* Biblioteca e Archivio del palazzo di Ajuda, Lisbona.

Cuzuiü: 고조우(顧祖禹), 『독사방여기요(讀史方與紀要)』.

Dalgado: Sebastião Rodolfo Dalgado, *Glossario Lùso-Asiatico*, Coimbra, 1919-1921. Voll. 2.

DB: *Dizionario biografico*, 『중국인명대사전(中國人名大辭典)』, 상해(上海), The Commercial Press[이하 "商務印書館有限公司"로 표기], 1933.

D'Elia[1]: Pasquale M. D'Elia S.I., *Il Mappamondo cinese del P. Matteo Ricci S.I., commentato, tradotto e annotato,* Città del Vaticano, 1938. Volume in-figlio grande con XXX tavole geografiche. — Le note della Parte III sono citate con un **numero arabo** in grasetto, preceduto da un **N**.minuscolo.

D'Elia[2]: Pasquale M. D'Elia S.I., *Le origini dell'arte cristiana cinese* (*1583-1640*), Roma, Reale Accademia d'Italia, 1939.

D'Elia[3]: Pasquale M. D'Elia S.I., *Carovane di mercanti-ambasciatori dalla Siria alla Cina attraverso l'Asia Centrale nel 1627 secondo documenti inediti, in Studia missionalia* edita a Facultate Missionogiae in Pountificia Universitate Gregoriana, Roma, 1943, I, pp.303-379.

D'Elia[4]: Pasquale M. D'Elia S.I., *Galileo in Cina. Relazioni attraverso il Collegio Romano tra Galileo e gesuiti scienziati missionari in Cina* (*1610-1640*), in *Analecta Gregoriana*, Vol.XXXVII, Roma, 1947.

De Mailla: Jos. A.M. Moyria De Maillac, *Histoire générale de la Chine*, Parigi, 1777-1783, Voll. 12.

Derk Bodde: *A History of Chinese Philosophy* by Fung Yu-Lan, translated by Derk Bodde, Pechino, 1937.

De Ursis: *P. Matheus Ricci S.I. Relação escripta pelo seu companheiro*, P. Sebarino De Ursis S.I., Roma, 1910.

DG: *Dizionario di Geografia antica e moderna*, 商務印書館有限公司, 1931.

Doré[1]: Henri Doré, *Recherches sur les superstitions en Chine*, 1911-1934. Voll. 16.

Doré[2]: Henri Doré, *Manuel des superstitions chinoises*, 1926.

Dottrina dei Letterati dei Mim: (1676), 商務印書館有限公司 개정판, 1933, Voll. 2.

Dyer Ball: J. Dyer Ball, *Things Chinese or Notes connected with China*, by E. Chalmers Werner, 1925.

EI : *Enciclopedia Italiana*, 1929-1937, Voll. 37.

Faṁhao: 방호(方豪), 『이아존연구(李我存研究)』, 항주, 1937.

Faṁhao[1]: 방호(方豪), 『중국천주교사논총(中國天主敎史論叢)』, 상해, 商務印書館有限公司, 1947.

Fernandes: Gaspare Fernandes, *Lettera annua di Goa, parte del nord, scritta il 2 dicembre 1603*, in *ARSI*, Goa, 33, ff.126r-127v.

Foṁieulan: 풍우란(馮友蘭), 『중국철학사(中國哲學史)』, 상해, 1935.

Fonti Ricciane[『리치 원전』]: Pasquale M. D'Elia, *Fonti Ricciane, I, Storia dell'Introduzione e Cristianesimo in Cina*, Parte I, Roma, 1942.

Forke[1]: Alfredo Forke, *Geschichte der alten chinesischen Philosophie*, Amburgo, 1927. In *Hamburghische Universität, Abhandlungen aus dem Gebiet der Auslandskunde*, Band 25.

Forke[2]: Alfredo Forke, *Geschichte der mittelalterlichen chinesischen Philosophie*, Amburgo, 1934. In *Hamburghische Universität, Abhandlungen aus dem Gebiet der Auslandskunde*, Band 41.

Forke[3]: Alfredo Forke, *Geschichte der neuren chinesischen Philosophie*, Amburgo, 1938. In *Hamburghische Universität, Abhandlungen aus dem Gebiet der Auslandskunde*, Band 46.

Franke[1]: Otto Franke, *Geschichte des chinesischenReiches,* Berlino, 1930-1937. Voll.3.

Franke[2]: Otto Franke, *Li Tschi. Ein Beitrag zur Geschichte der chinesischen*

Geisteskämpfe im 16. Jahrhundert in *Abhandlungen der Preußischen Akademie der Wissenschaften* 1937, Phil.-hist. Klasse, Nr.10.

Franke[3]: Otto Franke, *Li Tschi und Matteo Ricci* in *Abhandlungen der Preußischen Akademie der Wissenschaften,* Jahrgang, 1938, Phil.-hist. Klasse, Nr.5.

Gaillard: Louis Gaillard, *Nankin d'alors et d'aujourd'hui. Aperçu historique et géographique*, Scianghai, 1903.

Gonçalves: Sebastiano Gonçalves, *Lettera annua di Goa pel 1609, scritta in Goa il 27 dicembre 1609* in *ARSI, Goa*, 33, ff.295v-298v.

Guerreiro: Fernão Guerreiro, *Relação annual das cosas que fizeram os Padres da Companhia de Jesus nas suas missoes... nos anos de 1600 a 1609*, Coimbra, 1930-1931; Lisbona, 1942, 전 3권. Cf. Payne.

Guerreiro[1]: Fernão Guerreiro, *Relaçam annual das cosas que fizeram os Padres da Companhia de Jesus nas partes da India Oriental... nos annos de 607 & 608,* Lisbona, 1611.

Havret: Henri Havret, *La Stèle chrétienne de Sin-ngan-fou*, Scianghai, 1895, 1897, 1902. Voll. 3.

Hay: Joannes Hay, *De rebus japonicis, indicis et peruanis*, Anversa, 1605.

Hedin[1]: Sven Hedin, *Southern Ti bet*, Stoccolma, 1917-1922, Voll. 9.

Hennig: Richard Hennig, *Terrae incognitae. Eine Zusammenstellung und kritische Bewertung der wichtigsten vorkolumbischen Entdeckungsreisen an Hand der darüber vorliegend Originalberichte*, Leida, 1936, 1937, 1938, 1939. Voll. 4.

Herrmann: Albert Herrmann, *Historical and Commercial Atlas of China*, Cambridge, Massachisetts, Harvard University Press, 1935.

Herrmann[1]: Albert Herrmann, *Die Westländer in der chinesischen Kartographie* in Swen Hedin, Southern Tibet, VIII, pp.91-406.

Herrmann[2]: Albert Herrmann, *Chinesische Umschreibungen von alteren geographischen Namen*, in Swen Hedin, Southern Tibet, VIII, pp.433-452.

HJ: Yule-Burnell, *Hobson Jobson. A glossary of colloquial anglo-indian words and phrases, and of kindred terms, etymological, historical and discursive.* New edition by W. Crooke, Londra, 1903.

Hoṁueilien: 홍외련(洪煨蓮), 『고리마두적세계지도(考利瑪竇的世界地圖)』, in 우공(禹貢) *The Chinese Historical Geography Semi-monthly Magazine*, 제5권, nn.3-4, 1936, 4월 11일, 북경, pp.1-50.

Hummel: Arthur W. Hummel, *Eminent Chinese of the Ch'ing Period (1644-1912)*, Washington, 1943. Voll. 2.

Iamceñgo: 양진악(楊振鍔), 『양기원선생연보(楊淇園先生年譜)』 (중국어), 상해, 商務印書館有限公司, 1946.

Iamttimiün: 양정균(楊廷筠) 미켈레, 『절요동문기(絶徼同文紀)』 (중국어), Pechino, 1617. 파리국립도서관 소장, 수기본, 중국어 N.9254.

Index: *Sinological Index Series*, Pechino, Harvard-Yenking, Institute, 1932.

Intorcetta, ecc.: PROSPERUS INTERCETTA, CHRISTIANUS HERDTRICH, FRANCISCUS ROUGEMONT, PHILIPPUS COUPLET, *Confucius Sinarum philosophus, sive Scientia sinensis, latine exposita*, Parigi, 1687.

JA: *Journal Asiatique*, Parigi.

JASB: *Journal of the Asiatic Society of Bengal*.

JNCBRAS: *Journal of the North China Branch Royal Asiatic Society*, Scianghai.

Laures: Johannes Laures, 『기리시단문고(吉利支丹文庫)』. *A Manual of Books and Documents on the Early Christian Missions in Japan*, Tokyo, 1940.

Litae: Ciuhoanciuo [Chu Huan-cho] 주환졸(朱桓拙), 『역대명신언행록(歷代名臣言行錄)』 [ediz.di c.1807].

Litae[1]: 구수진(瞿樹辰)과 오상지(吳尙志), 『역대명인언행록(歷代名人言行錄)』. 장음환(張蔭桓)의 개정판.

LIVR: Pietro Hoamfeime [Huang Fei-mo] 황비묵(黃斐黙), 『정교태포(正敎泰裒)』, 상해(上海), 1904, 전 2권.

Martini: MARTINUS MARTINI, *Novus atlas sinensis* [Amsterdam, 1655].

MHSI: *Monumenta Historica Societatis Iesu*, Madrid, Roma.

Mimgiu Sciòngan: 『명유학안(明儒學案)』. Cf. *Dottrine dei letterati dei Mim*.

Moule: A.C. Moule, *Christians in China before the year 1550*, Londra, 1930.

MS: *Monementa Serica. Journal of Oriental Studies of the Catholic University of Peking*, Pechino, 1935.

MSOS: *Mitteilungen des Seminars für Orientalische Sprachen an der Königlichen Friedrich-Wilhelm-Universität zu Berlin*, Berlino.

Pantoja[1]: *Lettera del P. Diego Pantoja al P. Provinciale di Toledo*(디에고 판토하 신부가 톨레도 관구장 신부에게 쓴 편지), 북경, 1602.03.09, 안토니오 콜라코(Antonio Colaço) 신부의 스페인어 텍스트는, *Relación annual de las cosas que han hecho los Padres de la Compañía de Jesú, en la India Oriental y Japón en los años de 600 y 601 y del progresso de la conversión y christiandad de aquellas partes*, Valladolid, 1604, pp.539-682.

Payne: C.H. Payne, *Jahangir and the Jesuits. With and Account of the Travels of Benedict Goes and the Mission to Pegu*. From the Relations of Father Fernão Gerreiro, S.J., Translated. In *The Broadway Travellers*, Londra [1930].

PCLC : 이지조(李之藻), 『천학초함(天學初函)』[북경, 1629]

Pfister: Louis Pfister, *Notices biographiques et bibliographiques sur les Jésuites mission de Chine* (*1552-1773*), Scianghai, 1932-1934. 전 2권.

Planchet: J.-M. Planchet, *Le Cimetière et les Oeuvres Catholiques de Chala*, Pechino, 1928.

Ramusio: Giovanni Battista Ramusio, *Navigationi e viaggi*, 1550, 1556, 1559.

Richard[2]: M. Kennelly, L. Richard's *Comprehensive Geography of the Chinese its dependencies*, translated into English, Scianghai, 1908.

Rodrigues[1]: Francisco Rodrigues S.I., *História de la Companhia de Jesus na Assistência de Portugal*, Porto, 1931. Voll. 4.

Saeki[1]: P.Y.Saeki, *The Nestorian Monument in China*, Londra [1928].

Saeki[2]: P.Y.Saeki, *The Nestorian Documents and Relics in China*, Tokio, 1937.

Scentéfu: 심덕부(沈德符), 『야획편(野獲編)』.

Schurhammer-Wicki: G. Schurhammer S.I. et I. Wicki S.I., *Epistolae S. Francisci Xaverii alique eius scripta*, Nova editio ex integro refecta in *Monumenta Historica Societatis Iesu*, Roma, 1944-1945, Voll. 2.

Seccu/Siku[자부(子部)]: 『사고전서 총목제요(四庫全書 總目提要)』, 1933, 상해, 商務印書館有限公司. 전4권.

Seccu[자부(子部)][1]: 『사고전서 총목(四庫全書 總目)』.

SF: A. van den Wyngaert O.F.M., *Sinica Franciscana*, Quaracchi, 1929-1936.

Siécuocem: 사국정(謝國楨), 『만명사적고(晚明史籍考)』(북경국립도서관 편, 1932), 전 10 권.

Siüchimscien: 서경현(徐景賢), 『논문집(論文集)』, 항주, 1935.

Siüuenttim: 서문정(徐文定)[徐光啓 集], 『증정서문정공집(增訂徐文定公集)』, 상해, 1933.

Soothill-Hodous: William Edward Soothill and Lewis Hodous, *A Dictionary of Chinese buddhist terms with sanskrit and english equivalents*, Londra, 1937.

SPT: 장천택(張天澤), 『중국어-포르투갈어 1514에서 1614까지』, Leida, 1934.

Stein[1]: Aurel Stein, *Innermost Asia*. Text. Oxford, 1928.

Stein[2]: Aurel Stein, *Innermost Asia*. Maps. Oxford, 1928.

Stein[3]: Aurel Stein, *Ruins of desert Cathay*, Londra, 1912. Voll. 2.

Stein[4]: Aurel Stein, *Sand-buried Ruins of Khotan*, Londra, 1903.

Stein[5]: Aurel Stein, *Serindia, Derailed Report of Explorations in Central Asia and Westermost China*, Oxford, 1921, Voll. 5.

Stele dei dottori: 『제명비록(題名碑錄)』.

Storia dei Mim: 『명사(明史)』(호북(湖北), 숭문서국(崇文書局) 판, 1877).

Storia di Macao: 『마카오 사(史)』, *AMCL*을 보라.

Streit: Robert Streit, *Bibliotheca Missionum*, Münster-Aachen, 1916.

Tacchi Venturi: Pietro Tacchi Venturi, *Opere Storiche del P. Matteo Ricci S.I.*, Macerata, 1911-1913, Voll. 2.

Ta-ssi-yang-kuo: I. F. Marques Pereira, *Ta-ssi-yang-kuo. Archivos e Annaes do Extremo Oriente Portoguez, collegidos, coordenados e annotados*, Lisbona, 1899.

Ta Zzim: 『대청일통지(大淸一統志)』[항주, 죽간제(竹簡薺) 판, 1897].

TMHT: 『대명회전(大明會典)』[1587년경 판].

Tobar: Jérôme Tobar, *Inscriptions juives de K'ai-fong-fou*, 상해, 1912.

TP: *T'oung Pao. Archives concernant l'histoire, les langues, la géographie et les arts de l'Asie Orientale*, Leida.

Trigault: *De Christiana Expeditione apud Sinas suscepta ab Societate Iesu. Ex P. Matthaei Ricij eiusdem Societatis Commentarijs Libri V... Auctore P. Nicolao Trigautio, belga, ex eadem Societate*, Asburgo, 1615.

Väth: Alfons Väth, *Johann Adam Schall von Bell S.J., Missionar in China, kaiserlicher Astronom und Ratgeber am Hofe von Peking 1592-1666*, Colonia, 1933.

Verbiest: Ferdinando Verbiest, 『도학가전(道學家傳)』[북경, 1686].

Watters: T. Watters, *On Yuan Chwang's Travels in India, 629-645 a. D.* Oriental Translation Fund, New Series, Voll.XIV-XV, Londra, 1904-1905, Voll. 2.

Werner[1]: Edward T.C. Werner, *Myths and Legends of China*, Londra, [1928].

Werner[2]: Edward T.C. Werner, *A Dictionary of Chinese Mythology*, 상해, 1932.

Wessels: C. Wessels S.I., *Early Jesuit Travellers in Central Asia, 1603-1721*, L'Aja, 1924.

Wieger, *HC*. Léon Wieger, *Histoire des croyances religieuses et des opinions philosophiques en Chine[3]*, 獻縣天主堂印書館, 1927.

Wylie: A. Wylie, *Notes on chinese literature*, 상해, 1922.

Wylie[1]: A. Wylie, *The Mongol Astronomical Instruments in Peking in Travaux de la troisième Session du Congrès International des Orientalistes*, 상트페테르부르크, 1876, II, pp.435-456.

Yule-Cordier, *MP*. Henry Yule, *The Book of Ser Marco Polo*, Londra [1919-1929]. Third Edition revised throughout by Henri Cordier. Voll. 3.

Yule-Cordier[1]: Henry Yule, *Cathay and the Way thither*. New edition revised by Henri Cordier, Londra, 1915-1916. 전 4권.

Zoeiueilu: Cciachizuo, 『죄유록(罪惟錄)』[역주: 명대(明代) 사계좌(查繼左)가 썼다].

Zottoli: Angelus Zottoli, *Cursus Litteraturae Sinicae*, Scianghai, Voll. 5.

Zzeiüen: 『사원(辭源)』, Scianghai, 16쇄, 1933.

각주에 표시된 NN.이하 숫자는 아래의 텍스트를 말한다.

NN.1-1000 그리스도교의 중국 진출기, 전 2권.

NN.1001-2000 리치의 서간집.

NN.2001-4000 리치 동료들의 서간집.

NN.4001-5000 연차 보고서와 같은 일반 문서들.

NN.5001-6000 여러 문서 또는 기타문서들.

특히 이 책에서는 아래의 번호를 주로 인용했다.

NN.1-500, 그리스도교의 중국 진출기, 제1부, 제1권.

NN.501-1000, 그리스도교의 중국 진출기, 제2부, 제2권.

NN.1001-1012, 마태오 리치(M. Ricci)가 데 고이스(E. de Góis)에게 보낸 편지, 코친, 1580
년 1월 18일.

NN.1013-1017, 리치가 M. 데 포르나리(De Fornari)에게 보낸 편지, 코친, 1580년 1월 30
일.

NN.1018-1021, 리치가 마셀리(L. Maselli)에게 보낸 편지, 코친, 1580년 11월 29일.

NN.1022-1026, 리치가 마페이(G.-P. Maffei)에게 보낸 편지, 코친, 1580년 11월 30일.

NN.1027-1031, 리치가 아콰비바(Acquaviva) 총장[3]에게 보낸 편지, 고아, 1581년 11월 25
일.

NN.1032-1045, 리치가 마페이에게 보낸 편지, 고아, 1581년 12월 1일.

NN.1058-1064, 리치가 아콰비바 총장에게 보낸 편지, 마카오, 1583년 2월 13일.

NN.1066-1085, 리치가 로만(G.-B. Romàn)에게 보낸 편지, 조경, 1584년 9월 13일.

NN.1086-1093, 리치가 아콰비바 총장에게 보낸 편지, 광주, 1584년 11월 30일.

NN.1094-1110, 리치가 아콰비바 총장에게 보낸 편지, 조경, 1585년 10월 20일.

NN.1120-1133, 리치가 풀리가티(G. Fuligatti)에게 보낸 편지, 조경, 1585년 11월 24일.

NN.1147-1167, 리치가 발리냐노(A. Valignano)에게 보낸 편지, 소주, 1589년 9월 9일.

NN.1179-1203, 리치가 파비(F. de' Fabii)에게 보낸 편지, 소주, 1592년 11월 12일.

NN.1204-1218, 리치가 부친(父親) 조반니 바티스타(Giovanni-Battista)에게 보낸 편지, 소
주, 1592년 11월 12일.

NN.1219-1253, 리치가 아콰비바 총장에게 보낸 편지, 소주, 1592년 11월 15일.

NN.1265-1275, 리치가 아콰비바 총장에게 보낸 편지, 소주, 1593년 12월 10일.

NN.1276-1285, 리치가 코스타(G. Costa)에게 보낸 편지, 소주, 1594년 10월 12일.

NN.1286-1291, 리치가 파비에게 보낸 편지, 소주, 1594년 11월 15일.

NN.1292-1370, 리치가 데 산데(E. de Sande)에게 보낸 편지, 남창, 1595년 8월 29일.

———

3   예수회 총장은 로마에 거주.

NN.1372-1376, 리치가 벤치(G. Benci)에게 보낸 편지, 남창, 1595년 10월 7일.

NN.1377-1402, 리치가 코스타(G. Costa)에게 보낸 편지, 남창, 1595년 10월 28일.

NN.1403-1426, 리치가 코스타에게 보낸 편지, 남창, 1595년 10월 28일.

NN.1427-1485, 리치가 아콰비바 총장에게 보낸 편지, 남창, 1595년 11월 4일.

NN.1496-1501, 리치가 동생 안토니오(Antonio Maria)에게 보낸 편지, 남창, 1596년 10월 13일.

NN.1502-1518, 리치가 아콰비바 총장에게 보낸 편지, 남창, 1596년 10월 13일.

NN.1519-1525, 리치가 코스타에게 보낸 편지, 남창, 1596년 10월 15일.

NN.1526-1539, 리치가 파씨오네이(L. Passionei)에게 보낸 편지, 남창, 1597년 9월 9일.

NN.1540-1544, 리치가 클라비우스(C. Clavio)에게 보낸 편지, 남창, 1597년 12월 25일.

NN.1545-1566, 리치가 코스타에게 보낸 편지, 남경, 1599년 8월 14일.

N.1567, 리치가 론고바르도(N. Longobardo)에게 보낸 편지, 북경, 1602년 9월 6일.

NN.1571-1586, 리치가 파비에게 보낸 편지, 북경, 1605년 5월 9일.

NN.1587-1602, 리치가 부친 조반니-바티스타에게 보낸 편지, 북경, 1605년 5월 10일.

NN.1603-1614, 리치가 코스타에게 보낸 편지, 북경, 1605년 5월 10일.

NN.1616-1619, 리치가 동생 오라치오(Orazio)에게 보낸 편지, 북경, 1605년 5월 12일.

NN.1620-1628, 리치가 총장 비서 알바레스(G. Alvares)[4]에게 보낸 편지, 북경, 북경, 1605년 5월 12일.

NN.1630-1656, 리치가 마셀리에게 보낸 편지, 북경, 1605년 5월 12일(?).

NN.1657-1673, 리치가 동생 안토니오에게 보낸 편지, 북경, 1605년 5월 12일.

NN.1674-1695, 리치가 아콰비바 총장에게 보낸 편지, 북경, 1605년 7월 26일.

NN.1696-1709, 리치가 줄리오(G.)와 지롤라모 알라레오니(G. Alaleoni)에게 보낸 편지, 북경, 1605년 7월 26일.

NN.1710-1727, 리치가 아콰비바 총장에게 보낸 편지, 북경, 1606년 8월 15일.

NN.1789-1790, 리치가 N.N[수신자 불명]. 에게 보낸 편지, 북경, 1607년 11월 12일.

NN.1809-1844, 리치가 아콰비바 총장에게 보낸 편지, 북경, 1608년 3월 8일.

NN.1845-1884, 리치가 아콰비바 총장에게 보낸 편지, 북경, 1608년 8월 22일.

---

4   수도회[예수회] 총장 비서로 있으며, 포르투갈과 포르투갈령 선교를 담당하고 있었다.

NN.1885-1894, 리치가 파비에게 보낸 편지, 북경, 1608년 8월 23일.

NN.1895-1900, 리치가 동생 안토니오에게 보낸 편지, 북경, 1608년 8월 24일.

NN.1901-1917, 리치가 파시오(F. Pasio)에게 보낸 편지, 북경, 1609년 2월 15일.

NN.1918-1926, 리치가 총장 비서 알바레스에게 보낸 편지, 1609년 2월 17일.

NN.2002-2007, 미켈레 루지에리(M. Ruggieri)가 메르쿠리아노(E. Mercuriano) 총장에게
　　보낸 편지, 마카오, 1580년 11월 8일.

NN.2020-2029, 루지에리가 메르쿠리아노 총장에게 보낸 편지, 마카오, 1581년 11월 12일.

NN.2539-2545, 로씨(P. Rossi)가 피렌체 콜레지움의 원장에게 보낸 편지, 로마, 1590년 7
　　월 14일.

NN.2550-2553, 데 산데(E. de Sande)가 아콰비바(Acquaviva) 총장에게 보낸 편지, 마카
　　오, 1591년 1월 29일.

NN.2613-2615, 발리냐노(A. Valignano)가 아콰비바 총장에게 보낸 편지, 마카오, 1593년
　　1월 13일.

NN.2622-2625, 멕시아(L. Mexia)가 아콰비바 총장에게 보낸 편지, 마카오, 1593년 1월 20
　　일.

NN.2627-2636, 데 산데가 아콰비바 총장에게 보낸 편지, 마카오, 1593년 11월 15일.

NN.2695-2700, 발리냐노가 파비(F. de' Fabii)에게 보낸 편지, 고아, 1596년 12월 15일.

N.2701, 발리냐노가 아콰비바 총장에게 보낸 편지, 고아, 1596년 12월 16일.

NN.2713-2714, 데 산데(E. de Sande)가 총장 비서 알바레스(G. Alvares)에게 보낸 편지,
　　마카오, 1597년 10월 25일.

NN.2715-2721, 발리냐노가 아콰비바 총장에게 보낸 편지, 마카오, 1597년 11월 10일.

NN.2722-2725, 데 산데가 아콰비바 총장에게 보낸 편지, 마카오, 1597년 11월 12일.

NN.2734-2797, 론고바르도(N.Longobardo)가 아콰비바 총장에게 보낸 편지, 소주, 1598년
　　10월 18일.

NN.2798-2807, 론고바르도가 총장 비서 알바레스(G. Alvares)에게 보낸 편지, 소주, 1598
　　년 11월 4일.

NN.2808-2812, 데 산데가 총장 비서 알바레스에게 보낸 편지, 마카오, 1598년 11월 15일.

NN.2816-2821, 데 산데가 총장 비서 알바레스에게 보낸 편지, 마카오, 1598년 12월 3일.

NN.2822-2825, 디아즈(E. Dias)가 총장 비서 알바레스(G. Alvares)에게 보낸 편지, 마카오,

1599년 1월 9일.

NN.2826-2829, 디아즈가 아콰비바 총장에게 보낸 편지, 마카오, 1599년 1월 10일.

NN.2832-2846, 카타네오(L. Cattaneo)가 아콰비바 총장에게 보낸 편지, 마카오, 1599년 1월 12일.

NN.2847-2852, 론고바르도가 아콰비바 총장에게 보낸 편지, 소주, 1599년 10월 18일.

NN.2853-2864, 소아레스(M. Soares)가 아콰비바 총장에게 보낸 편지, 마카오, 1599년 10월 26일.

NN.2865-2870, 디아즈가 아콰비바 총장에게 보낸 편지, 마카오, 1599년 12월 12일.

NN.2871-2883, 디아즈가 아콰비바 총장에게 보낸 편지, 마카오, 1599년 12월 19일.

NN.2886-2891, 디아즈가 총장 비서 알바레스에게 보낸 편지, 마카오, 1600년 1월 11일.

NN.2892-2911, 디아즈가 아콰비바 총장에게 보낸 편지, 마카오, 1600년 1월 16일.

NN.2924-2936, 발리냐노가 아콰비바 총장에게 보낸 편지, 나가사키, 1600년 10월 21일.

NN.3005-3013, 디아즈(E. Dias)가 아콰비바 총장에게 보낸 편지, 마카오, 1601년 1월 17일.

NN.3014-3026, 디아즈가 아콰비바 총장에게 보낸 편지, 마카오, 1601년 1월 18일.

NN.3027-3033, 핀토(D. Pinto)가 아콰비바 총장에게 보낸 편지, 마카오, 1601년 1월 18일.

NN.3034-3043, 리치의 북경 입성에 관한 보고서, 1601년 3월-4월.

NN.3044-3055, 발리냐노가 벨라르미노(Bellarmino) 추기경에게 보낸 편지, 나가사키, 1601년 10월 16일.

NN.3056-3062, 카르발호(V. Carvalho)가 아콰비바 총장에게 보낸 편지, 마카오, 1601년.

NN.3063-3064, 로키(M. Rochi)가 총장 비서 알바레스에게 보낸 편지, 마카오, 1602년 1월 20일.

NN.3065-3071, 로드리게스(A. Rodrigues)가 아콰비바 총장에게 보낸 편지, 마카오, 1602년 1월 23일.

NN.3072-3171, 판토하(D. Pantoja)가 톨레도(Toledo)의 관구장에게 보낸 편지, 1602년 3월 9일.

NN.3178-3180, 로차(G. da Rocha)가 디아즈(E. Dias)에게 보낸 편지, 남경, 1603년 1월 16일.

NN.3182-3189, 판토하(D. Pantoja)가 가르시아(D. Garcia)에게 보낸 편지, 북경, 1603년 3

월 6일.

NN.3208-3216, 발리냐노가 아콰비바 총장에게 보낸 편지, 마카오, 1603년 11월 12일.

NN.3246-3255, 발리냐노가 감찰사 로드리게스(F. Rodrigues) 청원서, 1604년 2월.

NN.3256-3265, 일본 주교에 관한 발리냐노의 청원서, 1604년 2월.

NN.3280-3286, 페레이라(G. Ferreira)가 발리냐노에게 보낸 편지, 남경(?), 1604년 4월 15일경.

NN.3292-3297, 디아즈(E. Dias)가 총장 비서 알바레스(G. Alvares)에게 보낸 편지, 남창, 1604년 11월 22일.

NN.3298-3303, 디아즈가 총장 비서 알바레스에게 보낸 편지, 남창, 1604년 11월 29일.

NN.3304-3305, 로드리게스(A. Rodrigues)가 총장 비서 알바레스에게 보낸 편지, [마카오?], 1605년 1월.

NN.3306-3310, 발리냐노가 총장 비서 알바레스에게 보낸 편지, 마카오, 1605년 1월 18일.

NN.3311-3312, 발리냐노가 총장 비서 알바레스에게 보낸 편지, 마카오, 1605년 1월 20일.

NN.3324-3331, 판토하가 마닐라의 원장 로페즈(G. Lopez)에게 보낸 편지, 1605년 3월 4일.

N. 3338, 바뇨니(A. Vagnoni)가 NN[수신자 불명].에게 보낸 편지, 남경, 1605년 3월 4일경.

NN.3339-3342, 바뇨니가 아콰비바 총장에게 보낸 편지, 남경, 1605년 3월 16일.

NN.3343-3352, 중국으로부터 일본 부관구의 분리에 관한 의견서, 나가사키, 1605년 9월 15일.

NN.3353-3363, 발리냐노의 첫 비망록-유언서, 마카오, 1606년 1월 17일.

NN.3364-3370, 발리냐노의 두 번째 비망록-유언서, 마카오, 1606년 1월 18일.

NN.3371-3373, 카르발호(V. Carvalho)가 아콰비바 총장에게 보낸 편지, 마카오, 1606년 2월 6일.

NN.3374-3382, 데 우르시스(S. De Ursis)가 아콰비바 총장에게 보낸 편지, 마카오, 1606년 2월 9일.

NN.3383-3391, 바뇨니(A. Vagnoni)가 아콰비바 총장에게 보낸 편지, 남경, 1606년 5월 15일.

NN.3400-3407, 카르발호가 레르치오(A. Laerzio)에게 보낸 편지, 마카오, 1605년 10월 7일과 1606년 11월 29일.

NN.3433-3436, 디아즈가 총장 비서 알바레스에게 보낸 편지, 남창, 1607년 10월 17일.

NN.3439-3447, 로드리게스가 아콰비바 총장에게 보낸 편지, 고아, 1607년 12월 2일.

NN.3453-3460, 데 우르시스가 총장 비서 알바레스에게 보낸 편지, 북경, 1608년 8월 23일.

NN.3461-3467, 바뇨니가 총장 비서 알바레스에게 보낸 편지, 남경, 1609년 3월 12일.

NN.3468-3472, 디아즈가 아콰비바 총장에게 보낸 편지, 남창, 1609년 4월 19일.

NN.3473-3480, 디아즈가 아콰비바 총장에게 보낸 편지, 마카오, 1609년 11월 11일.

NN.3481-3493, 데 우르시스(S. De Ursis)가 NN[수신자 불명].에게 보낸 편지, 북경, 1610년 5월 20일.

NN.3494-3498, 데 우르시스가 아콰비바 총장에게 보낸 편지, 북경, 1610년 9월 2일.

NN.3499-3509, 데 우르시스가 총장 비서 마스카렌하스(A. Mascarenhas)에게 보낸 편지, 1610년 9월 2일.

NN.3510-3513, 다 로차(G. da Rocha)가 총장 비서 마스카렌하스에게 보낸 편지, 1610년 9월 9일.

NN.3514-3517, 파케코(F. Pacheco)가 아콰비바 총장에게 보낸 편지, 마카오, 1610년 11월 5일.

NN.3518-3530, 론고바르도가 아콰비바 총장에게 보낸 편지, 소주, 1610년 11월 23일.

NN.3531-3544, 몬산하(G. Monsanha)를 위한 1610년도 연대기. 앞의 『1610년도 연대기(Cronaca del 1610)』 참조.

NN.3545-3550, 핀토(D. Pinto)가 아콰비바 총장에게 보낸 편지, 마카오, 1611년 1월 24일.

NN.3751-3757, 카타네오(L. Cattaneo)가 파비(F. de' Fabii)에게 보낸 편지, 남경, 1611년 10월 19일.

NN.3758-3765, 디아즈가 아콰비바 총장에게 보낸 편지, 마카오, 1611년 11월 6일.

NN.3766-3768, 몬산하를 위한 1611년도 연대기[5]

NN.3781-3797, '통사'(通事, Tçuzu) 조안 로드리게스(G. Rodrigues)가 아콰비바 총장에게 보낸 편지, 광주, 1612년 1월 25일.

NN.3798-3803, 카타네오가 아콰비바 총장에게 보낸 편지, 항주, 1612년 10월 26일.

NN.3807-3814, 론고바르도가 아콰비바 총장에게 보낸 편지, 남웅, 1612년 11월 21일.

NN.3815-3821, 론고바르도가 총장 비서 마스카렌하스(A. Mascarenhas)에게 보낸 편지, 남

---

5   1610년도 연감에 이은 것임.

웅, 1612년 11월 26일.

NN.3822-3829, 론고바르도가 아콰비바 총장에게 보낸 편지, 남웅, 1613년 5월 14일.

NN.3830-3832, 알라레오니(G. Alaleoni)가 NN[수신자 불명].에게 보낸 편지, 로마, 1617년 8월 26일.

NN.4018-4031, 데 산데(E. de Sande)가 쓴 1591년도 연감, 1592년 1월 28일.

NN.4051-4071, 데 산데가 쓴 1595년도 연감, 1596년 1월 16일.

NN.4072-4083, 디아즈(E. Dias)가 쓴 1597년도 연감, 1597년 11월 12일.

NN.4084-4096, 디아즈가 쓴 1597년도 연감, 1598년 7월, 1599년 1월-2월.

NN.4097-4151, 카르발호(V. Carvalho)가 쓴 1601년도 연감, 1602년 1월 25일.

NN.4162-4183, 안투네스(D. Antunes)가 쓴 1602년도 연감, 1603년 1월 29일.

NN.4184-4261, 디아즈가 쓴 1606-1607년도 연감, 남창, 1607년 10월 5일과 18일.

NN.4262-4312, 디아즈가 쓴 1608년도 연감, 남창, 1608년 11월 3일.

NN.4313-4371, 론고바르도(N.Longobardo)가 쓴 1609년도 연감, 소주, 1609년 12월 21일.

NN.5289-5458, 루지에리(M. Ruggieri)의 중국 선교사 생활에 관한 회고록, 1596년(?).

N.5460, 아콰비바 총장이 발리냐노(A. Valignano)에게 보낸 편지, 로마, 1597년 12월 20일.

일
러
두
기

❶ 본서는 다음과 같이 나뉘어져 있다. 리치 수기본은 책(冊), 델리야 신부의 구분은 Volume, 세창출판사 편집은 권(卷)이다. 다시 말해서 리치 수기본은 1-5책까지, 델리야 신부의 구분은 Volume I-II, 세창출판사 편집은 1-5권까지다. 목차에서 확인할 수 있다.

❷ 텍스트가 두 개 언어[이탈리아어와 한문]인 경우, 이탈리아어를 번역하고 한문을 아래에 병기했다. 저자가 이탈리아 사람인 점을 고려하여, 저자의 의도를 최대한 살리기 위해서다.

❸ 중국어 고유 명사들, 곧 지명, 인명 등은 모두 고전 한자어로 명기했다.

❹ 본고에서 인용한 『천주실의』, 『교우론』, 『기인십편』 등 마태오 리치의 저술 중 한국어로 번역된 것은 참고만 하고, 인용하지 않았다. 모두 이 책에 있는 이탈리아어 원문에서 새로 번역했다.

❺ 가독성을 높이기 위해 [ ] 안에 있는 말은 문장의 이해를 돕기 위해 대부분 역자가 넣은 말이다. 이탈리아어에서 많이 나타나는, 고유명사를 반복하기보다는 대명사로 대체하거나 삭제가 많아 한국어로 옮겼을 때 이해가 안 되는 경우가 많기 때문이다.

❻ 화폐 단위
두카토(ducato), 스쿠디(scudi), 리브르(libre), 크루자도스(cruzados) 마라베디(maravedi), 볼로니니(bolognini), 피오리노(fiorino), 바이오키(baiocchi) 등 당시 유럽에서 통용되던 모든 화폐가 등장한다. 대부분 그대로 썼지만, 문맥에 따라서 역자가 확실하다고 생각되는 부분은 중국의 은화나 금화로 썼다. 마태오 리치는 대부분 환산하지 않고 동량으로 언급했지만, 텔(teal)의 경우만 간혹 금화 두 배로 환산해서 말하곤 했다. 이 점 역시 확실하다고 판단되는 부분만 환산해서 번역했다. 필요하다고 판단되는 경우 역주를 넣었다.

❼ pagano라는 단어는 '이교도'라는 의미지만, 서양에서 이교도는 비그리스도인 전체를 대상으로 할 뿐 아니라, '야만인', '교양 없는 사람'을 일컫는 의미로도 쓰인다. 따라서 문맥에 따라 이교도, 비교인, 비신자(그리스도인이 아니라는 뜻) 등으로 번역했다.

❽ litteris sinicis의 번역은 문맥에 따라서 '중국 문학' 또는 '중국 인문학'으로 번역했다. 건륭제 때 나온 『사고전서四庫全書』도 litteris sinicis로 소개된다는 점을 근거로 했다.

❾ 이름과 지명 등 그리스도교 성경책에 등장하는 고유명사는 저자가 가톨릭교회 사제인 점을 고려하여 한국가톨릭 주교회의 발행 성경을 따랐고, 나머지는 출신이나 해당 지역의 언어 발음으로 명기했다.

❿ 참고도서 약어표와 각주에서 표기한 N., NN.이라는 번호는 본문에서 아라비아 숫자로만 표기했다.

제18장

남경에서 그리스도교가 순조롭게
발전한 것에 대해[1124]
(1606년 12월 21일부터 1610년 12월 25일까지!)

1124 이 장(章)에서부터 끝까지, 이탈리아어 텍스트는 이 책[역사서]을 위해 별도로 준비한
　　것이다.

908. 남경 교회의 발전과 신앙의 열기

이렇게 다른 여러 집[수도원]에서 그리스도교가 성장하는 동안, 우리 주님께서는 남직례南直隸에 있는 교회도 그냥 두지 않으시고, 매년 많은 수의 그리스도인이 증가하게 하셨다. 매년 거의 배로 늘어나는 것 같았다.[1125] 신자 수가 늘어나는 것만큼 신앙의 열기도 뜨거워, 여기에 대해서는 할 말이 참으로 많지만 같은 것을 반복하지 않기 위해, 남경의 교우들도 다른 집과 비교하여 절대로 뒤떨어지지 않는다는 점만 언급한다. 교우들은 같은 신앙을 고백하는 것처럼, 모두 똑같은 그리스도교 신심을 실천했다.

909. 1606년 12월 21일의 음모로 인한 역경

그러나 이곳의 교우들은 특이하고 심각한 어려움에 부닥쳤는데, 그것은 교우들을 상대로 나온 거짓 소문 때문이었다. 어떤 사람은 협박을 당하기도 하여 교회의 성장에 적지 않은 지장을 초래했다. 1607년[1126] 관

1125 Cf. N.916, 본서 p.46, 주(註) 1163.

1126 이 사건은 트리고의 수기본에서 명확히 볼 수 있듯이, 1607년에 일어난 게 아니라, 1606년에 일어났다. 1607년 10월 5일에 쓴 1606-1607년도 연감에서 이미 볼 수 있는

리들은 어떤 사람 하나와 공범자 열대여섯 명을 체포하여 감옥에 넣었다.[1127] 그 사람은 삼천 명의 범죄단에 가담하여, 관리들을 모두 죽이기로 했다. 관리들은 동짓날 밤 자정, 성벽에서 그리 멀지 않은 산에 있는 홍무洪武의 무덤으로 가기로 했다. 홍무는 무어인들의 억압에서 중국을 해방한 사람이다.[1128] 따라서 관리들은 특별한 시기가 되면 관습에 따라 제사를 지내러 가곤 했다.[1129] 음모자들의 수장은 다른 모든 음모자와 마찬가지로 사회적으로 지위가 낮은 사람이었고, 그는 관리들의 명단이 적힌 공책을 하나 갖고 있었다. 공책에는 누가 누구를 죽일지 공모자들의 이름도 적혀 있었다. 그러니까 내가 누구를 죽여야 하냐고 물으면 누구라고 관리의 이름을 댈 수 있게 만든 것이다. 그런데 그중 한 공모자가 자기에게 맡겨진 과제에 불만을 품고 가서 동료들을 고발해 버린 것이다.

배반의 공책으로 인해 [음모에 가담한] 대장 격인 사람들이 모두 체포되

일이다. 그러니까 텍스트의 몇 줄 더 아래서 보듯이, 그해 동지 전에 일어난 사건이었다. Cf. N.4236. 1606년, 바로 그해에 음모자들의 수장인 유천서(劉天緒)는 사형되었고, 명사(明史, *Storia dei Mim*(c.21, f.4b))에는 1607년 1월 15일 자로 기록되어 있다: 三十四年 … 十二月壬子, 南京妖賊劉天緒謀反事, 覺伏誅; 다시 말해서 음모는 전해(1606년) 동지를 계기로 일어난 사건이었다. Cf. Pelliot in *TP*, XXI, 1922, p.59, n.1; cfr. N.858, 본서 4권, p.377, 주(註) 932.

1127 몇 개월이 지난 후에도 앞서 체포된 사람들 외에 더 체포되어 옥에 갇힌 사람이 있는 것이다.

1128 홍무(洪武)는 몽골인들을 쫓아냈는데, 여기선 "무어인들"이라고 말한다. 1368년에 명(明) 왕조를 세웠다. Cf. N.78, 본서 1권, p.336, 주(註) 226.

1129 다른 데서 리치가 주목한바, "매년 네 절기마다 궁에 있는 대신들은 선대(先代) 황제와 황후의 무덤에서 성대하게 제사를 지낸다. 특히 개국 황제 홍무(洪武)의 무덤에서 치르는 예식은 매우 성대하다. 며칠 전부터 궁의 업무를 중단하고 절제하며 준비한다"(N.130). 이 모든 행사는 동이 트기 전에 시작된다(N.4236). 주목되는 것은 홍무(洪武)의 무덤이 남경(南京)의 북-동쪽에 있는 종산(鍾山) 남쪽에 있다는 것이다. Cf. N.130, 본서 1권, p.386, 주(註) 394.

어 투옥되었다. 그들의 계획은 관리들을 모두 죽인 다음, 황궁을 차지하여 재물을 모두 약탈하는 것인데, 만약 발각되지 않았더라면 이 나라에 큰 화를 불러왔을 것이다. 투옥된 음모자들과 범죄자들은 매우 잔인한 방식으로 죗값을 치러야 한다. 왜냐하면 서서히 죽이기 때문이다. 목에 나무로 된 큰 칼을 차고 있어야 하는데, 그것을 차면 머리만 밖으로 나오고 긴 나무판은 어깨에 걸쳐져 있어 아무것도 할 수가 없다. 칼이 매우 커서 죄인의 손이 입에 닿지 않아 누군가 먹여 주어야 한다.[1130] 한쪽으로 기댄 채 밤낮 서 있어야 하고, 결국 다리가 썩어서 기절하여 죽게 된다.[1131] 형벌은 그때가 되어야 끝난다. 어떤 사람은 그렇게 보름을 가기도 하는데, 그것은 보초병이 밤에 쉴 수 있게 해 주기 때문이다.

910. 남경 교회에 대한 비방과 남창에서 들리는 나쁜 소식에도 불구하고, 그리스도인의 수가 늘어나다

마귀는 이 기회를 놓치지 않고 우리 성교회를 공격하고 끌어내리려고 했다. 그리스도인과 우리[신부들]가 이 배신 음모에 연루되었다는 소문을 온 도시에 퍼트리고 다녔다.[1132] 우리를 반대하던 몇몇 사람들이 교우들

1130 미간행된 1606-1607년도 연차 편지는 1607년 남창(南昌)에서 디아즈가 쓴 것으로, 칼 (가, 枷) 고문에 대해 언급했고, 1635년에 출판된 안토니오 보카로(Antonio Bocarro)가 언급하기 전에도 달가도(Dalgado)가 보고한 자료에도 적혀 있었다는 걸 나는 N.496, 본서 2권, p.495, 주(註) 558.에서 암시한 적이 있다. "벌써 17명이 처형되었습니다. 대장=우두머리과 다른 6명은 목이 잘리고 몸도 토막 났습니다. 가장 괴로운 것은 사람 키 높이의 칼을 목에 차고 있는 것인데, 서 있는 것 외에 다른 어떤 것도 할 수 없는 고통을 줍니다"(N.4236).

1131 보통 이런 잔인하고 힘든 고문은 아무리 참을성 있는 죄인이라도 죽지 않고는 12일이나 15일을 넘기 못한다. Cf. N.4236.

1132 "이 사람들이 체포될 당시 도시에는 소문이 무성했습니다. 그들은 천주[天主]의 도[道]

을 공격했고, 교우들은 무서워서 성화들을 감추었다.[1133] 하지만 그것은 아무런 근거 없는 소문이었기 때문에 점차 사라졌고, 우리 교우들은 전보다 더 견고하게 신앙생활을 하기 시작했다. 그러나 잠시 입교자들의 숫자는 줄어들었다.[1134] 앞서 말한[1135] 남창男昌 교난 때, 누명을 쓴 소식이 남경까지 전해졌고 몇 가지 당혹스러운 원인으로 지목되어 그리스도교가 사기를 친다고 생각했기 때문이다. 결국 우리에게 아무런 잘못이 없다고 밝혀졌고, 교우들의 왕래와 수는 배로 늘었다. 이후 남경에서 그리스도교는 오랫동안 평화와 안정을 누렸다.

911. 선교사들의 움직임: 다 로챠 신부가 남창의 원장이 되고, 바뇨니 신부가 남경의 원장이 되다

지나간 이 모든 시간 동안, 라자로 카타네오Lazzaro Cattaneo 신부는 마카오로 갔고,[1136] 남경 수도원은 조반니 다 로챠Giovanni da Rocha 신부가 맡고 있었다.[1137] 이에 우리 수도회 총장 신부의 지시에 따라 마태오 리치

———

를 설파하는, 천주교[天主敎]의 율법과 종교에 속한 그리스도인들이 일을 도모했다고 말했습니다. 그 외 사람들은 그들의 가르침이 실현된 거라고 했습니다"(N.4236).

[1133] 그러나 그중에 가장 용감한 사람들은 성화를 내려놓기 전에 자기 목을 먼저 자르라고 항의하기도 했다. Cf. N.4238.

[1134] Cf. N.4238.

[1135] Cf. NN.856-875.

[1136] 카타네오는 1603년 중반부터(NN.697, 702) 1606년 중반까지(N.796) 마카오에 있다가, 남경으로 돌아왔다(N.798).

[1137] Cf. N.499, 본서 2권, p.497, 주(註) 567. 1600년도 중반경 북경으로 간 리치를 대신해서 남경으로 왔다(N.574). 1604년 1월 25일의 카탈로그에는 이미 남경의 원장으로 언급된다[cfr. N.752, 본서 4권, p.176, 주(註) 317.]. 그가 원장으로 있는 동안, 1604년 4월 26일과 27일에 그는 4대 서원을 했고, 자필로 서명한 문서는 지금까지 전해지고 있다. Cf. *ARSI, Lus.*, 3, f.122r-v.

신부는 1609년 다 로챠 신부에게 남창 수도원 통솔을 명했다.[1138] 그곳에 있던 에마누엘레 디아즈 신부가 마카오로 갔기 때문이다.[1139]

그곳은 큰 박해로 인해 성과가 적었고,[1140] 오히려 수도원을 지키는 게 유리한 상황이어서 그 집의 원장으로는 조반니 다 로챠가 적격이었다. 그는 지금까지 남경 수도원을 통솔한 신중한 사람이기도 했고, 조반니 소에이로Giovanni Soeiro[1141] 신부의 동료로 몇 년간 그 집에서 살았던 경험이 있어 매우 어려운 그 지역 사람들의 성격을 잘 알기 때문이다.

이런 변화와 함께 알폰소 바뇨니Alfonso Vagnoni[1142] 신부가 남경 수도원의 원장으로 임명되었다. 바뇨니 신부는 이미 그곳에서 4년째 중국 문자와 언어를 공부하고 있었고,[1143] 그 수도원 통솔을 할 수 있을 정도로 실력이 우수했다. 그에게는 동료로 피에트로 리베로Pietro Ribero[1144] 신부만 남았다. 왜냐하면 펠리챠노 다 실바Feliciano da Silva 신부는 남경의 기후가 매우 나빠 건강을 많이 잃었고, 여러 번 방법을 찾아보았으나 안 되어 치료차 마카오 콜레지움으로 갔기 때문이다. 그곳에 2년간 있었고, 완치되어 다시 선교 현장에 투입되었다.[1145] 남경 수도원 신부들의 동료로 종명

1138 그는 1609년 1월부터 1616년까지 남창에 있었다.

1139 1608년 12월, 디아즈는 파시오로부터 마카오 콜레지움의 원장으로 다시 임명되었다는 소식을 전해 들었다(N.3469). 하지만 1609년 5월 15일까지 남창에 머물렀다(N.3473). 3년 반 동안 그 콜레지움의 원장직을 수행하게 될 것이다. Cf. NN.950, 1921.

1140 Cf. NN.856-875.

1141 Cf. NN.504, 567.

1142 Cf. N.702, 본서 4권, p.65, 주(註) 48.

1143 그곳에 온 건 1605년 2월 말이었다. 그가 남경의 원장으로 임명되는 건 더 뒤인 1609년 초가 될 것이고, 그해 1월에는 다 로챠가 벌써 남창에 와 있었다.

1144 Cf. N.702, 본서 4권, p.64, 주(註) 47.

1145 Cf. N.702, 본서 4권, p.66, 주(註) 49. 그가 마카오에 간 것은 1608년 말경 건강 때문으로 보인다. 그는 1610년 12월에 처음 도착한 트리고와 함께 중국으로 돌아가지 않았

인(鍾鳴仁, Sebastiano o Fernandes)[1146] 수사도 남았다. 그리스도교는 처음과 마찬가지로, 입교자는 점차 늘었고, 남직례의 고관들과의 관계도 지속적으로 유지하고 있었다.

912. 서광계 바오로가 스승 초횡(焦竑)으로부터 그리스도교가 외래 종교라며 배교를 권유받자 일소(一笑)하다

거기에 서광계徐光啟 바오로[1147] 박사의 방문은 큰 도움이 되었다. 그는 부친이 사망하여[1148] 고향에 있는 2년 동안 이 도성[1149]에 두 차례[1150] 방문했다.

한 번은 서광계가 자신의 스승이자 중국에서 최고 학자 중 한 사람으로 유명한 초焦[1151]를 방문했다. 스승은 우상 종파[불교]에 심취한 인물로,[1152] 우리의 바오로에게 왜 외국의 율법을 받아들였냐고 질책하며 버

고, 리치가 사망한 지도 벌써 7개월이 넘었다. 우리가 이 단락에 대한 불필요한 확인이 필요한 것은 "그가 다시 선교 현장에 투입"되었을 때, 리치는 이미 고인이 되고 세상에 없었다는 것이다. 1610년도 가스파레 페레이라가 쓴 연차 편지의 라틴어 번역에서 트리고는 1610년 말 중국 내륙에 자기가 도착한 것에 대해 말하며, 이번 여행을 함께해 준 자기 동료 중 한 사람에 대해 언급한다. "펠리차누스 아 실바 신부는 포르투갈인으로, 2년 전, 절망적이었던 건강을 회복하자 마카오 콜레지움을 떠나 장상들의 결정에 따라 중단했던 선교지로 다시 투입되었습니다"(ARSI, Jap.-Sin., 11, f.1C v).

1146 Cf. N.354, 본서 2권, p.325, 주(註) 88.
1147 Cf. N.680, 본서 3권, p.459, 주(註) 1141.
1148 Cf. N.773, 본서 4권, p.211, 주(註) 430.
1149 남경이다.
1150 1609년 연차보고서에서 론고바르도는 두 차례라고 말하지 않고, 한 차례 서광계(徐光啟)가 스승을 위로차 남경을 방문했다고 말한다. 더 뒤에서 보게 될 것이다. Cf. N.914.
1151 유명한 문인 학자 초횡(焦竑)이다[cfr. N.550, 본서 3권, p.171, 주(註) 390.]. 그는 서광계의 스승이었고, 당시에 아내와 아들이 죽어 상중에 있었다(N.4239).
1152 불교다.

릴 것을 촉구했다. 바오로 박사는 그의 설득이 아무런 소용이 없다는 것을 알기에 그와 논쟁하고 싶지 않아 얼른 거기서 나왔다.[1153] 그리고 우리 집으로 와서, 두 번 다 우리 집에서 묵었다. 그를 초대한 고관들의 여러 저택이 있었지만 모두 거절하고, 자기 스승의 지식을 비웃으며 모든 걸 신부들에게 이야기했다. 두 차례, 그가 우리 집에 머무는 동안 그는 신부들과 가족 같은 애정으로 많은 이야기를 나누었고, 그는 자기가 말하는 게 진실하다는 것을 잘 보여 주었다. 실제로 그는 자기를 초대한 고관들의 많은 만찬을 거절했다. 그는 남경의 모든 고관과 만찬을 즐기는 것보다 신부들과 한 시간이 넘게 이야기하는 것을 더 좋아했다. 이 위대한 [중국] 그리스도교의 기둥이 어디에서건 한 좋은 일을 몇 마디 말로 다할 수는 없을 것이다.

913. 구태소(舊太素) 이냐시오가 영신 수련을 하다

그 시기에 남경에서 이냐시오라는 이름으로 세례를 받은 구태소舊太素가 우리 집에 있었다.[1154] 그는 바오로 박사를 통해 크게 감명을 받고 그리스도교 신앙을 받아들이기로 했던 사람이다. 그는 우리의 복된 사부 이냐시오[1155]의 일주일 영신 수련[1156]도 열정적으로 잘 따랐고, 수련이

1153 Cf. N.4329.
1154 N.359, 본서 2권, p.335, 주(註) 97.; N.755.
1155 Cf. N.398, 본서 2권, p.371, 주(註) 203. 1596년부터 일본 아마쿠사[天草]에서 인쇄한 영신 수련 라틴어 교재가 존재했다. Cf. Laures, pp.29-30.
1156 성 이냐시오의 영신 수련을 부분적으로라도 한 최초의 중국인은 남웅(南雄)의 한 신자, 주세페 곽(郭)이라는 사람으로, 1591년 말에 했다. Cf. NN.397-398. 그와 별개로 이냐시오는 일주일 영신 수련을 1609년 남경에서 했다(N.4328).

끝나자, 처음과 마찬가지로, 이제 더는 죽음이 두렵지 않다고 했다. 총고백과 양심 성찰을 통해 그는 죽음이 두려운 사람들이 범하는 죄의 무게로부터 가벼워졌다고도 했다.[1157] 이런 식으로 점차 영신 수련도 도입한다면, 이곳에서도 좋은 결실을 보리라 생각한다. 우리는 이 나라의 중국인들도 언젠가는 정말 놀라운 열매를 맺을 거라는 믿음이 있다. 이 백성은 자신이 지닌 한계보다 훨씬 큰 능력을 발휘하여 열매를 맺을 수 있는 사람들이기 때문이다.

914. 서광계가 진흙탕 속을 걸어서 1610년 성탄 미사에 참석하다

바오로 박사가 두 번째 이곳에 왔을 때는 이미 삼년상을 마치고, 관직을 수행하기 위해 북경으로 향하던 중이었다. 당시에 그의 방문은 큰 효과를 얻었다. 그는 성탄 전야[1158]에 도착했고, 그날 밤 그는 성벽 밖에 있는 한 암자에 묵으며 신부들에게 자기가 도착했다고 알렸다. 예상보다 늦어지자 미사 시간을 맞추지 못할까 걱정했다. 이에 그는 진흙탕인 도로를 한참을 걸어서 도착했다.[1159]

[1157] 1609년도 연감에 따르면 이냐시오의 열정은 1605년에 세례를 받은 이후에는 줄었다고 한다(NN.755-756). 이유는 그가 직무상 많이 다녀야 했고, 오랫동안 좋아했던 연금술과 새로운 불사의 영약에 빠졌기 때문이다. 그래서 신부들은 그에게 영신 수련을 권했고, 그 기회에 총 고백도 하게 했다. Cf. N.4328.

[1158] 1610년, 삼년상 마지막 해 말에 남경에 도착했고, 북경으로 직무를 다시 수행하기 위해 가던 길이었다. 이번에는 상해에서 출발했고, 그때는 이미 온 가족이 개종한 뒤였다. Cf. N.946.

[1159] "그는 걸어서 왔습니다. 그것은 우리에게 큰 위로가 되었고, 모든 그리스도인을 고무하는 것이 되었습니다"(N.4329).

915. 관리들이 신부들을 상대로 소용없는 고발을 하다

그의 두 번째 방문은 신부들이 공신력을 얻는 데 큰 도움을 주었고, 많은 관리들을 개종시키는 계기가 되었다. 그중 매우 높은 관직에 있던 사람 하나가 있었는데, 곧 이어서 이야기하기로 하겠다.[1160]

우리 친구 관리들 중 한 도리道吏[1161]는 일부 이웃 주민이 우리 집의 종들에게 욕설하는 것을 알고, 그렇게 욕하는 사람들의 대장을 법원으로 불러 심하게 매질했다. 그 대장의 부친이 자기 아들을 그렇게 벌주었다는 걸 알고, 우리를 상대로 다른 법원에 탄원서를 냈으나 받아 주지 않았다. 그 바람에 그와 그에게 동조하던 다른 사람은 단념했고, 이후 우리에게 불편을 주는 말을 하는 사람은 없었다.[1162]

916. 그리스도교의 발전. 남경에서 마리아회가 설립되다

그 일은 그리스도교의 발전에 도움을 주었고, 1609년 한 해 동안 새 영세자가 100명이 넘었다.[1163] 과거와 비교하여 절대 적지 않은 숫자다. 교우들은 열정적으로 신앙생활을 했고, 북경 성모회와 똑같은[1164] 회칙과 방식으로 남경에서도 성모회가 설립되어 신심은 더욱 고무되었다. 성

1160 Cf. N.918.
1161 Cf. N.97.
1162 론고바르도는 조심스레 관찰했다. "직접 금전적으로 처벌을 받은 그는 이후에는 매우 조용해졌습니다. 자신은 물론 중립적인 사람들한테도 고통을 주거나 성가시게 하지 않았습니다"(N.4330).
1163 1606-1607년에 세례를 받은 사람은 96명이었고(N.4221), 1608년에는 50명(N.4274), 1609년 12월 이전에 33명이었다(N.4327).
1164 이 [단체]가 설립된 건 1609년 9월 8일이었다(N.906). 남경의 것[성모회]은 북경 것을 모방해서 만들었고, 그해 연말을 바로 앞두고 설립되었다. 그해 12월 21일에 쓴 1609년도 연감에서 벌써 언급하고 있기 때문이다(N.4327).

모회 덕분에 많은 개종자가 생겼고, 많은 자선활동을 했으며, 성사에 참여하는 비율이 높아지고, 다양한 신심 수련이 활발해졌다. 한마디로, 우리 교우들은 처음 생각했던 것보다 훨씬 더 헌신적이었다.

917. 귀신 들린 사람을 구출하다. 그 가족들이 세례를 받다

우리 주님께서는 때로 기이한 일로 우리 성교회가 신용을 얻게 하기도 했다. 다름이 아니라, 한 여자아이에게 마귀가 들어 괴로움을 겪고 있었다.[1165] 마귀는 여러 모습으로 나타났다. 어떨 때는 장사꾼으로, 어떨 때는 스님으로, 어떨 때는 노인으로, 어떨 때는 멋진 청년으로 나타나 나쁜 짓을 하게 했는데, 심지어 한 친척에게 자기 아이들을 죽이라고 부추기기도 했다. 마귀를 쫓아내기 위해 [가족들은] 도사道士[1166]를 불러 도움을 청했으나, 마귀는 그의 말을 듣기는커녕 그들을 비웃으며, 제단의 초를 집어 도사에게 던지기까지 했다. 아이와 같은 동네에 사는 한 교우가 다른 비교인들과 우리 성교회에 관해 이야기하던 중, 모든 것에서 활동하시는 하느님에 관해 이야기하게 되었다. "만약 그렇다면", 그들은 아이의 집을 가리키며, "마귀가 심하게 괴롭히는 그 집을 왜 도와주지 않느냐?"고 했고, 교우는 "우리 성교회는 마귀를 쫓는 분명한 수단을 가지고 있습니다. 하지만 그것을 사용하기를 원하는 사람에게만 사용하여 자유롭게 해 줍니다"라고 대답했다. 그래서 모두 그 집으로 갔다. 교우가 사람들

1165 이 일은 1610년도 연차 편지에서 트리고가 말하고 있고(*ARSI, Jap.-Sin.*, 117, f.2r-v), 그래서 리치의 "역사서"(본고)에 포함되지 않는다. 그러나 사례가 약간 혼동되는데, 그것은 1606-1607년도 연감에서 다루고 있는 내용과 비슷하기 때문이다(N.4232).
1166 Cf. NN.175, 192, 195, 562.

에게, 자유를 원한다면, 천주天主를 섬겨야 한다고 했다. 이 모든 이야기가 신부들에게 전해졌고, 한 수사[1167]가 〈구세주 성화〉와 예수의 이름을 가지고 그 집으로 갔다.[1168] 우상[도사]들은 나가고, 모두 『천주교요天主教要』를 받아들였다. 그날 이후 마귀는 그 집에 들어오지 못하고 마당에서 협박하며 시끄럽게 했다. 그 집식구들이 모두 세례를 받자, 더는 그들에게 나타나지 않았다. 그 바람에 모든 사람이 하느님의 권능을 알게 되었고, 중국의 비교인들이 신봉하던 미신으로 얻을 수 없었던 많은 것을 쉽게 얻을 수 있게 되었다.

918. 항주(杭州)의 한 고위 관리 허서신(許胥臣) 요한이 개종하다

1609년, 허許[1169]라는 성의 최고 관리 하나가 우리 성교회로 개종했다.[1170] 그의 직책을 중국인들은 통정사通政司라고 부르는데, 우리의 대법

1167 종명인(鍾鳴仁) 페르난데스로 짐작이 되는데, 앞서(N.911) 언급했기 때문이다.

1168 Cf. N.598, 본서 3권, p.287, 주(註) 710.; Cf. N.641, 본서 3권, p.392, 주(註) 986.

1169 이 인사는 분명 허서신(許胥臣)이다. 절강(浙江)의 항주(杭州)에 있는 전당(錢唐)에서 태어났다. 디아즈(E. Dias il vecchio)가 1611년 11월 6일 자 아콰비바 총장에게 쓴 편지가 이를 증명하고 있다. 이지조(李之藻)와 같은 고향 출신이라며[cfr. N.628, 본서 3권, p.351, 주(註) 892.] 세례받은 지 얼마 안 되어 모친을 잃었다고 했다(N.924). Cf. N.3761. 그는 최고 학위에 오른 것 같지는 않다. 왜냐하면 그의 이름이 『제명비록(提名碑錄)』에 없기 때문이다. 하지만 『우공광람(禹貢廣覽)』(3cc. & 10 carte, *Seccu*, p.276)의 저자이고, 유럽의 천문학을 근거로 쓴 『개재도헌(蓋載圖憲)』(1c & 17 carte, *Seccu*, p.2222)의 저자다. 그는 1623년에 알레니(Aleni[2])의 『직방외기(職方外紀)』(*PCLC*, XIII)에 소언(小言, Premessa)을 쓰기도 했다. Cf. Bartoli[1], II, c.257, pp.496-500: III, c.13, p.32.

1170 1610년도 연감은 그리스도교로 개종한 모든 관리 중에서 가장 높은 관직에 있던 이 사람을 주목했다. "이 사람은 그리스도께 자신의 이름을 헌정한 적지 않은 사람 중 최고의 관직에 있는 사람입니다. 누군가 신분이 가장 높다면, 그것은 그리스도인이라는 거룩한 지위를 얻었기 때문일 것입니다"(*ARSI, Jap.-Sin.*, 117, f.4v). N.922에 따르면 그

관에 해당한다. 황제에게 올리는 모든 상소문은 그의 손을 거쳐 승인을 받게 된다. 그는 당시 중국 조정에서 가장 높은 4대 법관 중 한 명이었다. 그는 몇 년 전부터 매우 상냥하고 친절하게 우리와 교류하며 지냈지만, 우리 성교회로 기우는 것 같은 모습은 한 번도 보여 주지 않았다. 오히려 나중에 신자가 된 다음에 말하기를, 마태오 리치 신부의 『천주실의 天主實義』를 읽고는 아무런 맛을 느낄 수가 없었다고 했다. 왜냐하면 책에서 신부는 당시 자기가 심취해 있던 것[불교 혹은 도교]을 반박하고 있었기 때문이다.

이런 그의 태도를 알아차린 알폰소 바뇨니 신부는 하느님에 대해, 또 구원에 대해 크게 반감을 품을까 우려되어, 그가 좋아하는 다른 것으로 끌어들였다. 그것이 수학과 관련한 것들이었다. 그리스도인이 된 거의 모든 관리가 수학에 이끌려 입문하였다. 바뇨니는 〈혼천의渾天儀〉나 〈지구의地球儀〉 같은 것을 만들어 거기에 설명을 덧붙여 그에게 선물했고, 우리의 『곤여만국전도坤輿萬國全圖』도 선물했다.[1171] 이것들로 인해 그와 가족 같은 우정을 쌓을 수가 있었다. 어느 날, 그는 신부에게 많은 것을 받고 배웠다고 말하자, 바뇨니가 말하기를 그것들은 우리 성교회의 것들에 비하면 아무것도 아니라고 했다. [교회의 가르침이] 수학과 비교하여 훨씬 더 숭고하고 필요한 거라고 했다. 그러면서 신부들에게 보여 준 변함없는 우정과 항상 친절하게 대해 주고 믿음을 준 데 보답하고자 이것들

———

는 조반니(요한)이라는 이름으로 세례를 받았다.
[1171] 황제가 요청했던 선명한 판본일 수도 있다. 1608년 초에 리치가 황제에게 진상한 것으로(N.892), 지금까지 나온 것 중 가장 최근의 것이고 잘 만든 것으로 꽤 유명했기 때문이다.

[성교회와 관련한 것]을 그에게 보여 주고 제안하고 싶다고 했다. 그리고 그것들을 듣고 신중하게 살펴, 그의 지혜로 과연 이것이 중국에서 받아들여질 수 있을지 봐 달라고 했다. 그의 타고난 선함과 온유한 성품에 맞는 이 말에 감동하여, 그는 신부에게 그것들을 듣고 할 수 있는 모든 것을 하겠다고 약속했다.

919. 리치와 바뇨니의 책이 널리 읽혀지다

그런 다음, 신부는 그에게 마태오 리치의 『천주실의天主實義』를 다시 주면서 좋은 의도를 가지고 주의해서 다시 잘 읽어 보라고 했다. 그리고 자기가 쓴 다른 4개의 주제를 다룬 4편의 논문도 주었다. 하나는 "천주(Dio)"를 논했고, 다른 하나는 "영혼(l'Anima)"을 논했으며, 세 번째는 "원죄(Peccato originale)"를, 네 번째는 "우리 주 예수 그리스도의 생애(Vita di N.S. Gesù Cristo)"를 논했다.[1172] 하느님께서는 이것들을 통해 그를 크게 위로하셨고, 거기서 거룩한 빛과 진리와 견고함을 발견하게 하셨다.

이미 짐작한 것처럼, 중국인들은 설교와 논쟁보다는 책을 통해 더 많이 움직인다. 이렇게 지위가 높은 사람들을 상대로 설교를 하면 마치 가르치려고 드는 것 같아, 적어도 현재로선, 중국에서 외국인이 할 좋은 방법은 아니다. 그리고 논쟁은 언쟁으로 간주되지, 진리에 도달하기 위한 수단으로 간주되지 않는다.

1172 이 4가지 주제는 인쇄본으로 나온 적이 없고, 한참 후에도 완성본으로 인쇄된 적이 없다. 첫 번째, 세 번째와 네 번째 주제는 나중에 바뇨니가 쓰는 책 『천주교요해략(天主教要解略)』에 삽입한 걸로 보인다[cfr. N.709, 본서 4권, p.88, 주(註) 90.]. 두 번째는 아마도 그가 쓴 『신귀정기(神鬼正紀)』가 되었을 것으로 추정된다.

920. 장수(長壽)와 손 없는 날을 찾는 풍습을 극복하다

진리의 힘을 확신한 이 지성인은 이미 신앙에 귀의했지만, 그의 의지는 몇 가지에 여전히 얽매여 있었다. 그중 하나가 영원한 생명을 바라지 않는다며 오래 사는 법[長壽]을 찾는데, 이것은 중국인들의 잘못된 난센스의 하나다. 이것과 관련하여, 그는 일부 사기꾼들에게 속은 것만이 아니라, 그 분야에서 큰 신임을 얻을 만큼 몇몇 논문까지 쓴 바 있다. 스스로 생각하기에도 거기서 빠져나오기란 쉽지 않을 것 같았다. 또 다른 하나는 어떤 일을 하기 위해 길일을 택하는 풍습이다. 이것은 중국 전체가 매우 중요하게 생각하는 것 중 하나다. 마치 하려는 모든 일이 거기에 달린 것처럼 생각한다. 여기서 그치지 않고, 점쟁이를 찾아가 미래의 일을 묻기도 한다. [이것들은] 그가 성장해 온 배경으로 그것들을 내려놓기가 매우 어려웠다. 그러나 이것들과 그에 관한 의구심은 그것들이 거짓이고 소용없다는 것을 봄으로써 해답을 얻을 수 있었다. 그는 용감하게 이교도적인 이런 몇 가지를 자신에게서 멀어지게 만들었는데, 그 결단을 다음의 두 사례에서 볼 수 있다.

같은 시기에,[1173] 그가 이렇게 좋은 쪽으로 결심하자, 악마는 어떻게든 되돌아오게 하려고 매우 강한 기회를 제시했다.

921. 사망한 조상들의 초상화 만드는 일을 그만두다

관리로 있던 몇몇 친구들이 그에게 남경시에 사는 어떤 문인이 조상들의 초상화를 그려 준다고 말했다. 수백 년 전에 죽은 조상이라도 이름만

1173 1610년 성탄절이 지난 지 얼마 안 되어서였다. 그러니까 1611년 1월일 가능성이 크다. Cf. N.914.

주면 모두 그려 준다는 것이다. 이것은 우리의 허許에게 큰 유혹이었다. 왜냐하면 그의 고향이 바다에서 멀지 않은 탓에,[1174] 일본인들이 그의 고향에 침입하여 가옥들을 모두 불태웠는데, 그때 그의 조상들의 초상화가 모두 불에 타 버렸다. 중국인들이 최고로 생각하는 것이 효孝 사상이고, 그래서 그는 어떤 방식으로든 불에 타 버린 초상화들을 간절한 마음으로 복구하고 싶어 했다. 이에 그는 앞서 말한 사람에게 초상화를 부탁하러 가던 중, 양심의 가책을 느껴 이것은 받아들이기로 한 종교에 맞지 않는 것이 아닐까 하는 생각을 했다. 그래서 [바뇨니] 신부에게 편지로 그것을 물었고, 신부는 그[초상화를 그리는] 사람이 그렇게 한다면, 그는 사기꾼이거나 마귀의 짓일 거라며, 사기꾼이면 넘어가서는 안 되고, 마귀면 역시 그렇게 하도록 내버려 두어서는 안 된다고 했다. 여하튼 그것은 아무 소용없는 부정한 것이라고 했고, 두말할 필요 없이 그는 이 계획을 모두 포기했다.

또 다른 사례는 더 뒤에서 보겠다.[1175]

922. 허서신 관리가 요한이라는 이름으로 세례를 받다

드디어 그는 세례를 받기로 하고 [우리] 집으로 상당한 정도의 선물을 보내왔다. 중국의 풍습에서 이런 선물은 가르침을 받은 것에 대한 보답으로 제자가 되는 것을 의미한다. 신부들이 다 함께 정한 것은 이런 상황에서는 아무런 선물을 받지 않는 것이었다. 그것은 외국인을 스승으로

1174 이 마을은 분명 절강(浙江)의 항주(杭州)에 있는 전당(錢唐)이다. 따라서 해안에서 그리 멀지 않은 곳이다.
1175 이 일은 더 뒤에서 이야기하게 될 것이다. Cf. NN.924-925.

모신다는 예의나 격식 없이 누구나 쉽게 성교회에 들어올 수 있게 하기 위함이고, 또 다른 이유는 우리 예수회의 회칙과 관행에 반하는 것이기 때문이다.[1176]

동시에 그는 집에 모셔 두고 공경하고 싶다며 〈구세주 성화〉 하나를 청했고, 신부가 그것을 주자 그는 관복을 입고 예를 갖추어 받았다. 그리고 만찬을 준비하여 신부를 초대했다. 그로부터 며칠 지나지 않아 그는 『천주실의天主實義』을 모두 읽고, 우리 집에 있는 경당으로 와서 세례를 청했다. 그러나 그가 집을 나설 때, 동행하는 가신들의 소동을 피하기 위해 우리가 그의 집으로 가서 세례를 주는 게 더 나아 보였다. 결국 다음날 하기로 했고, 양쪽 모두 안심할 수 있었다.[1177] 그는 기쁨과 확신을 느낀다며 벌써 거룩한 세례의 효과와 표징을 체험한다고 말했다. 그는 세례명을 요한이라고 했다.

923.

신부가 떠나자, 그는 다시 베풀어 준 은총에 감사한다며, 같은 선물에

1176 신부들은 스승[사뷔이 되는 걸 꺼렸다. Cf. N.625, 본서 3권, p.346, 주(註) 877.

1177 이 사람의 세례는 1609년에 없었고(N.918), 1610년 말에도 없었다. 1611년 초에 있었던 걸로 짐작된다. 실제로 1609년 12월 21일에 작성한 그해 연감에는 전혀 언급이 없고, 1611년 11월에 쓴 1610년도 연감에서 길게 이야기하고 있다. 여기 텍스트에서 보는 내용이 거기에 있는 것이다(ARSI, Jap.-Sin., 117, ff.3v-5r). 나아가 1612년 8월 자 1611년도 연감은 1611년에 있었던 몇 가지 일을 언급한 뒤, 이 관리에 대해 "1년 전에 그가 남경에서 매우 중대한 공무를 수행하고 있을 때, 그리스도의 양 떼에 합류했다"(ARSI, Jap.-Sin., 113, f.187v)라고 분명히 말하고 있다. 즉 1610년 말이나 1611년 초라는 것이다. 1612년도 연감은 이 인사가 1611년 10월 말, "세례받은 지 아직 일 년이 채 안 되었다"라고 말한다. 그러므로 트리고가 리치의 "역사서"에서 이렇게 말하는 건 계산에 착오가 생긴 것으로, 1610년 5월 11일 이전으로 가면 안 된다. 따라서 NN.918-927은 이 부분에서 빠져야 할 것이다.

은전과 비단 옷감을 더 얹어서 보내왔다. 그러나 신부는 아무것도 받지 않았다.[1178] 여기에 대해 그는 매우 감동했고, 종종 우리의 이런 방식을 칭찬하곤 했다. 후에 그는 직접 와서 하느님께 감사했고, 우리더러 자기의 선물을 받지 않았다고 투정했다. 하지만 우리를 더 잘 이해함으로써 우리의 방식을 더욱 신뢰했다.

924. 길일이 아닌 날 여행길에 올라 모친상을 치르러 고향으로 돌아가다

그 후 얼마 안 가서 그의 모친이 사망했고, 중국의 관습상, 관직을 그만두고 고향으로 가야 했다.[1179] 떠나기에 앞서, 당시에 이야기되던 성당 건축과 관련하여 약속한 비용을 봉헌하고 갔다.[1180] 신부는 그것을 받아 잘 사용했다. 신부는 거의 하룻길을 동행하며 몇 개월 되지 않은 새 교우에게 필요할 것 같은 것들을 당부했다. 모친의 장례에서 지켜야 할 교회의 규칙을 알려 주고, 이제 막 신앙을 받아들인 신자가 신앙에 반하는 행위를 하지 않도록 주의를 주었다.[1181]

1178 바뇨니는 〈구세주 성화〉를 판다는 인상을 주고 싶지 않아서 이 선물을 거절했다. 1610년도 연감은 "신부가 선물을 거절했는데, 이는 성화를 판다고 느끼지 않기 위해서"(ARSI, Jap.-Sin., 117, f.4v)라고 했다.
1179 "법률로 정해져 있어 중국의 장자(長子)라면 … 집으로 돌아가 삼년상이 끝날 때까지 있어야 한다"(N.133).
1180 1611년 바뇨니가 추진하여 세운 남경의 첫 번째 공적인 성당에 관한 이야기다. 선교사가 이번에는 봉헌금을 받았고, 조반니는 이지조에게 신부에게 말하지 말라며 돈을 주었다는 것이다. "우리의 조반니가 그곳을 떠나면서 갑절이나 되는 은전을 레오[이지조] 앞에 두고 가며, 신부들이 알지 못하도록 하라고 했다"라고 1610년도 연감에서는 말한다(ARSI, Jap.-Sin., 117, f.5r).
1181 Cf. N.675, 본서 3권, p.453, 주(註) 1124.

925.

마지막으로 이별할 때, 신부는 그에게 하느님께서 주신 계명들을 잘 지킬 것을 당부했다. 그러자 그는 "제가 계명을 지키고자 하는 것은 이것만 보더라고 알 수 있습니다. 저의 오랜 관습과 중국의 풍습상, 오늘은 여행하기에 적합한 길일이 아닙니다. 하지만 저는 일부러 오늘을 골라 이런 미신들을 마음에서 모두 몰아내려고 했습니다"라고 대답했다. 그렇게 두 사람은 충분한 위로와 적잖은 안심 속에 헤어졌다.

926. 항주에 선교회를 열어 달라는 요청을 받다

그는 [고향] 집에 도착하자마자 인사와 감사를 가득 담은 편지를 한 통 보냈다. 신부에게, 혹은 그의 동료 중 한 사람이라도 그의 고향으로 와서 자기가 찾은 것처럼 자기 가족들에게도 진리를 전해 달라는 요청이었다.[1182] 당시에는 이것이 가능하지 않았지만, 이 "역사서"의 더 뒤에서 보게 되겠지만, 결국 거기에도 진출하게 되었다.[1183]

927. 1610년 성탄 밤, 남경 그리스도인의 신앙의 열기

관리들과 대화하고 관계를 맺는 데에, 허서신과 이미 신자가 되어 레오라는 본명을 가진 이아존李我存[1184](그의 개종은 후에 또 이야기하게 될 것

1182 허서신(許胥臣) 조반니는 이지조 레오와 동향인으로, 삼년상을 기회로, 처음에 모친이 사망했고(N.924), 이어서 부친이 사망했다. 1611년 5월 8일, [허서신은] 카타네오에게 선교센터를 열어 달라고 항주(杭州)로 안내했고, 1611년 11월 6일의 편지에서 디아즈는 이 일을 언급한다. Cf. N.3761.
1183 Cf. N.946, 본서 p.77, 주(註) 1241.
1184 이 부분은 1610년 음력 2월 이후, 이지조가 세례받은 다음에 쓴 것이다. Cf. NN.971,

이다)¹¹⁸⁵의 모범 사례는 중국교회 발전에 큰 영향을 미쳤다. 성탄절 밤¹¹⁸⁶에 모든 신자가 모인 자리에 레오 박사도 참석했고,¹¹⁸⁷ 거기서 그는 큰 열정과 영적 위로를 담아 성덕을 훈련하고 실천한 경험을 전했다.¹¹⁸⁸

3483, 3515.

¹¹⁸⁵ 이 "역사서"의 어디에서도 1610년 3월에 일어난 이 일을 말하지 않는다. 그러나 페레이라가 포르투갈어로 쓴 1610년도 연감에서 말하고 있는데, 이것은 나중에 트리고가 라틴어로 번역했다(*ARSI, Jap.-Sin.*, 117, f.1hr-v).

¹¹⁸⁶ 만약 1609년 성탄절이라면 이지조가 "이미 신자가 되었다"라고 말할 수가 없다. 그러니까 이듬해 성탄절을 말하는 것이고, 1611년 11월에 쓴 1610년도 연감에서도 이 점을 확실히 증명해 준다. 거기선 "주님의 거룩한 성탄절이 서서히 거행되고 있다"라고 적고 있다. 그러므로 1610년 성탄절이고, 리치가 사망한 지 7개월이 넘은 때다(*ARSI, Jap.-Sin.*, 117, f.5r). 즉, 이 이야기도 리치의 "역사서"를 넘어서고 있다는 점을 말해 준다.

¹¹⁸⁷ 2년 후인 1612년 11월 20일, 론고바르도는 남경의 이 수도원 한쪽에 층을 하나 더 올리자고 제안한다. 왜냐하면 "사제[신부]의 못자리와 수련자 양성을 잘 할 수 있는 곳으로 이 집보다 좋은 곳이 없기 때문이다." 그가 보기에, 못자리[신학교]로 그곳보다 나은 곳이 없는데, 이는 언어가 중국 전역에서 최고이고, 음식과 옷값이 저렴하며, 기후가 좋고, 도시가 국가기관의 연구를 위한 시설을 제공하기 때문이다(*ARSI, Jap.-Sin.*, 113, f.275r, N.2; *Ibid.*, f.276v N.2 bis).

¹¹⁸⁸ 이 사람들과 다른 바뇨니의 후임자들, 그리고 그 이전에 리치의 후임자들은 남경에서 그때부터 이미 심최(沈漼)의 심기를 건드려 1616년, 첫 번째 교회박해를 가할 명분을 주었다. 명사[明史, *Storia dei Mim*, c.218, ff.15, 심최(沈漼)]에서도 이 점을 언급한다: "심최(沈漼)가 남경의 예부(禮部)에서 시랑(侍郞)으로 봉직할 때, 서양인 마테오 리치가 진상품을 가지고 중국에 왔다. 그는 남경에 자리를 잡았고, 그의 제자 바뇨니와 다른 사람들도 가톨릭 신앙을 설교했는데 많은 고관이 그들을 따랐다. 심최는 남경 의회에 상소했고, 거기에는 그들[선교사들이]이 남경에 거주하며 '이설(異說)'적인 종교를 퍼트리는 걸 허락하면 안 된다고 했다. 그들의 지인들은 그[선교사들]의 말을 지지했지만, 심최는 당시에 [매우] 나쁘게 평가했다. 累官南京禮部侍郞掌事, 西洋人利瑪竇入貢. 因居南京, 與其徒王豊肅等, 倡天主教, 士大夫多宗之. 漼奏陪京都會. 不宜令異教處此. 識者韙其言, 然漼素乏譽."

제19장

바오로 박사의 고향 상해(上海)에서의 선교에 대해

(1608년 9월부터 1611년 5월 초순까지)

○ 상해 그리스도교의 기원

○ 도시에 대한 묘사: 위치, 성벽, 인구, 세수(稅收), 생산품, 백성들의 성격, 기후

○ 중병에 걸린 한 예비신자가 카타네오 신부를 부르다

○ 1608년 9월에 그곳에 도착하다. 사망한 예비신자를 그리스도교식으로 장례 치르다

○ 고관들의 방문을 받다. 소주에서 알았던 한 높은 관리의 집에 머물다

○ 사도직 활동이 활발하게 계속되다

○ 50명의 첫 영세자들: 은총에 대한 첫 번째 응답으로서 2년간 200명의 그리스도인이 탄생하다

○ 선교사들의 안정적인 숙소가 마련되다. 백성들의 방문과 그리스도교가 받는 공신력

○ 지현(知縣) 모일로(毛一鷺)가 카타네오를 방문하고, 그것이 사회 지도층의 좋은 반응을 불러일으키다

○ 거룩한 십자가 성화를 통한 치유

○ 십자가를 통해 치유 받은 한 여성이 상해 첫 여성 신자가 되다

○ 십자가가 한 새 신자를 마귀의 억압에서 해방시키다

○ 세례를 통해 서광계의 하인이 치유를 받고 선교사들에게 봉사하다

○ 십자가로 인해 한 가족이 개종하다

○ 〈구세주 성화〉를 통한 치유와 개종

○ 신심이 깊은 한 노인이 신비한 향내를 맡다

○ 상해에서 처음으로 성탄 밤 전례를 거행하다

○ 서광계 부친의 장례식을 그리스도교 방식으로 치르다

○ 데 라게아 석굉기(石宏基) 수사가 상해에 도착하다. 전교소는 항주에 자리를 잡
는 것으로 결정하다

928. 상해 그리스도교의 기원

앞서 이야기했듯이,[1189] 서광계徐光啟[1190] 바오로 박사가 부친상을 당해
고향에서 삼년상을 치러야 하는 바람에 북경을 비우게 되었지만, 그는
이 기회조차 허투루 보내지 않았다. 자신의 가문과 고향을 위해 자기가
있는 동안 그곳으로 신부를 한 사람 보내 달라고 요청한 것이다. 이 장章
에서는 이것과 관련하여 거기서 어떤 일이 있었는지를 이야기하고자 한
다.[1191]

929. 도시에 대한 묘사: 위치, 성벽, 인구, 세수(稅收), 생산품,
백성들의 성격, 기후

상해上海 시市[1192]는 흔히 현縣[1193]이라고 부르는 성省의 한 지역으로 법

1189 Cf. N.773.
1190 서광계(徐光啟) 바오로 박사. Cf. N.680, 본서 3권, p.459, 주(註) 1141.
1191 이 장(章)의 주요 원전은 카타네오(Cattaneo)가 남경 수도원 원장이며 자신의 장상인
바뇨니(Vagnoni) 신부에게 쓴 1609년의 편지다. 그해 4-5월경에 쓴 걸로 추정되며,
1609년도 연감에 그대로 수록되었다. 그것을 론고바르도(Longobardo)가 그해 12월
21일, 소주(韶州)에서 스페인어로 옮겼고(*ARSI, Jap.-Sin.*, 113, ff.91-104), 바로 포르
투갈어로도 번역되었다(*ARSI, Jap.-Sin.*, 113, ff.108-116). 스페인어 텍스트는 거의 전
부 저자가 직접 쓴 것이고 저자의 서명이 있다. 따라서 포르투갈어 텍스트와 똑같지
않다. 이 장의 마지막 부분에서 언급하는 몇 가지 고무적인 사건들은 앞서 언급한 편
지에서 말하는 것과 겹치지 않는 걸로 봐서, 비슷한 다른 사례들처럼, 1611년 5월쯤 카
타네오가 직접 트리고에게 전한 것으로 충분히 짐작할 수 있다.

적으로는 남직례南直隸[1194]에 속한다. 대도시[1195]에서 144마일 정도 거리에 있다.[1196] 북위 29°에 있고,[1197] 북쪽으로는 조선[高麗][1198]과 정면으로 마주하고, 동쪽으로는 일본을 바라보고 있다. 일본과는 매우 가까이 있어, 바람만 좋으면 24시간 안에 중국에서 일본까지 갈 수 있고, 일본에서 중국으로 올 수도 있다.[1199] 그래서 여러 차례 일본 해적들이 이쪽 해안 지역[1200]에 출몰하여 사람들을 괴롭혔고, 그래서 중국 사람들은 일본인들을 몹시 싫어한다.

[1192] 상해(上海)라는 포르투갈어 표기, "Xamhai"는 이탈리아어 표기와 정확하게 일치하고 중국어 발음은 샴해(Sciamhae), 上海다. 여기서 h는 강한 유기음으로, 오늘날 이탈리아에서 샨가이(Sciangai)로 잘못 표기하고 있는데, 샹아이(Scianghai)가 더 맞다. 영어로도 상하이(Shanghai)로 표기한다. 그러나 자음 g는 묵음이어야 하고, h는 유기음으로 소리가 나야 할 것이다. 상해(上海)는 11세기부터 독립된 도시였다. 1557년에 성벽을 세웠으나, 공화정 초기(1912년)에 모두 부쉈다. 1842년에 해외 교역을 위해 개방했는데, 중국에서는 가장 먼저 개방한 도시가 되었고, 인구가 3,854,000명에 이른 것도 세계에서 가장 먼저 된 도시 중 하나였다. 그리스도교에 문을 연 것은, 이 장에서 말하는 것처럼, 1608년 9월 우리의 서광계 바오로 관리의 업적이다. 오늘날 상해는 주교좌가 있고 4만여 신자가 10여 개의 본당에 나뉘어 있다. 다양한 가톨릭 활동의 중심지로, 진단대학(震旦大學, Aurora Universitas)과 서가회(徐家匯)를 꼽을 수 있다.

[1193] 군(郡) 또는 관할구다. Cf. NN.103-104.

[1194] 남경 성(省) [南直隸].

[1195] 남경시다.

[1196] 즉, 칠팔일(N.680) 혹은 열흘 간 도보로 혹은 말을 타고 가는 거리에 있다(NN.3463, 4336). 오늘날 기차로 6-7시간 거리다.

[1197] 실제로는 31° 15′에 있다.

[1198] **역주_** 리치는 이 "역사서"에서 조선을 한 번도 Chosŏn, '조선(朝鮮)'이라고 표기하지 않고, 코레아(Corea), 코리아(Corya, Coria), 고려(高麗)라고 표기한다. 중국에서는 여전히 고려로 알려져 있다는 것을 알 수 있다. 역자는 편의상, 텍스트에서 "조선"으로 표기하고 괄호 안에 "고려"로 표기했다.

[1199] 이것은 믿기지 않는다. 마카오에서 일본까지, 혹은 그 반대로 가려면 2주에서 3주 정도 걸린다. 원전에 쉼표가 없어, 트리고가 첨가한 걸로 짐작되는데, 이것은 결코 정확하지도 신중한 기록도 아니다.

[1200] Cf. NN.214, 257, 797, 921.

성벽은 2마일이 넘지만, 성벽 밖에도 도시 안에 사는 사람만큼 많은 사람이 살고 있다. 모두 합하면 3만에서 4만여 호가 된다.[1201] 지형은 (언덕 하나 없는 롬바르디아[1202]와 같은) 평지다. 시골이라기보다는 정원이 많은 거대한 도시 같다. 왜냐하면 사방에 탑이 있고, 빌라와 주택지가 있기 때문이다. 외곽에도 2만여 호가 사는데 도시에 포함된다. 인구를 모두 합하면 30만여 명에 이른다. 황제에게 바치는 세금은 30만 냥[1203]에 이르고, 그것을 매년 쌀가마[1204]로 낸다.

토지는 쌀과 면화 농사에 매우 적합하다. 그래서 이곳에서는 옷감을 많이 내고, 20만 명이 넘는 사람이 방직업에 종사한다. 따라서 북경과 북직례北直隸 및 상해 지역 옷감 대부분은 이곳에서 나온다.

사람들은 밝고 쾌활하다. 도시에 사는 주민들은 다소 다혈질(rivoltosi)[1205]

1201 원전이 더 정확하다. "성벽의 길이는 2마일 정도고, 성 밖[도시 밖]에도 2만 또는 3만 명의 주민이 있습니다. 그 너머는 시골이고, 유럽식으로 20리그[역주_ 16-17세기 유럽 국가마다 조금씩 편차는 있지만 대략 1리그는 5km 정도 거리로 측정된다] 거리의 산이 해안과 마찬가지로 길게 펼쳐져 있습니다. 일대에 사는 모든 사람을 합하여 20 혹은 30만 명 정도 될 것입니다"(N.4336). 그러므로 카타네오가 말하는 1608년 상해에 사는 이십만 혹은 삼십만 명의 주민은 세 지역으로 나뉘어 있다는 말이다. 정확한 숫자를 밝히고 있지 않은 채 말하고 있는 도시가 있고, 근교(2만에서 3만 명)와 외곽 평원(여기도 2-3만 명 혹은 그보다 더)이 있는 거다.
1202 카타네오를 드러내는 디테일한 측면이다.
1203 역주_ 본문에서 리치는 15만 텔(tael)이라고 말한다. 뉘앙스상 은화로는 곱인 30만 냥에 해당한다.
1204 원전은 "피코스(Picos)"(N.4336)라고 말한다. 말레이-자바어로 피코(pico) 혹은 피쿨(pikul)은 "남자의 책임"이라는 뜻이다. '책임'이라는 말을 중국인들은 '짊어지다', '메다'는 뜻의 '담(擔)'이라는 글자를 쓰는데, 이것은 고양이 100마리 또는 리브르, 즉, 1,000온스, 60kg의 무게다. Cf. D'Elia³, p.320, nota A.
1205 스페인어 원전은 "trabiesos", 즉, "장난이 심한"[역주_ 혹은 "장난기가 많은"]이라는 뜻이지 트리고가 번역한 것처럼, "반역적인/ 모반적인"이라는 뜻의 "revoltosos"가 아니다. 역자는 '다혈질적인 사람들'을 표현한 걸로 이해한다.

이지만 외곽에 사는 사람들은 평온한 편이다. 대체로 모두 총명하다. 그래서 학문을 연마하는 학생들이 많고 수준도 상당히 높다. 많은 관리가 은퇴하여 이곳에 좋은 집을 짓고 쉬고 있는데, 어디건 아주 좁은 골목에도 이들의 집이 있다.

기후도 매우 좋아서 다른 어떤 지역보다도 장수하는 사람이 많아 80세, 90세, 심지어 100세 된 사람들도 자주 눈에 띈다. 이곳에서 60세는 노인 축에도 안 든다.

930. 중병에 걸린 한 예비신자가 카타네오 신부를 부르다

이 도시에서 우리의 바오로 박사는 태어났다. 그는 북경에서 오자마자 우선 부친의 장례를 마무리하고, 라자로 카타네오[1206] 신부를 부르기 위한 준비를 했다. 이것은 마태오 리치 신부의 선택이었다. 그 시기에 카타네오 신부는 마카오에서 돌아와 남경에서 이 소임을 기다리고 있던 참이었다.[1207] 바오로 박사는 직접 남경까지 와서 신부를 모시고 자기 고향으로 가려고 했다. 그래야 이번 방문에 더 권위를 주기 때문이다.[1208] 하지만 갑자기 일이 생겨 이 계획을 실행에 옮길 수 없게 되었다.

그가 지닌 높은 권위로, 그 도시에서 그에게 중요한 일을 맡겼는데, 거

1206 카타네오는 바오로 박사와 상해에서 왔다는 다른 그의 동향인 문인 학자를 12년 전 소주(韶州)에서 본 적이 있다. 그러니까 1596년이다. 카타네오는 이 점을 말하고 있다 (N.4339). Cf. N.681, 본서 3권, p.465, 주(註) 1159.; N.932, 본서 5권, p.67, 주(註) 1221.
1207 마카오에서 중국 내륙으로 돌아간 것은 1606년이고, 데 우르시스 사바티노 신부가 동행했다. 리치의 명령으로 남창(南昌)을 거쳐서 가도록 했고, 그해 9월이 되기 전까지 남경 수도원에 머물렀다. Cf. NN.796, 798.
1208 선교사와 그들의 종교에 대한 새로운 인식을 이교도들에게 심어 주기 위해, 바오로 박사는 자기가 직접 고향 도시에 그들을 안내하고 싶어 했다.

기에 집중하는 동안, 문인이며,[1209] 그의 친척이자 친구가 중병에 걸린 것이다.[1210] 그 사람이 생애 마지막에 이르렀다는 것을 알고, 바오로 박사는 그를 개종시켜, 세례를 받게 하여, 그리스도인으로 죽게 해 주고 싶었다. [바오로 박사는] 하인 중에서 가장 믿을 만한 사람에게 여행경비를 주며 가서 신부님을 속히 모시고 오라고 했다. 편지도 한 통 썼는데, 거기에는 원래 계획과 달리 자기가 직접 가서 모시고 오지 못해 미안하다는 말과 함께 속히 와서 도움을 달라고 했다.[1211]

신부가 하인과 함께 가는 동안, 바오로 박사는 그 개종자 곁을 떠나지 않고, 그에게 그리스도교 신앙을 가르쳤다. 또 그에게 작은 성모 성화[1212] 하나와 묵주[1213]를 주고, 환자는 그것을 손에서 내려놓지 않고 하느님께 세례와 죄의 용서를 구하는 은총을 청했다. 그러나 그는 신부가 도착하기 전에 사망했다. 신부는 준비하는 데 하루도 걸리지 않았지만, 여전히 남경에서 출발도 못 하고 있었다. 바오로 박사는 그에게 세례를 주지 못했다. 왜냐하면 양식서가 아직 중국어로 번역되지 못했고,[1214] 중국

1209 "이 도시의 주요 인사 중 한 사람이 바오로 박사의 친구였습니다"(N.4338).

1210 "입에서 피를 토하는 심각한 병에 걸렸습니다"(N.4338).

1211 상해의 첫 번째 선교에서 마카오의 한 이탈리아인 상인이 재정적인 지원을 해 주고, 휴대용 제단까지 마련해 주었다는 점에 주목하는 것도 흥미롭다. 1609년 3월 12일, 바뇨니 신부는 총장 비서 알바레스에게 이렇게 편지했다. "라자로 카타네오(Lazaro Cattaneo) 신부의 선교에서 미사 드리는 은장식이 살짝 들어간 제단은 마카오의 한 이탈리아인 상인이 기증한 것입니다"(N.3463).

1212 "성 루카의 성모 성화"였다고 카타네오는 편지에서 언급하고 있다(N.4338). 그러니까 로마의 성모 마리아 대성당의 성화 사본인 거다. Cf. N.593, 본서 3권, p.275, 주(註) 680.; N.239, 본서 2권, p.140, 주(註) 208.

1213 Cf. N.642, 본서 3권, p.394, 주(註) 994.

1214 카타네오는 다른 말을 하고 있는데, 이게 현실에 더 맞는 것 같다. 그는 바오로 박사가 그에게 세례를 주지 않은 건 신부가 때에 맞추어 올 거라고 믿었기 때문이라는 것이다

어로 적힌 라틴어 양식도 없었다.[1215] 많이 당황한 탓에 [서광계 같은] 위

[1215] 1600년을 기점으로, 일본에는 세례양식서가 있었는데, 필요한 경우, 평신도들이 사용할 수 있게, 천주와 삼위일체의 이름을 그대로 음역한, 완전히 일본 스타일의 양식서였다. 반면, 중국에 있던 양식서는 중국식으로 '가공하지 않은' 것으로, 라틴어 양식서를 번역하지 않아 중국어 음역도 안 된 상태였다. 일본어 양식서는 1605년 나가사키(Nagasaki, 長崎)에서 루이지 체르퀘이라(Luigi Cerqueira) 주교가 인쇄한 『교회의 성사 집행 지침서(*Manuale ad Sacramenta Ecclesiae ministranda*)』에 포함되어 있고(Laures, pp.43-46), 그 톤은 다음과 같다. *Soregaxi Deus Padre to Filho to Spiritu Sancto no mi-na uo motte nangi uo arai tatematçuru nari* (p.8). 1600년 역시 나가사키에서 인쇄된 것으로 현재 로마의 카사나텐세 도서관(Biblioteca Casanatense)에 소장된(ms. 2019) *Doctrina Cristam*에서는 다음과 같은 다른 양식을 찾아볼 수 있다. *N., Pahatere to Hiiriyo to Supiritsu Santo no mi-na wo soregashi nanji wo arahi-tatematsuru. AmeN.* 이 일본어 양식서에는 바로 라틴어 양식[경문(經文)]에 맞는 문구를 [다음과 같이] 추가했다. *Ego te banchiso in nomine Pahachirisu etsu Hiirii etsu Supiritsusu Sanchi. Hamen* (f.43b). 이런 정보에 대해 동료 수사며 일본학 연구자이신 주세페 슈테(Giuseppe Schütte) 신부에게 감사드린다. 더 이전의 양식은 1593년 아마쿠사(Amakusa, 天草)에서 인쇄한 작은 소책자에서 찾아볼 수 있는데, 그것은 중국어-일본어로 된 것으로 『세례성사와 임종 준비(*Battesimo e la preparazione alla morte*)』(Laures, pp.19-20)다. 후에 중국어 양식서는 모델을 리치의 『천주교요(天主教要)』 끝에서 읽을 수 있다. 나는 로마의 포교성성(Propaganda Fide) 고문서실에서 자료를 찾았고, 그 사례는(f.14a-b), 다음과 같은 톤이다.

Meu, Uo-ngo té pa-ti-zo   in no-mi-no
某, 阿我 德 拔弟作, 引 諸 米 搦
N., E-go te ba-(p)ti-zo, in no-mi-ne

Pa-té-li-se   uo-té Fei-li-i uo-té
罷 德利斯 厄德 費離意 厄德
Pa-t-ri-s   e-t Fi-li-i   e-t

Se-pei-li-tu-se San-co-ti, Ia-mom.
斯彼利都斯 三隔弟. 亞孟
S-pi-ri-tu-s San-c-ti. A-men.

1607년 페레이라 신부가 북경 인근에서 선교활동을 할 때, 문자를 아는 두 명의 더 교육받은 신자에게 적용한 양식서가 있다. Cf. N.4253. 후에 이 양식서는 중국어로 번역했고, 더는 음역하지 않았다. 이 번역은 1611년에야 비로소 이루어졌다. 그 이전은 아니다. 이 점은 1612년 8월 트리고가 쓴 1611년의 연차 편지와 1612년 10월 15일 자

대한 중국의 대학자조차 그것을 사용할 줄을 몰랐다.[1216] 후에 그에 관한

론고바르도가 남긴 문건에서 확인된다. 트리고의 연차 편지에서는 1611년 3월 남경에서 있은 혁신적인 양식에 대해 기록하고 있다. "지금까지 교회의 세례 양식서 내용은 사제가 직접 예식을 거행하지 못하는 경우, 통상 중국의 상징이 담긴 라틴어로 쓴 것이어서 적지 않은 불편이 있었습니다. … 그래서 종종 그리스도교를 잘 알고 있는 새 신자들의 눈에는 교리교육을 받는 사람들이 양식에 대한 무지로 인해 세례를 받지 않고 [교회를] 떠나는 것에, 큰 아픔을 느꼈습니다. 이런 불편에 대해 방해 요소들로 보이는 몇 가지를 제거했습니다. 한편 나라마다 자기네 언어로 된 세례성사 양식서가 있지만, 중국어로 된 것이 부족했습니다. 이에 죽음을 앞둔 어린이도 [성사 없음]의 위험에서 벗어나 물로 세례를 받음으로써 효과적으로 영혼을 씻을 수 있게 되었습니다"(*ARSI, Jap.-Sin.*, 113, ff.152v-153r). 한편 론고바르도는 두 달 후에 이렇게 덧붙인다. "중국어로 된 세례 양식서가 확정되었습니다. 우리 유럽인들이 알아듣지 못해 잘못되었다고 거부했기 때문입니다. … 이 양식서는 라틴어 양식서를 그대로 옮긴 것으로, 일본어 양식서에 있는 하느님을 추가하지 않았습니다. 왜냐하면 하느님을 한 번만 넣으면 (언어가 잘못되어 있어) 새 신자들에게는 하느님이 첫 번째 위격 한 분으로 보일 수 있어서, 같은 말을 세 번 반복해서 각 위격을 동반하는 세 분 하느님으로 넣었던 것인데, 그것을 중국어에서 그대로 쓸 경우, 하느님이 세 분으로 보일 수 있기 때문입니다. 그래서 우리는 라틴어 양식에서 아무것도 변경하지 않기로 했습니다"(*ARSI, Jap.-Sin.*, 113, f.270r). 이 양식서가 번역되어 1936년까지 사용했고, 톤은 분명 다음과 같다.

我 洗 爾 因　　罷 德 肋 及 費 略
Ego abluo te propter Pa-t-ris et Fi-lii

及 斯 彼 利 多 三 多 名 者　亞 孟.
et S-pi-ri-tus San-cti nomen. A-men.

그러나 이런 이유로 음역한 양식서가 즉시 사라진 건 아니다. 왜냐하면 1665-1671년경에도 금지사항을 상기해야 할 필요가 있었기 때문이다: 權付聖洗 … 不可用西音, 恐有差愕(Verhaeren in *MS*, 1939-1940, IV, p.471).

1936년, 드디어 하느님의 세 위격의 이름인 성부(父), 성자(子), 성령(聖神)을 음역하지 않고 번역하여 세례 양식서에 반영했다. 그러니까 17세기 후반부터 적어도 일부는 그것을 사용해 왔다는 것이다. Cf. Verhaeren, *ibid.*; *Fonti Ricciane*, I, N.482, 본서 2권, p.471, 주(註) 501. 다음은 필자의 논문이다. *De primigenia forma baptismi signis sinensibus expressa in Periodica de re morali, canonica et liturgica*, XXVII, 1928, Roma, pp.340-348.

부분에서 말하겠지만, 이런 장애도 극복해야 했다.[1217]

931. 1608년 9월에 그곳에 도착하다. 사망한 예비신자를 그리스도교식으로 장례 치르다

라자로 카타네오 신부가 남경에서 출발한 것은 거의 1608년 말이었다.[1218] 바오로 박사가 그를 맞으러 항구로 나왔고, 자기 집으로 안내했다. 신부는 거기서 사흘간 정성껏 환대를 받았다.

모두가 바랐던 것과는 달리 여하튼 늦게 도착했고, 예비신자는 구원에 관한 몇 가지 징표를 남기고 사망했다. 우리 주님께서는 세례의 성수가

1216 1611년의 연감에서 트리고가 말하는 것처럼, 똑같은 식으로 이지조(李之藻)의 두 아들이 "중국어로 된 라틴어 표현 양식에 대한 무지"(ARSI, Jap.-Sin., 113, f.186v)로 자기네 나이 든 할아버지, 곧 이지조의 부친을 세례받지 못하고 죽게 했다. 여전히 같은 연감에서 트리고가 말하는 것처럼, 항주(杭州)에 사는 또 다른 사람의 부친도 똑같은 식으로 세례받지 못하고 죽었다[역주_ 비상시, 즉 전쟁이나 박해로 인해 성직자가 없는 경우 혹은 사제를 불러올 동안 세례 요청자가 죽을 위험이 있을 경우에는 평신도가 세례를 줄 수 있다는 점을 말하고 있다].

그렇다고 해서 모두가 그들처럼 그렇게 소극적이지는 않다. 1608년 같은 해에, 상해에서 이런 일이 일어났을 때, 북경에서는 죽어 가는 세 명의 아이들에게 어떤 평신도가 세례를 주었다는 걸 리치를 통해서 긍정적으로 들어서 우리도 알고 있다: "이 사람 중 세 명은 우리 교우들이 알아서 세례를 주었습니다. 왜냐하면 가장 똑똑한 사람들을 가르쳐 세례 양식서를 주어 그들이 직접 세례를 줄 수 있고, 주어도 된다고 했기 때문입니다"(N.1856). 이응시(李應時) 바오로도 그것을 알고 음역한 라틴어 양식으로 죽어 가는 몇 사람에게 세례를 주었다. Cf. N.716. 1610년도 연감은 남경에서 한 평신도가 죽어 가는 어떤 아기에게 세례를 주었다고 말하는데, 분명, 음역한 똑같은 양식서였을 것이다(ARSI, Jap.-Sin., 117, f.2r). Cf. N.897, 본서 4권, p.423, 주(註) 1084.

1217 "나중에 말하게 되겠지만"이란 표현은 리치의 작품에서는 의미가 없다. 이 "역사서"의 다른 어디에서도 그것을 말하거나 말할 수 있는 곳이 없을뿐더러, 이 작품의 저자가 사망한 뒤인, 1611년에 [바로 라틴어로] 번역되었기 때문이다.

1218 론고바르도는 1609년 12월 22일에 쓴 그해 연감에서 "카타네오 신부님은 지난 1608년에 [상해로] 갔고, 지금까지 거기에 있습니다"(N.4335)라고 분명히 말하고 있다.

부족한 것까지 마음에 채워 주셨다. 신부는 그리스도교 양식에 따라 장례를 치르도록 했고, 그것으로 바오로 박사와 그의 친척들은 크게 위로로 삼았다.[1219] 그러나 화상和尙과 도사(道士)들은 다른 종파의 사제로 장례에 참석했고, 이렇게 중요한 사람의 장례라면 큰 수입을 올릴 최고의 기회인데 그것을 놓친 기분으로 있었다. 그들은 이번 일이 처음이지만, 새로운 가르침[그리스도교]이 들어온 이상, 마지막은 아닐 거라는 두려운 생각을 하기도 했다. 그래서 처음부터 이를 방어하기 위해 우리 성교회를 비방했는데, 그리스도교의 장례는 조상 공경을 금한다고 소문을 낸 것이다. 그러나 그것은 거짓임이 금세 드러났는데, 사람들은 십계명에서 하느님 공경 다음으로 부모를 공경하라는 것이 있는 것을 보았기 때문이다.[1220]

932. 고관들의 방문을 받다. 소주에서 알았던 한 높은 관리의 집에 머물다

바오로 박사의 집에서 신부는 사흘 동안 모든 사람으로부터 환영과 축하의 인사만 받은 것이 아니라, 도착하던 당일부터 바오로 박사의 많은 고관 친구들은 물론, 그 외 다른 여러 고위 인사들의 방문을 받았다. 바오로 박사와 신부는 사람들이 그리스도교에 관심이 많다는 것을 알았고, 이렇게 높은 사람의 집에는 계급이 낮은 사람은 올 수가 없고, 바오로 박

1219 Cf. N.4338.
1220 Cf. N.4341. 여기서는 십계명의 제4계명, "부모에게 효도하여라. 孝敬父母"를 암시하는데, 그것을 『천주교요(天主敎要)』에서 읽었기 때문이다(f.3a). 남창시에서 있었던 비슷한 비방에 대해서는 cf. N.861을 보라.

사의 친구들 외에는 올 수 없어 활동에 한계가 있다는 것을 깨달았다. 그래서 바오로 박사의 친구이자, 신부의 친구기도 한, 은퇴하여 쉬고 있는 한 고관의 서재書齋가 있는 별채에서 묵기로 했다. 12년 전[1221]에 바오로 박사와 그 친구는 소주韶州에서 신부를 알았는데, 그때는 바오로 박사가 아직 박사학위를 받기 전이고 그리스도인이 되기 전이었다. 그때 서광계는 처음으로 우리의 신앙에 관해 말하는 것을 들었고, 후에 남경으로 와서 세례를 받았다.

933. 사도직 활동이 활발하게 계속되다

신부가 그곳 별채에 있는 동안 바오로 박사는 다른 집을 찾았고, 그 마을에서는 세를 얻지 않았다. 일이 많고 방문이 많아서 신부는 무엇을 먼저 해야 할지 몰라, 결국 많은 것을 하지 못했다. 도와줄 수사나 학생도 없어서 혼자서 집안일과 바깥일을 모두 해야 했다. 찾아오는 손님을 맞고, 선물을 마련하고, 예비신자와 교우들을 돌보는 등 선교활동에서 필요한 많은 일을 했다. 특히 처음에는 신부의 의무인 기도와 미사 시간도 확보하기 힘들었다. 밤에 손님들이 모두 가야 겨우 쉴 수가 있었다.

1221 그러니까 1596년이면, 사료들에 가장 부합한다. Cf. N.681, 본서 3권, p.465, 주(註) 1159.; N.930, 본서 5권, p.61, 주(註) 1206. 1609년에 카타네오는 바뇨니에게 이렇게 편지를 쓴다. "모든 사람을 더 잘 대하기 위해 바오로 박사는 자기가 쓴 책 한 권을 어떤 관리의 서재[書齋]에서 제게 빌려주었습니다. 그때가 12년 전으로 제가 바오로 박사를 본 것은 소주[Xauqueo, 韶州]에서가 처음이었습니다"(N.4339). 그러나 이 텍스트에서 말하고 있는 서광계의 친구가 누구인지, 나는 찾지 못했다. 1614년 데 우르시스의 『태서수법(泰西水法)』의 10여 명 되는 검열자와 교정자 중 상해 출신의 문인 학자는 요영제(姚永濟)와 상해 인근 화정(華亭) 출신의 두 사람, 장내(張鼐)와 이릉운(李凌雲)이 있다(PCLC, XV, Prefazioni[序文들] 뒤에).

934. 50명의 첫 영세자들: 은총에 대한 첫 번째 응답으로서 2년 간 200명의 그리스도인이 탄생하다

이 일은 결실이 [전혀] 없는 것이 아니었다. 그 마을에서 개종한 사람이 약 50명이 되었고,[1222] 이후에는 훨씬 많은 사람이 개종했다. 2년간[1223] 이어진 이 선교활동에서 200여 명의 사람이 그리스도인이 되었다. 이것 은 초창기, 다른 수도원에서는 한 번도 없었던 일이다.[1224]

[1222] 1609년 3월 12일에 바뇨니는 상해의 이들 새 신자들이 이미 20명이라는 걸 알았고, 교 리교육을 받고 있던 사람들도 그 정도 된다는 걸 알고 있었다(N.3463). 같은 해 4-5월 경, 카타네오가 바뇨니에게 편지할 때, 이 신자들의 수가 정확하게 42명이었다. Cf. N.4342.

[1223] 1611년 10월 19일, 카타네오가 남경에서 파비오 데 파비(Fabio de Fabii) 신부에게 쓴 편지에는 "지난 몇 달간, 상해[Xamhai, Scianghai]라고 하는 도시에서 선교활동을 하고 돌아왔습니다. 200여 명[1612년 10월 26일의 정확한 숫자에 의하면 모두 160명임 (N.3798)]의 그리스도인이 있던 곳에서 항주(杭州, Hamceu, Hangchow)라고 하는 다 른 도시로 파견되었습니다." 이 두 번째 파견[항주로 갔다는 것은 1611년 5월 8일에 시작하는 게 아니다. 뒤에서 카타네오가 말하게 될 것이다[cfr. N.946, 본서 5권, p.76, 주(註) 1238.]. 1611년 1월경에 이미 남경으로 돌아왔기 때문이다. 다시 말해서, 그는 상해에서 선교활동을 2년 남짓 했던 거다.

[1224] 그러니까 상해(上海) 그리스도교 공동체가 앞서 형성된 다른 모든 공동체, 곧 조경(肇 慶), 소주(韶州), 남창(男昌), 남경(南京)과 북경(北京)에 비해, 하느님의 은총에 가장 응답할 준비가 되어 있었다는 거다. 실제로 조경에서는 1583년 9월 10일부터 1589년 8월 초까지, 70에서 80명밖에 영세자가 나오지 않았고[N.328, 본서 2권, p.289, 주(註) 588.; N.1184], 소주와 인근에서 1589년 8월 26일부터 1595년 4월 18일까지 30여 명 정도의 개종자가 있었으며[Ibid., N.402, 본서 2권, p.375, 주(註) 218.], 남창에서는 1595년 6월 28일부터 1603년까지 20명 남짓 그리스도인이 있다가, 그 이듬해 초에 100여 명이 추가되었다[cfr. N.745, 본서 4권, p.165, 주(註) 279.: N.748, 본서 4권, p.168, 주(註) 290.]. 100여 명이 추가된 것은 ─이것도 모두 확실한 건 아니다. ─ 남경 에서도 마찬가지인데 약 3년간의 선교활동이 있고 난 뒤다[N.674]. 1601년 1월 24일, 북경에 도착했고, 1605년 5월 9일에야 비로소 리치는 100명이 조금 넘는 그리스도인 이 있다고 편지에 쓴다(N.1574).

935. 선교사들의 안정적인 숙소가 마련되다. 백성들의 방문과 그리스도교가 받는 공신력

바오로 박사는 복음을 향해 큰 문이 열리는 것을 보고, 신부가 있는 집이 사람들의 구원이 달린 문제를 다루기에 그다지 편하고 적합하지 않다고 판단하여 자기가 예전에 판 몇 개의 집 중에서 금화 200냥을 주고 다시 사들였다. 그리고 수리비로 40냥을 더 썼다. 덕분에 신부는 안정적인 숙소에서 편하게 지낼 수 있게 되었다. 집은 살기에 매우 편했고, 우리의 선교활동에도 안성맞춤이었다.

항상 많은 사람이 찾아왔고, 성과도 기대했던 것보다 훨씬 좋았다. 이 성과는 그리스도인의 숫자로만 계산해서는 안 되고, 하느님의 가르침이 크게 신뢰를 얻었다는 것도 계산해야 한다. 이것은 향후 언제나 최고의 결실로 이어졌기 때문이다.

그곳에서는 하느님을 섬기고 그분의 명예를 드높이는 많은 일이 일어났다. 그중 눈에 띄는 몇 가지만 골라 이야기하고, 나머지는 간략하게 언급하고 넘어가겠다.

936. 지현(知縣) 모일로(毛一鷺)가 카타네오를 방문하고, 그것이 사회 지도층의 좋은 반응을 불러일으키다

신부를 방문한 사람 중에 하루는 그 도시의 지현知縣도 있었는데,[1225]

1225 이 "도시의 통감"은 상해의 지현(知縣)으로, "바오로 박사와 같은 해에 거인[석사] 시험에 급제한 정말 믿을 만한 절친한 친구(N.4340)다. 그의 이름은 모일로(毛一鷺)이고 절강(浙江)의 엄주(嚴州)에 있는 수안(遂安)에서 태어났다. 1604년에 진사[박사]에 급

그는 거창하게 행차하여 신부를 찾아와 직접 많은 선물을 했다. 그의 방문은 그 도시에 크게 소문이 났는데, 그것은 지현도 그리스도인이 되고 싶어 한다는 것이었다. 그것은 사실이 아니었지만, 적지 않은 사람들에게 영향을 미쳐, 우리 성교회를 알리는 효과를 주었다. 많은 고관과 문인이 세례를 받았고,[1226] 그것은 또 다른 개종자를 늘리는 데 도움이 되었다. 그 숫자는 초기에 큰 것이었다. 만약 신부에게 도와줄 수사 한 명만 있었어도 찾아오는 사람들에게 [일일이 다시] 가서 개종시키는 최고의 성과를 올릴 수 있었을 것이다.

937. 거룩한 십자가 성화를 통한 치유

우리 주님께서는 놀라운 일로 특별히 이 새 신자들을 도와주셨는데, 기본적으로는 거룩한 십자가를 통해서였다. 어떤 교우가 아들과 함께 말라리아에 걸려 열이 심했다. 그는 신부에게 사람을 보내 〈십자가 성화〉를 청했고, 깊은 신심으로 그것을 받았는데, 받자마자 그와 그의 아들이 치유되었다.

제했다. 1606년부터 1610년까지 상해의 지현으로 있었고, 1626년에 남경(南京)의 순무(巡撫)가 되었다. Cf. *Annali del distretto di Scianghai*(『동치상해현지(同治上海縣志)』), c.12.

1226 1609년 4-5월경, 카타네오가 바뇨니에게 쓴 편지에 상해의 새 신자 중에 수재(秀才, 학사)가 다섯 명이 있었다며, "하느님의 은총으로 풍성한 수확의 희망을 우리에게 주는 귀한 사람들"(N.4342)이라고 말한다. 따라서 상해 그리스도인의 숫자[cfr. N.934, 본서 p.68, 주(註) 1224.]에 질(質)까지 더해진 것이다.

938. 십자가를 통해 치유 받은 한 여성이 상해 첫 여성 신자가 되다

우리 주님께서는 비교인들에게도 우리 구원의 도구[십자가]를 통해 놀라운 일을 하셨다. 한 젊은 새댁에게 마귀가 들었는데, 잠을 자지도 먹지도 못하게 괴롭혔고, 입으로는 말도 안 되는 소리를 지껄이게 했다. 그러자 한 새 교우가 우리 주님을 믿고 신자가 되어 보라고 했고, 그녀는 그렇게 했다. 그녀는 당장에 성호 긋는 법을 배웠고, 신부가 보내 준 〈십자가 성화〉를 하나 받았다.[1227] 바로 그 순간부터 어떤 형태의 마귀도 볼 수가 없었고, 원래대로, 먹고 자는 데 어려움도 없었다. 그녀는 후에 세례를 받았는데, 그 지역에서 세례받은 첫 번째 여성이 되었다.[1228]

939. 십자가가 한 새 신자를 마귀의 억압에서 해방시키다

어떤 교우는 세례받기 전에 집에 있던 미신 상들을 불에 태웠다. 마귀는 여기에 대해 복수하려고 했다. 그가 다른 신神인 하느님께 가는 게 싫어서, 밥을 하려고 쌀을 안치면 쌀은 안 보이고 검은 먹물만 보이게 했다. 이런 일이 서너 차례 있자, 그는 신부에게 와서 조언을 청했다. 신부가 그에게 〈십자가 성화〉를 하나 주면서 그 자리에 붙이라고 했다. 마귀

1227 여기 또 다른, 예수회가 초창기부터 십자가와 십자가에 못 박힌 예수 그리스도를 설교했다는 증거다. 새 신자에게만이 아니라(NN.937, 939), 이교도들에게도 말이다 (NN.938, 941).

1228 서광계(徐光啓) 집안의 여성들도 상해의 초기 교우들의 수 20명에 포함된다. 1609년 4월 19일, 남창에서 디아즈는 이렇게 적고 있다. "라자로 카타네오 신부는 바오로 박사의 집으로 갔습니다. 그가 자기 가족과 더 많은 친척에게 세례를 달라고 청했기 때문입니다. 그리하여 이제 그리스도인이 20여 명이 되었습니다"(N.3472).

는 그것을 참을 수 없어 했고, 더는 교우를 괴롭히지 못했다.[1229]

940. 세례를 통해 서광계의 하인이 치유를 받고 선교사들에게 봉사하다

바오로 박사의 집에 있던 사람 하나가 중병이 들었다. 의사들은 그 정도면 이제 가망이 없다며 포기했다. 신부가 그를 방문하기 시작했고, 갈 때마다 조금씩 교리를 가르쳤다. 그는 세례를 받았고, 병은 즉시 호전되기 시작하여 얼마 안 가 모두 나았다. 그는 우리 주 하느님께서 자기에게 베풀어 주신 은총에 감사드리기 위해 신부와 성당에서 봉사하게 해 달라고 했다. 그는 많은 봉사를 했다.

941. 십자가로 인해 한 가족이 개종하다

한 교우는 이웃에 사는 비교인 부자父子가 모두 말라리아에 심하게 걸려 밤낮 신음하는 것을 보고, 찾아가 우리 주님을 믿으라고 권했다. 그들은 병이 나으면 신자가 되겠노라고 약속했고, 교우는 〈십자가 성화〉 하나를 가져다주겠노라며, 그것을 통해 병이 치유될 수 있을 거라고 했다. 병이 심했기 때문에 그들을 설득하는 것은 어렵지 않았다. 교우는 그들에게 십자가를 갖다주었고, 즉시 나았다. 건강해지자 그들은 『천주교요天主教要』를 배우기 시작했고, 설명을 듣기 위해 우리 집으로 왔다. 하지만 젊은 그의 아들은 일부 친구들의 말에 흔들리고 있었다. 친구들은 그

1229 이 일은 카타네오가 직접 바뇨니에게 쓴 편지에서 언급했다. Cf. N.4346. 편지에는 여기에 언급하지 않은 사실과 그에 상반되는 사례도 적고 있다.

에게 만약 그리스도교로 개종하면, 처음처럼 하고 싶은 대로 즐기며 살수 없을 거라고 했다(중국은 나라가 방대한 만큼 '순수'의 개념도 방대해서, 우리 성교회의 가르침이 정말로 필요하다. 어떤 사람은 신자가 되기를 거부했는데, 이유가 이렇게 숭고하고 완벽한 가르침을 따를 자신이 없기 때문이었다). 젊은이는 친구들의 말에 넘어가 더는 교리를 들으러 오지 않았다. 그러나 그는 마치 그분[하느님]이 한번 선택한 사람은 결코 당신 손에서 빠져나갈 수 없는 사람의 숫자에 든다는 것을 보여 주시는 것 같았다.[1230] 어느 날 그는 집에서 뱀 한 마리를 발견했고, 그것을 내쫓으려고 했으나, 내쫓지도 죽이지도 못한 채 뱀은 도망갔다. 그날 밤, 하느님께서는 그의 꿈에 나타나, 두 번을 물었다. "나를 믿느냐?", 그는 '아니오'라고 대답했다. 그러자 자비하신 주님께서는 "만약 나를 믿으면, 내가 그 뱀을 죽이고, 그렇지 않으면 나도 그대로 두겠다." 그러자 그는 꿈속에서 믿겠다고 대답했다. 뒤이어 일어난 결과는 그것이 단순한 하나의 꿈 이상이었다는 것을 보여 주었다. 왜냐하면 그 젊은이는 교리를 배우러 왔고 세례를 받은 뒤에 그의 어머니도 세례를 받았기 때문이다.

942. 〈구세주 성화〉를 통한 치유와 개종

주님께서는 똑같은 자비를 또 다른 비교인에게 베풀었는데, 그의 아들은 그리스도인이었다. 아들은 아버지를 하느님께로 인도하는 데 성공하지 못했고, 아버지는 자기가 신봉하던 신상들 앞에서 향을 피웠다. 그것

1230 성 요한 사도의 복음서에서 예수께서 하시는 말씀을 잘 인지하고 있다는 걸 암시한다: "내 아버지께서는 누구보다도 위대하시어, 아무도 그들을 내 아버지의 손에서 빼앗아 갈 수 없다"(10장, 29절).

을 본 아들은 〈구세주 성화〉 앞에서 그분을 공경하고 부친의 건강을 위해 기도했다. 그날 밤에 부친은 성화에서 본 것 같은 분을 꿈에서 보았고, 그분은 그에게 조금 도와주고 싶다고 했다. 그날부터 부친의 건강은 호전되었고, 얼마 안 가서 완전히 나았다. 아들은 일이 일어난 곳에서 약 10리[1231]나 되는 먼 길을 달려와 우리 집의 소성당에 와서 하느님께 감사했다. 그리고 선교사에게 부친이 신자가 되고 싶어 한다고 전했다.

943. 신심이 깊은 한 노인이 신비한 향내를 맡다

그 밖에도 다른 많은 에피소드가 있었지만, 한 단순한 신앙심 깊은 노인이 받은 은혜를 소개하는 것으로 마무리하겠다. 그는 항상 묵주를 손에 들고 다니며 어떤 때는 '주의 기도'를, 어떤 때는 묵주의 성모송을 바쳤다.[1232] 그는 매번 기도할 때, 어디를 가든 성당에서 나는 향기를 맡는다고 신부에게 말했다. 그리고 미사에 참여하러 올 때면 우리 주님께서 향기로 자기를 위로하시려는 것 같다고 했다. 왜냐하면 그는 기도의 향을 피우는 것을 멈추지 않았기 때문이다.[1233]

944. 상해에서 처음으로 성탄 밤 전례를 거행하다

우리 주님께서는 이렇게, 다양한 방법으로 당신의 새로운 가지들을 적시고, 그들의 능력에 따라 열의를 다해 응답하게 하셨다. 그곳[상해]에서

1231 **역주_** 바닷길을 재는 단위였지만 육지에서도 자주 사용했다. 마태오 리치는 이 책에서 중국식 거리 리(里)와 함께 자주 사용하고 있다. 1리그는 4.82803km다. 그러니까 2리그라면 약 9.6km 거리를 말한다.
1232 Cf. N.642, 본서 3권, p.394, 주(註) 994.
1233 우리의 문헌들에서는 유일한 사례다.

거행한 첫 성탄 전례 풍경은 주목할 만하다.[1234] 그곳에 있던 모든 신자와 바오로 박사가 참석한 가운데 신부가 다 함께 [성무일도] 아침 찬송 기도를 주도했고, 이어서 각 미사에 해당하는 신앙 교리를 전수했다. 회중 안에서 바오로 박사는 언제나 최고였다. 그는 매우 높은 관직에 있으면서도 항상 겸손했고, 모든 사람을 예로써 대했으며, 회중과 함께 그들 가운데 앉았다. 그 자리가 아니라면, 감히 눈을 들어 그를 쳐다보지도 못할 텐데 말이다.

945. 서광계 부친의 장례식을 그리스도교 방식으로 치르다

서광계는 부친의 장례식을 교회의 가르침에 따라 장엄하게 치렀다. 이보다 더 완벽하게 할 수는 없었다. 신부 혼자서 아무도 없이 [모든 일을] 했다. 그런데도 잘 치렀고, 모두에게 큰 위로가 되었을 뿐 아니라, 그리스도인들이 개종을 통해 아무것도 잃는 것이 없다는 걸 잘 보여 주었다. 오히려 장례식은 가톨릭교회의 아름다운 전례를 성대하게 보여 주는 계기가 되었다.[1235]

946. 데 라게아 석굉기(石宏基) 수사가 상해에 도착하다. 전교소는 항주에 자리를 잡는 것으로 결정하다

그곳에서의 선교활동이 거의 끝나갈 무렵, 예수회에 입회하여 수련기를 마친[1236] 4명의 수사 중 프란체스코 데 라게아 석굉기石宏基[1237]를 [카

1234 1608년 성탄을 말하는 것일까, 아니면 아예 그 이듬해 성탄일까?
1235 Cf. N.675, 본서 3권, p.453, 주(註) 1124.
1236 1610년 3월 이후다. Cf. N.881.

타네오¹ 신부의 동료로 파견했다. 이로써 카타네오 신부는 이제 누구든지 도와줄 수 있다는 생각에 크게 안도했다.**¹²³⁸**

그러나 더 늦기 전에 상해를 정리하고, 절강浙江성에서 가장 영광스러운 도읍 항주杭州로 똑같은 선교 시스템을 옮기기로 했다.**¹²³⁹** 그런데도 상해는 우리 수도원의 하나로 충분히 가치가 있고, 선교활동 초기라 인원이 적은데도 불구하고, 신부 한 사람은 그곳에 있기로 했다. 물론 상해가 항주에서 아주 멀리 있는 것이 아니어서 필요하면 언제든지 와서 도와줄 수도 있고, 상해 신자들을 버리는 것이 아니라, 다른 더 큰 걸 하나 더 추가한다는 의미에서다. 그 사이에 바오로 박사는 삼년상을 치렀고, 그 가문은 모두 그리스도인이 되었으며, 그는 이미 북경으로 갔다.**¹²⁴⁰** 상해 신자들도 있는 그대로 받아들였고, 많은 신자의 증가가 있어도 이

1237 석굉기(石宏基) 라게아다. Cf. N.881, 본서 4권, p.404, 주(註) 1012 뒷 부분.: p.405, 주(註) 1012 마지막 부분에서 언급한다.

1238 카타네오 신부는 1611년 1월경(NN.3756, 3799) 상해에서 남경으로 돌아왔다. 이지조의 부친이 1611년 초에 사망한 것에 관해서는 트리고가 1611년도 연감에서 언급한다. "그 시기에 라자로 카타네오(Lazzaro Catanus) 신부가 상해(Xamhaio, Scianghai) 원장의 부름을 받고 남경(Nanquino)으로 왔다. 그는 상해에서 2년째 그리스도교 공동체의 책임을 맡고 있다"(*ARSI, Jap.-Sin.*, 113, f.186v). 그러나 항주로 가기 전에, 상해에 들러 휴대용 제대와 새 수도원에서 필요한 물건을 가져갔다. "그곳에서 그는 그리스도교에 큰 도움을 주고 있는 새 신자들을 위로하고, 하느님께 최대한 봉사할 수 있도록 적어도 일 년에 한 번은 그들을 방문하겠다고 약속하며 그들에게 큰 희망을 남겨 주었다. 그리스도교 공동체는 다음과 같이 구성되었다: 우리의 바오로[서광계] 소유로 된 집과 기존의 관습과 제단, 그리고 구세주 동상을 그대로 사용하는 걸로 했다"(*ARSI, Jap.-Sin.*, f.187v).

1239 절강의 도읍 항주의 그리스도교 공동체는 1611년 5월 8일에 시작되었다. 그곳에서 거행한 첫 미사는, 1611년도 연감에서 말하는 것처럼 "5월의 거룩한 날, 5월 13일"(*ARSI, Jap.-Sin.*, 113, f.189r)이다.

1240 서광계는 1610년 12월 중순쯤, 북경으로 출발했다. Cf. N.914.

런 변화에 동의했다. 이 점에 대해서는 더 뒤에서 항주에서 있었던 숭고한 선교활동에 대해 다루면서 다시 이야기하기로 하겠다.[1241]

1241 이 한 문장만으로 NN.926-927을 뒷받침하기에 더 필요한 게 없을 만큼 충분하다. 1610년 5월 11일에 사망한 리치의 텍스트와 시간상 멀지 않은 것도 있다. 오히려 1611년 5월 11일 이후에 추가되는 것과 더 멀다. 트리고는 항주 수도원이 리치의 "역사서" 여기에 포함되지도 않고 "다른 곳에도" 포함되지 않는다는 인식을 못 하는 것 같다.

제20장

그동안 소주 수도원에서 일어난 일들에 대해

(1609년 5월 말부터 10월 21일까지)

○ 마카오에서 소주까지 편지를 가지고 온 사람이 체포되다. 론고바르도가 광동(廣東)에서 추방되다

○ 바르톨로메오 테데스키 신부의 간략한 이력

○ 그의 마지막 성사와 1609년 7월 25일에 맞이한 선종

○ 디아즈 신부와 로드리게스 신부가 소주를 지나가다. 론고바르도가 남부지역 수도원의 원장으로 임명되다

○ 테데스키 신부가 마카오에 안장되다. 디아즈와 로드리게스 신부는 광주에서 기다리다

○ 두 신부가 발각되어 바닷가에서 밤을 보내다

○ 많은 불행한 일이 있고 난 뒤에야 신부들을 마카오로 데려다주겠다는 한 어부를 찾다

○ 무인도에 도착하다. 낚시꾼으로 가장하다

○ 드디어 1609년 10월 21일에 마카오에 도착하다

947. 마카오에서 소주까지 편지를 가지고 온 사람이 체포되다. 론고바르도가 광동(廣東)에서 추방되다

관리들의 호의와 앞서 언급했던[1242] 도리道吏 장덕명(張德明, Ciamtémin)[1243]의 선처로 소주韶州 교회는 예전의 위상을 회복하고 잘 유

지되는 듯했다. 그러나 이런 우리의 안심과 성과는 그리 오래가지 못했다. 선善을 싫어하는 적敵은 광동 사람[廣東人]들의 의심을 이용해 우리를 상대로 다시 공격하기 시작했다. 우리 집의 한 젊은이가 마카오에서 오다가 향산오香山澳를 지나는 길에서 손에 든 몇 통의 편지 때문에[1244] 의심을 받은 것이다.[1245] 이런 일은 예수회가 이곳에 있는 30년 동안 한 번도 일어난 적이 없었다. 시작은 작은 것이었다.[1246] 젊은이가 보초병들에게 돈을 한두 푼[1247] 주었더라면 그냥 지나가라고 했을 일을 한 푼도 주지 않으려고 한 데서 시작되었다. 일은 커져서 그 지역 선교를 통째로 잃을 수도 있었고, 또 젊은이가 거주지를 수도원이라고 하는 바람에[1248]

1242 Cf. NN.792-800.

1243 Cf. N.792, 본서 4권, p.250, 주(註) 556. 트리고도 장덕명(張德明)을 Ciamtémin이 아니라 Ciammimté으로 쓰고 있는 것에 놀라지 말라. 그는 리치의 텍스트에 의존하고 있기 때문이다.

1244 신부들에 관해 마카오에서 온 편지는 25통 정도가 되었다. 여기에는 "집안 식구들끼리 평소에 주고받던 편지"는 없었다(N.4370). 거기에는 특별히 "[마카오의] 콜레지움이 네덜란드인들의 위협에도 불구하고 무탈하고, 인도에서 오기로 한 사람들은 올해 오지 않았다는 소식과 그런 비슷한 집안 소식이 있었습니다"(N.3480).

1245 1609년 12월 21일에서 7개월도 훨씬 전에 일어났던 일이다(N.4366). 그러니까 5월, 거의 5월 말경이다. 이것은 1609년 11월 11일, 디아즈가 아콰비바 총장에게 쓴 편지에서 확인할 수 있다(N.3480).

1246 이 난관의 깊은 동기는 "중국인들이 마카오 항구를 차지하고 있던 포르투갈인들을 항상 시기하고 있었던 때문"(N.4366)이다. 교역만 한다는 전제하에 60년 이상 포르투갈인들에게 매년 두 차례씩 광주 박람회 참석을 허용했고, 박람회가 끝나면 마카오로 돌아가도록 했다. 그런데도 "이들 두 그리스도인 집단, 중국과 일본 [중에] … 폭풍과 연관되는 것은, 오직 마카오에 있는 포르투갈인들의 체류"(N.4367)다. 현재 중국인들을 대상으로 한 중국 [내륙의] 선교사들은 포르투갈인들이었고, 그래서 마카오의 포르투갈인들과 함께 엮어 의심을 받았다(N.4368).

1247 말레이시아어 칸다리(kandāri)에서 유래한 "콘도림(Condorim)"은 텔의 10분의 1[10ᵃ partel에 해당하는 동전의 무게를 의미한다. Cf. Dalgado, p.303; D'Elia³, p.320, n.A.

1248 "그 부분에 가서 말하게 될"이 암시하는 것은, 1612년의 연차 편지인데, 거기서 이 사건을 길게 이야기한다. 그러나 그것은 트리고가 쓴 것이 아니라, 론고바르도가 썼다.

수도원까지 문을 닫을 수도 있는 상황이었다.[1249] 최대한 일자 별로 이야기해 보도록 하겠다.

그러니까 보초병들이 편지를 든 젊은이를 향산오香山澳의 지현知縣에게로 데리고 갔고,[1250] 거기서 다시 광주廣州의 지부知府에게 보내졌다.[1251] 거기서 조사를 한 후, 해도海道에게로 넘겼다.[1252] 해도는 그를 매질한 다음 감옥에 집어넣었고, 지부와 다른 자신의 동료들에게 자세히 조사하여 법에 따라 처벌하도록 했다. 그래서 그 편지들의 내용이 뭔지 알기 위해 통역자를 찾았다. 때마침 광주에는 몇몇 포르투갈 사람들이 있었는데, 몇 사람의 통역자를 뽑아 그것을 제대로 잘 읽어 보고, 번역하라고 했다. 통역자들이 한 말을 글자로 적어 필요할 때 보고 제시할 수 있게 하려고, 자기네 필사자들에게 통역자들이 하는 말을 모두 적으라고 했다. 한 장 한 장을 모두 번역하니 큰 책이 하나 되었고, 번역본과 편지 원본을 모두 시市 고문 서고에 보관했다.[1253]

아무튼 편지에서는 우리가 중국인들을 상대로 나쁜 의도를 가졌다고 의심할 만한 것이 없었음에도 ―그저 친구들끼리 주고받는 사소한 것들

또 리치의 "역사서"에 속하지도 않는다.

1249 이 장(章)에서 이미 확인할 수 있는 것으로, 리치 사후에 추가한 부분에서도 찾아볼 수 없다. 실제로 소주 수도원은 1612년 4월 25일, 완전히 문을 닫았다. Cf. N.801, 본서 4권, p.263, 주(註) 597.

1250 나계종(羅繼宗)이라는 사람이다. Cf. *Annali Generali del Kwangtung*, c.22, f.39b.

1251 호광(湖廣)의 임상(臨湘) 출신 심명뢰(沈鳴雷) 박사다. Cf. *Annali Generali del Kwangtung*, c.21, f.12b.

1252 Cf. N.209, 본서 2권, p.85, 주(註) 57.

1253 그곳에 모르고 갔던 중국인 수사 중 한 사람이 그것들을 보았다(N.4369). 안토니오 뇌도(雷道)(N.950)가 아니면 도메니코 구량품(邱良稟) 멘데스였을 것이다. Cf. N.698, 본서 4권, p.55, 주(註) 28.

이었음— 지부는 자기의 열정을 백성들에게 보여 주고 외국인들이 저지를 수도 있는 나쁜 일을 사전에 금하려고 젊은이에게는 무기징역을 선고하고, 그를 소주韶州로 보낸 니콜로 론고바르도 신부를 광동廣東성省에서 추방했다.[1254] 이 사실이 소주에 알려지자 친구들 사이에서 일어난 불신과 냉대는 이만저만이 아니었다. 하지만 형은 집행되지 않았다. 판결문이 고위 관리에게 올라가 비준을 받아야 했는데, 그전에 지부의 부친이 사망했다는 소식이 전해진 것이다.[1255] 결국 모든 일은 중단되었고, 그는 고향으로 가서 부친의 장례를 치르고 중국의 풍습대로 삼년상을 지내야 했다.[1256]

[1254] 첫 재판에서 소주(韶州) 수도원의 원장 론고바르도를 광동(廣東)에서뿐 아니라, 아예 중국에서 추방한다고 판결했다. 그는 가톨릭 선교사들이 승려와 다를 것이 없다고 믿고 있었고, 실제로 그때까지 광동성에서는 그렇게 불렀다. 그러나 1612년 동지(同知) 반융춘(潘融春) 박사가 가족[젊은이]을 종신형에서 2년으로 감형하고, 론고바르도를 중국에서 추방이 아니라 광동에서 추방하는 걸로 낮추었다. 그리고 1613년 초, 신부들은 젊은이를 위해 10텔을 지급했고, 그는 풀려 나왔다. 이런 모든 구체적인 정황들을 1613년 2월 20일, 론고바르도는 1612년도 연차 편지에 적었다. 트리고는 이 자료들을 마카오에서 출발하기 전에, 그러니까 그해 같은 달인 2월 9일에 이미 알고 있었던 걸로 추정된다. 여하튼 그가 여기서 론고바르도가 광동에서 추방되었다는 판결을 언급하는 것은 리치 이후의 사건으로, 우리를 한참 더 앞으로 안내하고 있다. 앞에서도 주목한 바 있듯이, 부적절하게 보인다.
[1255] 1609년도 연감은 지부의 부친이 죽었다고 말하지만(N.4370), 1612년도 연감에는 모친이 죽었다고 말한다. 그러나 앞의 연감이 사건의 시점과 더 가까우므로, 뒤에 있는 것에서 약간의 혼동이 있었던 걸로 추측된다.
[1256] "엄격하게 지키는 규정은 부모가 돌아가시면 모두 삼년상을 치러야 한다"(N.133). 삼년상을 치르는 동안 "관리가 하던 일은 2년간 아무것도 진행되지 못한 채 그대로 있다"(ARSI, Jap.-Sin., 113, f.249r). 심명뢰(沈鳴雷)의 후임으로 다른 두 명의 관리가 부임했지만, "그들 중 누구도 찬성하거나 반대하지 않았다"(N.4370). 소주 수도원은 4월 25일에 폐쇄되었고, 1612년 5월 15일경 남웅(南雄)으로 옮겼다. 신부들은 그달 3일부터 남웅으로 가 있었다. 론고바르도는 남웅에서 1612년 11월 6일 자, 로마에 있는 포르투갈 담당비서 마스카렌하스(Mascarenhas)에게 편지를 썼다. "올해 관리들이 소주

948. 바르톨로메오 테데스키 신부의 간략한 이력

1609년, 바로 그해에 소주 수도원에서 7년 넘게[1257] 있던 바르톨로메오 테데스키 신부가 사망했다.[1258] 거기서 니콜로 론고바르도 신부와 함께 있었다.

테데스키 신부는 토스카나의 피비짜노Fivizzano에서 태어났다. 로마의 우리 수도회에서 운영하던 학교[1259]에 다닐 때부터 인도에 관한 이야기와 편지를 읽으며 특별한 마음을 가졌고, 본인이 고백한 것처럼 그렇게 인도에 대한 성소를 느꼈다. 인도에 갈 수 있는 길 중에서 예수회원이 되는 게 [가장] 이롭다는 것을 알고, 입회를 고집하여 신청했다. 입회가 받아들여지자, 즉시 인도 선교를 지원했고, 그대로 받아들여졌다. 그는 어디를 가든, 특히 중국에 도착한 후에, 언제나 동료들의 위로와 격려를 소중하게 여겼고, 모든 일이 그 덕분이었다고 말하곤 했다. 거의 매년 여름,[1260] 그는 심한 열을 앓았는데,[1261] 결국 그로 인해 병이 들고 말았다. 어느 저녁, 죽기 전에 그는 우리 모두를 자기 방으로 불러 작별 인사를 하며 매우 겸허하게 용서를 청했다. 마치 자기가 임종에 도달했다는 것을 알고 있던 사람처럼 말이다.

의 우리 집을 빼앗고, 성(省)에서 우리를 쫓아냈다는 내용을 편지에 적는다는 걸 깜빡했습니다. 모든 것이 우리가 마카오와 가진 소통 때문이었습니다. … 지금은 소주에서 이곳 남웅 시(市)로 이사한 상태입니다"(*ARSI, Jap.-Sin.*, 15, f.199r).

1257 그는 론고바르도와 함께 1603년 10월부터 1609년 7월까지 있었다. 즉, 6년이 조금 안 된다.

1258 Cf. N.702, 본서 4권, p.63, 주(註) 44. 바르톨로메오 테데스키(Bartolomeo Tedeschi)는 1609년 7월 25일에 사망했다(N.949).

1259 분명 콜레지움 로마노일 거다.

1260 Cf. N.346.

1261 병이 든 것은 7월 17일이다(N.949).

949. 그의 마지막 성사와 1609년 7월 25일에 맞이한 선종

그[테데스키 신부]는 동료며 자신의 고해 사제[1262]와 단둘이 있게 되자, 책상 서랍에 보관하고 있던 종이를 한 뭉치 건넸다. 자신의 양심 상태를 잘 알 수 있도록 한 장 한 장 모두 읽어 줄 것을 청했다. 자기는 지금 너무도 허약한 상태라 읽을 기운이 없다고 했다. 그런 다음, 힘닿는 한 총고백을 하고 싶다며 다시 와서 들어줄 수 있느냐고 물었다. 그를 위로하기 위해 고해 사제는 그렇게 하겠노라고 했고, 그의 방으로 가서 그 종이 뭉치를 읽기 시작했다. 여기에는 형제들이 로마의 수련 시절 그에 대해 주목했던 결함들이 담겨 있었고, 식당에서 본인도 매우 엄격하게 스스로에 대해, 거의 해부에 가깝게 자신의 다른 "머리카락"[1263]에 대해 성찰한 내용이었다. 이것은 고해 사제에게 적지 않은 힘이 되었고, 신선한 충격이 되었다.[1264] 그렇게 예수회 입회 초기부터 지금까지 살아온 삶에 대해 총 고백을 했고, 그것이 끝나자마자 더는 말을 하지 못했다. 마치 그것을 하기 위해 기다렸던 것처럼 말이다. 다음 날 아침, 노자성사와 병자성사를 받았고, 두 시간 후에 그는 자신의 업적에 대한 상을 받으러 떠났다. 복되신 성 야고보 사도 축일[1265]이었고, 병든 지 9일째 되는 날이었다.

1262 론고바르도 신부다.
1263 "머리카락"이라는 이름으로 특별히 수련소의 식당에서 가끔 낭독하게 한 일종의 수련 방식 중 하나다. 밖으로 드러나는 자신의 결합을 수련 생활을 하는 동료들 앞에서 낭독하는 것이다.
1264 이와 같은 특징은 고해 사제가 론고바르도이기 때문에 나올 수 있는 것으로, 이 장에서 언급한다는 것은 [이 책이] 원 사료라는 걸 말해 준다.
1265 그러니까 7월 25일이다.

950. 디아즈 신부와 로드리게스 신부가 소주를 지나가다. 론고 바르도가 남부지역 수도원의 원장으로 임명되다

그가 사망한 후, 모든 교우와 친구들의 애도 속에 중국의 장례 규범에 따라, 장례를 치렀다. 이제는 신부들도 알고 있는 중국의 장례 규범이지만, 선교 초기에 사망한 사람의 장례에서는 그것을 간과했었다.[1266] 그의 장례식에는 에마누엘레 디아즈 신부[1267]와 지롤라모 로드리게스 신부[1268]까지 참석하여 함께 하는 바람에 더 큰 위로가 되었다. 그들은 남창[1269]에서 마카오로 가던 길이었고, 여행하기 좋은 때를 기다리던 중이었다. 두 달 후에 신부들은 그곳을 떠나면서 마카오 콜레지움의 성당에 안장하기 위해 테데스키 신부의 유해도 모시고 갔다. 그곳에는 아무도 묻힌 적이 없어 묻을 장소가 없었기 때문이다.

여기서 두 신부를 언급한 것은 이 장에서도 계속해서 그들이 마카오로 여행하는 데 주목하라는 뜻이다. 하느님의 보호에 대한 끊임없는 시험이 있었고, 매우 힘들었다는 걸 말하려는 것이다. 처음 에마누엘레 디아즈 신부가 마카오로 간 것은 총장 신부의 명을 받들어 마카오에 콜레지움을 설립하러 갔고, 지롤라모 로드리게스 신부는 눈과 가슴에 심각한 장애가 생겨 그것을 치료하러 갔다. 에마누엘레 디아즈 신부는 남부의 세 개 수도원의 원장이었기 때문에, 그의 소임은 니콜로 론고바르도 신부가 맡았다.

1266 데 알메이다(de Almeida)와 데 페트리스(De Petris)의 죽음을 암시한다. 그들은 1591년 10월 17일(N.385)과 1593년 11월 5일에 사망[N.418, 본서 2권, p.397, 주(註) 276.]했다.
1267 Cf. N.502, 본서 3권, p.54, 주(註) 15.
1268 Cf. N.702, 본서 4권, p.63, 주(註) 46.
1269 그들이 남창(南昌)에서 출발한 것은 5월 15일이었다. Cf. N.3473.

출발 날짜가 되었고, 테데스키 신부의 시신을 가지고 가는 것은, 사랑의 의무를 완성하기 위해서뿐 아니라 가는 길에 보초병들의 심문에서 쉽게 통과하려는 의도도 있었다. [중국인들은] 거의 미신적으로 망자의 시신을 들고 가는 걸 두려워하고, 그래서 최대한 멀리 도망치기 때문이다. [두 사람은] 9월 8일에 소주에서 안토니오 뇌도雷道 수사와 함께 출발했다.[1270]

951. 테데스키 신부가 마카오에 안장되다. 디아즈와 로드리게스 신부는 광주에서 기다리다

며칠 후, 그들은 광주廣州[1271]에 도착하여 사람들 눈에 띄지 않는, 도시에서 약 2㎞[반 리그]가량 떨어진 곳에 배를 댔다. 수사는 즉시 바르톨로메오 테데스키 신부의 시신을 마카오 콜레지움으로 싣고 갈 작은 배를 알아봤다. 동시에 두 사람은 자기들이 도착했다는 것을 콜레지움의 원장에게 알리고 마카오로 가는 방편을 알아봐 달라고도 했다. 광주에서 포르투갈 상선을 찾지 못하자[1272] 다른 차선책을 찾았다. 망자의 시신을 마카오로 먼저 보내, 우리의 공동묘지에 안장했다. 그런 뒤 마카오에서 결혼하여 광주에 일이 있어 온 남자 하나를 찾아 신부들의 귀환 안내를 부탁했다. 그러나 그는 항해 중에 관리를 만났고, 그를 통해 마카오로 가야 하는 이유를 알고는 그냥 돌아가 버렸다.

1270 Cf. N.698, 본서 4권, p.55, 주(註) 28.
1271 광주다.
1272 아직 박람회 시기가 아니었고, 그래서 그곳에는 포르투갈인 상인들이 있을 수가 없었다.

952. 두 신부가 발각되어 바닷가에서 밤을 보내다

하지만 며칠 후에 그 사람이 다시 다른 볼일로 마카오에서 광주로 왔다. 신부들을 마카오에 데려다줄 사람을 찾지 못하고 있는 사이에, 그 사람은 40일을 왔다 갔다 하는 데 소요했다. 중국에서 외국인들은 모든 것이 어렵다.

그동안 신부들은 배에 숨어 있었는데, 그 시기에 배에 누군가 있다는 게 발각되었다. 다음 날 아침 날씨는 몹시 나빴고, 신부들이 아직 침대에 있는데, 한 법무관이 납치된 여인을 찾겠다며 배를 조사하러 왔다. 신부들은 아직 침대에 있었기 때문에, 이불을 끌어당겨 머리까지 덮어 얼굴은 보이지 않게 하고, 발은 맨발로 침대 밖으로 내밀어 여자가 아님을 알게 했다. 중국에서 여자들은 발이 아주 작고 항상 밴드를 두르고 있기 때문이다.[1273] 이 일은 신부들을 매우 놀라게 했다. 그들에게 이미 발각되었다는 사실을 알고 있던 터라, 이런 식으로 함정을 만들어 체포한 다음 감옥에 집어넣을까 두려웠기 때문이다. 진짜 납치된 여자를 찾던 법무관은 그들[신부들]이 여자가 아니라는 걸 알고는 그냥 돌아갔다. 우리 주님께서는 그의 눈을 가려『성무일도서』와 여러 가지 책, 그 외 외국인임을 알아볼 수 있는 것들을 못 보게 하셨다. 그것들이 바로 눈앞에 있었는데도 말이다.

이런 상황에서 신부들은 배에 있던 포르투갈인에게 자기들이 확실히 위험에 처해 있으므로 도와 달라는 통지를 보냈다. 포르투갈인은 즉시

1273 몇 년 전까지만 해도 중국 여성들의 풍습 중 하나로 작은 발이 유행이었다는 사실은 모두가 알고 있는 바다. 유행은 10세기에 시작되어 15세기에 일반화했다. Cf. N.137.

자기 통역관을 보내 신부들을 찾아 자기 배로 와서 자기와 함께 있으라고 했다. 그의 배로 가면서 에마누엘레 디아즈 신부는 함께 온 수사에게 즉시 돛을 북쪽으로 돌려 소주韶州로 돌아가라고 명했다. 그들이 다시 찾아왔을 때, 아무도 없다는 것을 보여 주기 위해서고, 수사가 붙잡혀 감옥에 갇히지 않게 하려는 것이었다. 마카오에서 결혼한 그 상인의 배가 다시 도착했으나, 그는 신부들을 극구 배에 태우려고 하지 않았다. 신부들은 그에게 100냥[50텔]을 주겠다고 했다. 그는 은전銀錢을 배에 가득 실어 주어도 안 된다며, 은전보다도 목숨을 선택하겠다고 했다. 그 바람에 바닷가 나무 밑 그늘에 숨어 달빛에 노출되지 않게 했다. 때는 밤이었고, 행인들에게 들키지 않게 하려고 그렇게 했으나, 그것도 안전하지 않아, 한 신부는 나무 위로 올라갔고, 한 신부는 가시덤불 사이에 숨었다. 그렇게 밤을 보냈다.

953. 많은 불행한 일이 있고 난 뒤에야 신부들을 마카오로 데려다주겠다는 한 어부를 찾다

뱃사공이 신부들을 자기 배에 태우려고 하지 않았던 것도, 하느님의 적지 않은 섭리였다. 왜냐하면 신부들이 바닷가에 몸을 숨긴 그때 항구를 순찰하는 군용 선박 하나가 포르투갈 상인을 찾으러 왔다며, 그의 배에 올라 금지 품목이 있는지 뒤지기 시작했다. 만약 신부들이 그 배에 올랐다면 모두 살아남지 못했을 것이다. 착한 [포르투갈] 상인은 이 일에 대해 매우 가슴 아파했고, 신부들을 위험한 상황에서 벗어나게 하려고 할 수 있는 모든 방법을 찾았다. 그의 사공은 신부들을 마카오로 데려다줄 사람을 찾을 때까지 며칠간 기거할 집을 알아보러 갔다. 그런데 그가 돌아오지 않자, 관리들에게 고발하러 간 줄 알고 걱정이 여간 아니었다. 신부들은 그날 밤도 그렇게 기도와 계획을 세우느라 지샜다. 결국 고발당하기 전에 관리들에게 가서 자수하기로 하고 날이 밝아왔다. 이미 당할 괴로움은 충분히 당했고, [신부들이] 체포됨으로써 일어날 최고의 사태는 [지금까지 해 온] 선교활동이 완전히 전복되는 일이었다. 가장 큰 고통은 우리 주님의 사랑을 위해 이런 아픔을 겪고, 모든 그리스도교에 미칠 엄청난 해악에 결코 기뻐할 수 없다는 것이다.

이런 걱정을 하는 사이에 새벽이 되었고, 어부 하나가 배에 아내와 가족들을 태우고 나타났다. 상인의 통역관이 일을 저지른 것이다. 어부에게 신부들을 그들이 온 곳[마카오]으로 데려가 달라고 했고, 수사가 아직 안 떠나고 거기에 있는지 확인해 달라고 했다. 신부들이 가 보니 수사는 이미 배를 타고 그곳을 떠났고, 신부들은 가장 힘든 상황에 부닥치고 말았다.

그들은 돈을 가지고 있지 않았기 때문이다. 돈을 수사에게 주며, 소주로 돌아갈 배를 찾거든 계약하라고 주었기 때문에 어떻게 해결책을 찾아야 할지 몰랐다.

신부들은 상인을 통해 처한 상황을 알렸다. 우리 주님께서는 드디어 당신의 종들과 모든 선교를 그런 혼란에서 해방시키려고 하셨는지, 상인이 어부 하나를 찾은 것이다. 어부는 두 신부를 마카오까지 데려다주면 돈을 많이 주겠다는 약속에 그렇게 하겠다고 했다.

954. 무인도에 도착하다. 낚시꾼으로 가장하다

그래서 자기의 작은 배와 함께 계약증서가 적힌 쪽지를 신부들이 있는 곳으로 보냈다. 신부들은 매우 기뻤다. 아직 안전한 건 아니지만, 위험은 한결 줄어들었다고 할 수 있기 때문이다. [신부들은] 호두 껍데기 같은 배에 올랐고, 바다를 향해 암초 사이를 지나갔다. 넓은 강을 통과할 엄두를 내지 못했다. 어부는 신부들을 인도하면서 여러 차례 위장(僞裝)했다. 낮에 사람을 태운 배가 지나가면 낚시하는 것처럼 했고, 밤이면 있는 힘껏 노를 저었다. 이렇게 항해하던 어느 날 아침, 텅 빈 섬에 도착했다. 그날은 거기에 있어야 했다. 어부도 조금 쉬었다 가자고 했다. 그동안 몹시 힘들 었던 탓이다. 그래서 모두 섬에 내렸다. 신부 중 한 명이 바닷가에서 조금 떨어진 곳에서 두개골이 두 조각으로 잘린 시신의 뼈를 발견했다. 그 옆에는 큰 돌덩이가 하나 있었는데, 아마도 강도들이 그 돌로 그렇게 죽인 것으로 판단되었다. 그 섬도 그다지 안전한 곳이 아니라는 생각이 들었지만, 아무도 눈에 띄지 않았다.

955. 드디어 1609년 10월 21일에 마카오에 도착하다

저녁 무렵, 마카오를 향해 그곳을 출발했고, 드디어 일만 천 동정녀 축일 아침에 도착했다.[1274] 마카오에는 항구 맞은편에 닻을 내렸다. 네덜란드 해적선 한 척이 나타나 마카오 해변은 많은 순찰대로 경비가 삼엄했다. 어부는 해안으로 들어갈 용기를 내지 못했다. 거기에 중국인들도 있다는 것이 들통날까 봐 걱정했다. 그래서 그는 신부들을 도시에 도착하기 조금 전에 내리도록 하여 도시 근처의 산을 넘어 육지로 들어가게

[1274] 10월 21일이다. 9월 8일, 소주를 출발한 지 43일 만이다. 16-17세기 선교사들은 성녀 우르술라(S. Ursula)와 동료 동정녀 순교자들을 향한 공경이 컸다. 전설에 따르면 이들 동정녀 순교자들은 11,000명에 이른다고 한다.

했다. 산에는 유다의 성모 마리아로 공경받는 한적한 경당이 하나 있었다. 거기 한쪽에서 일본을 오가는 교역선들의 방향이 보인다. 이 도시의 유일한 교역 수단이 선박이다. 거기서 많은 어려움에서 구해 무사히 이곳까지 올 수 있게 해 주신 성모께 감사했다. 그리고 도착했다는 기별을 콜레지움에 했다. 콜레지움에서는 사람을 보내 그들을 찾도록 했다. 신부들은 비록 마카오에서 전쟁을 만났지만, 지난 위험들에 대한 모든 기억을 지울 수 있을 만큼 신부들의 따뜻한 환영을 마다하지 않았다. 그것은 어디나 그렇겠지만 선교활동에서도 결코 적잖은 비중을 차지하기 때문이다. 그리고 이런 위험과 유사한 많은 일들 때문에 유럽에서 그리스도의 군대[선교사들]가 오는 것이다. 그들이 쾌락과 즐거움을 찾아서 오는 것은 결코 아니다.

■ 이 장(章)에 이어서, 마지막 두 장은 또 다른 사람이 썼다.

[제목이] 제21장. 마태오 리치의 사망이지만, 내용은 통째 빠져 있다. 그래서 백지의 앞뒤 면에 적힌 목록 ff.130, 131과 중국 종이에 적힌 마지막 기록을 가져왔다.

제21장¹²⁷⁵

마태오 리치의 죽음

(1610년 3월 11일부터 5월 18일까지)

○ 리치가 북경에서 누린 명성과 그가 일상적으로 한 일: 방문, 서신, 대화

○ 1610년 관리들의 전시(殿試)와 진사 응시생들로 인해 업무가 가중되다

○ 1610년 5월 3일, 병석에 눕다

○ 의사와 약이 아무런 소용이 없다

○ 전 생애를 총 고백하다

○ 종부성사를 준 사제가 깊은 감동을 받다

○ 그가 북경의 형제들에게 마지막으로 당부하다

○ 1610년 5월 11일 화요일 저녁에 선종하다

○ 덕행에 대한 칭송과 초상화 제작

○ 놀라운 증언. 가장 먼저 애도한 사람들

○ 리치가 자기 죽음을 예측하다

○ 고위 인사들의 방문과 계속된 그의 덕행에 대한 칭송. 북경과 다른 지역에서도 장례식을 거행하다

○ 에필로그. 탄생에서 예수회 입회까지 마태오 신부에 대한 간략한 이력(履歷)

1275 이 장(章)은 1611년 11월 페레이라(G. Ferreira) 신부가 포르투갈어로 쓴 1610년도 연감을 그대로(ad litteram) 정리했다. 이 연감은 1613년 5월, 트리고가 인도의 코친과 로마로 오는 길에 라틴어로 번역했다. Cf. 본서 1권, p.229, 주(註) 544. 그러나 연감의 원 사료는 데 우르시스(De Ursis)가 기록한 것으로, 비록 인쇄된 것이지만, 저자가 텍스트에서 언급하는 것은 인용이라고 적을 것이다. 비판적 주(註)들에서는 수기본 원본에 따라, 연차 편지에서 언급한 일부 차이들은 약어 ann으로 표시할 것이다.

956. 리치가 북경에서 누린 명성과 그가 일상적으로 한 일: 방문, 서신, 대화

마태오 리치 신부는 주님께서 복음선포를 위해 마련해 주신 명성에 둘러싸여 북경의 황도皇都에서 살았다. 그는 천성이 기민한데다 모든 외국인을 "야만인"이라고 여기던 사람들 사이에서 크고 깊은 존경을 받았는데, 그것은 결코 기대하지도 바라지도 않았던 것이었다. 황도에서 살았던 몇 년 동안, 그의 유일하고 거의 끊이지 않았던 일은 사방에서 찾아오는 손님을 맞이하는 일이었다. 방문은 전통적이고 엄격한 관습에 따라, 답방문이 필수라 일이 배가되어 더욱 피곤했다.

나아가 더 큰 짐은 아는 사람이건 모르는 사람이건 중국 전역에서 오는 편지에 답장하는 일이었다.[1276] 그들은 매우 자주 편지하여, 우리 성

1276 리치는 이 『역사서』를 기록하면서 자주 방문과 답방문에 대해서 말한 바 있다. 1596년, 남창(南昌)에 있을 때, 그는 "거의 항상 주요 인사들의 방문으로 바쁩니다"(N.1521)라고 했다. 남경에 있을 때도 마찬가지였는데, 1599년 8월 14일에 쓴 편지에서 "집을 매입[5월 24일]한 지 아직 4개월이 채 안 되었는데, 많은 귀족과 인사들의 방문으로 때로 밥 먹을 시간이 없습니다. 그래서 아침밥을 잘 먹습니다. 왜냐하면 어떨때는 사람들이 계속해서 오는 바람에 강제로 [점심] 단식을 해야 하기 때문입니다"(N.1561)라고 적고 있다. 그가 북경에 온 뒤, 이런 방문은 더욱 잦아지고 늘어났다. 1605년 5월 9일에는 이런 푸념도 나왔다. "제 인생에서 이토록 시간이 부족한 적은 없

교회에 관한 정보를 묻기도 하고, 우상 종파에 관해서, 출판된 저서들에 관해 문의하기도 했다. 중국인들이 쓰는 편지 양식은 매우 정성스럽다. 그 점을 크게 염두에 두지 않고 문의한 내용에만 신경을 썼다면 우리의 신앙과 바람은 추락하고 말았을 것이다.[1277] 게다가 그는 중국선교의 총

었습니다. 많은 경우, 기도할 시간조차 없어 시간을 구걸해야 합니다. 지금 제게 가장 필요한 건 시간입니다"(N.1572). 며칠 후에는 "방문은 계속해서 있는데, 거의 모든 방문이 제가 그들의 집으로 답방문을 해야 하는 걸로 많은 시간을 앗아 갑니다"(N.1648)라고도 했다. 같은 해인 1605년 7월 26일에도 확언하기를, "지금 제가 하는 대부분의 일은 저를 찾아오는 많은 고관을 만나는 것입니다. 이름과 명성이 있는 사람치고 저를 만나는 걸 그만두고 싶어 하지 않습니다. 이 나라의 풍습인데, 그러면 저는 또 [말을 타고] 도시 인근으로 답방문을 해야 합니다"(N.1704)라고 했다. 1605년 8월 27일에 새로 매입한 집은 방문자들이 찾아오기 좋았고, 1608년 8월 22일, 리치는 이렇게 말한다. "모든 사람이 큰 예를 갖추어 우리 집을 찾아옵니다. 좋은 집을 매입한 이후, 위치가 좋아서 방문자가 부쩍 늘었고, 저는 손님을 반느라 종일 아예 거실에 있는 게 낫습니다. 그리고 삼사일에 한 번씩 답방문을 하러 나갑니다. 과부하로(supra vires nostras) 힘이 듭니다. 그렇다고 안 할 수도 없습니다. 만약 그러면 이 수도원 문을 닫거나 '야만인'으로 취급받습니다. 거절당한 사람에게 매우 나쁘게 하기 때문입니다"(N.1877). 다음날에도 그는 계속해서 확실하게 말한다. "아무도 저희에 대해서 불평하는 사람이 없습니다. 제가 찾아오는 사람을 맞느라 종일 거실에 있기 때문입니다. 이렇게 방문이 끝나면, 답방문을 해야 하는데, 때로는 8-10마일씩 되는 장거리도 있습니다"(N.1888). 이튿날은 그 전날과 비교하여, 마체라타의 주교좌 참사로 있던 동료 수사에게 불만을 털어놓는 듯 이렇게 표현하고 있다. "저를 살게 내버려 두지 않습니다. 종일 거실에서 이 많은 사람을 응대해야 합니다"(N.1900).

리치는 또 이렇게 매일 찾아오는 사람이 하루에 20명에 달하기도 하고, 어떨 때는, 가령 중국의 신년과 같을 때는 하루에 100명이 조금 안 될 때도 있다고 말한다(N.1877). 이런 정황으로 봐서, 1610년 3-4월에 선교사의 수도원에 얼마나 많은 사람이 드나들었을지 짐작할 수 있다. 그 시기에 방대한 제국에서 5천 명의 관리와 거인[석사]들이 북경을 찾았기 때문인데, 그중 "많은" 사람이 낮에는 물론 밤에도 수도원을 방문했다(N.3482). 거기에 모든 실제 방문에서는 머리를 숙이고 끝없이 허리를 굽혀서 인사해야 하는 엄청난 운동까지 더해야 한다(NN.121, 127). 이런 이유로 "끝없는 노동"(N.1878) 또는 '과부하(supra vires nostras)'(N.1877)는 짐작하고도 남는다.

1277 리치가 1600년대 중국의 가장 저명한 사상가들과 주고받은 이 많은 서신은 한편으로는 그가 중국어 문어체를 완벽하게 습득했다는 것이고, 다른 한편으로는 당시 최고의 지성인들로부터 최고 존경을 받았다는 걸 말해 준다. 1608년 3월 8일, 그가 쓴 편지에

책임을 맡고 있었기 때문에 동료 형제들의 편지에 답장도 해 주어야 했다. 그는 동료들을 격려하고 위로하며 깊은 애정으로 바라봤다.[1278]

———

는 "이 땅에서 제가 하는 가장 많은 일 중 하나는 계속해서 여러 곳에서 오는 편지들에 중국어로 답장을 쓰는 것입니다. 편지를 보낸 사람들은 다른 시기에 알았던 고위 인사들이거나 우리에 관해 명성만 듣고 대면한 적 없는 사람들입니다"(N.1872)라고 적었다. 만약 이 편지들이, 오늘날 거의 모든 비(非) 중국인 선교사들이 하는 것처럼, 직접 쓰지 않고 현지인 교리교사가 대신 썼다면, "제가 하는 가장 많은 일 중 하나"라고 말하지 않았을 것이다. 그러므로 이 텍스트에서 리치가 직접 중국의 붓을 들고 대단히 우아하게 중국의 지성계를 직면했다는 것을 알 수 있다. 이것은 데 우르시스가 입증하고 있고, 그 내용은 곧 인용할 것이다. 같은 해인 1608년 8월 22일, 많은 방문과 답방문에 관해 이야기한 다음, 복음의 씨앗을 뿌릴 시기를 항상 살피고 있던 리치는 이렇게 덧붙인다. "저희는 입으로, 글로 같은 주제에 관해 여러 차례 계속해서 토론했고, 그러는 가운데 그것들을 중국에 가장 잘 전할 수 있었습니다. 그리고 얼마 전에 진사가 된 어떤 사람이 저를 보러 와서는 우리가 출판한 책들에 관한 명성에 끌렸다고 했습니다. 그렇게 직접 만나서 대화를 한 것 외에, 나흘도 안 되어 편지 한 뭉치 보내 함께 나눈 내용에 관한 질문과 제안을 했고, 그에게 답장을 보내 의구심을 해소해 주었습니다"(N.1878). 이와 관련하여, 그가 1607-1608년, 불교에 관해 문인 학자 우순희(虞淳熙)와 승려 심주굉(沈袾宏)과 나눈 대화를 상기하면 된다. Cf. N.711, 주(註). 데 우르시스는 리치의 이런 모든 서신 활동에 관해, 본문에서 읽은 내용의 출처를 요약하며 리치 사후 몇 개월 지나지 않아 이렇게 썼다. "그가 자기 지역은 물론 이 나라의 모든 성(省)에 사는 사람들과 가진 가장 위대하고 힘든 일 중 하나는 … 그에게 편지하는 모든 사람에게 답장하는 일이었다. 어떤 사람은 우리의 거룩한 율법과 구원의 길에 관해 묻고, 어떤 사람은 우리의 과학에 관한 여러 가지를 물었다. 중국어 서신 양식과 문체로 답을 해야 했기 때문에, 신부에게는 큰일이었다. 그는 그것을 매우 잘 알고 있었지만, [그보다 더] 그들 사이에서 그가 가진 명성에 따라 응답할 필요가 있었다. 모든 사람이 우리의 과학자들에 대해 가지고 있던 위대한 개념이 있어, 그가 아무리 나이가 많고 일이 많아 건강을 크게 해치고 있어도, 이 일에 각별한 주의를 기울이지 않을 수 없었다. 모든 사람에게 고루 응답하고자 가끔 함께 모이기도 하지만 편지들은 모두 혼자서 썼고, 그 일은 우리뿐 아니라 밖에서 온 사람들을 위해서도 마찬가지였다"(De Ursis, p.50). 낮에는 수많은 방문과 답방문으로 바빴기 때문에, 리치는 그의 생애 마지막 4-5년을 함께 살았던 데 우르시스가 증언하는 것처럼, 특별히 밤을 이용해서 편지의 답장을 썼다. "편지에 답장하고 일상적인 중국어 문장을 작성하는 일은 밤에 했다"(De Ursis, p.51).

1278 1595년 10월 28일, 그가 아직 선교지의 원장이 아니고 유명하지도 않을 때, 특히 남경과 북경에 도착하기 전에도 이렇게 썼다. "시간이 너무 없어, 밤에 일하고 있습니다.

이런 많은 업무에도 불구하고, 그가 가족적인 대화를 결코 소홀히 하지 않은 것은 가장 낮은 사회계층에 있는 새 입교자들이었다. 그는 아무리 일이 많아도, 그들이 찾아오면 가장 높은 고관이 찾아온 것과 똑같은 시선으로 그들을 맞이했다. 이것이 그의 변함없는 습관이었다. 가장 낮은 조건에 있는 새 교우의 방문일수록 더 길게 대화의 시간을 갖기도 했다.[1279]

이 모든 일에 더해서 책을 저술하고, 죽는 순간까지 결코 소홀히 하지 않았던 것은 동료들에게 중국어를 가르치는 일이었다.[1280] 아무리 골치 아픈 일들이 있어도, 그는 최소한의 시간만 쉬는 데 사용했다. 더욱이 그는 시간을 쪼개어 성실하게 사용한 덕분에 시간이 충분한 것만이 아니

4-5일간 18통에서 20여 통의 편지에 답장했습니다. 어제도 여러 언어로 도착한 편지들이 있는데, 그중 어떤 것은 6쪽, 8쪽 하나는 12쪽이었습니다"(N.1377). 그가 생애 막바지에서 대체 얼마나 많은 일을 했다는 말인가!

[1279] "신부는 신자들과 함께 한 가지 일을 더 했는데, 그것은 모든 사람과 마찬가지로, 신부를 더욱 사랑하고 존경하던 사람들과 대화하고 말씀을 실천함으로써 위로받았다. 사람들은 그제야 집으로 돌아갔고, 신부를 만나서 이야기하지 않고는 결코 돌아가려고도 하지 않았다. 그는 매우 바빴지만, 결코 아무도 거절하지 않았다. 그들을 만날 때는 궁정의 최고 고관을 만나는 것처럼, 의복을 갖추고 똑같은 기쁜 마음으로 맞이했다. 우선, 그가 직접 말한 적은 없지만, 모든 사람이 이미 주목한 것처럼, 수도원으로 찾아오는 신자는 가난한 사람이었고, 신부는 그와 더 긴 시간을 함께하며 더 기쁘고 따뜻하게 대했다"(De Ursis, pp.50-51).

[1280] 리치는 데 알메이다와 데 페트리스에게 『사서(四書)』와 『오경(五經)』 중 하나를 가르쳤고(N.424), 소에이로도 가르쳤다(N.494). 1605년 5월 12일경, 리치는 "이곳에 있는 우리 식구들과 함께 매일 중국 책을 읽습니다. 밖에 있는 사람들에게[평신도들는 한 번은 수학을, 한 번은 수사학을 가르치는데, 청중이 부족한 적은 한 번도 없습니다"(N.1648)라고 썼다. 데 우르시스는 이렇게 덧붙인다. "또한 신부는 중국 책을 읽고 우리에게 그 내용을 알려 주느라 바빴다. 그는 생애 마지막 해에도 이 일을 했고, 그것은 엄청난 사랑과 희생이었고, 도착 초기에 중국인 스승을 들어 공부할 수 없는 우리에게는 최고의 봉사였다"(De Ursis, p.51). 리치의 중국어 마지막 제자는 데 우르시스 자신이었다.

라, 영신 수련을 할 수 있을 만큼 풍족했다. 영신 수련을 위한 시간은 별도로 정해 놓지 않았지만, 필요한 일을 하면서도 그것을 할 수 있는 시간을 마련했다. 동료들은 이 모든 것에 놀라워했고, 그의 영혼과 육신이 지치지 않는 것을 더 칭송하기까지 했다. 왜냐하면 그에게 주어진 모든 일을 한 번도 거절한 적이 없었기 때문이다.

957. 1610년 관리들의 전시(殿試)와 진사 응시생들로 인해 업무가 가중되다

이런 일들은 끝없이 이어졌다. 더욱이 그해에는 예외적인 많은 일이 가중되기도 했다. 여기서 그 착한 노인[마태오 리치]은 피로를 넘어, 혹사 지경에 이르렀다.

그 시기에 중국 전역에서 관리들이 황제를 알현하러 왔고, 소도시에서 온 적은 수의 관리까지 합하면 그 수가 5천 명에 달했다.[1281]

그해에는 또 북경 황도에서만 있는 진사 시험까지 겹쳤다. 시험에 합격하는 사람은 300명에 불과하지만, 응시하는 사람은 5천 명이 넘었

1281 "포정사(布政司), 안찰사(按察使), 지부(知府), 지주(知州), 지현(知縣)과 그 밖의 모든 지방 관리들은 누구나 3년마다 직접 북경으로 와서 조정에 업무를 보고하고 황제에게 복종 서약을 해야 한다"(N.114). Cf. NN.130, 1825. 그들이 북경에 온 건 1604년, 1607년, 1610년이다. 만약 1604년에 4만 명이 넘는 관리가 수도에 몰렸고(N.718), 3천 명이 넘게 징계를 받았다면[Cf. N.718, 본서 4권, p.124, 주(註) 148.], 이렇게 자문할 수 있을 것이다. "다섯(quinque)"이라고 적은 걸 트리고가 알아듣지 못해서 더 비슷하게 "오십(quinquaginta)"으로 적은 게 아닌지. Cf. N.769. 1610년에 리치를 방문한 많은 관리 중에서 데 우르시스가 확실히 주목한 것은, 두 명의 "광주(Cantão) 지방에서 온 고위관리"(p.57)로, 복건의 후관(侯官) 출신으로 임여초(林如楚)라는 이름의 안찰사(按察使)와 같은 복건 지방 장포(漳浦)에서 태어난 설사언(薛士彥)이라는 포정사(布政司)가 있었다. Cf. *Annali Generali del Kwangtung*, c.20, f.21a: c.19, f.16b.

다.[1282] 그러다 보니 그 시기에 북경은 어느 때보다도 사람이 많았다. 이런 쇄도는 리치 신부를 어느 때보다도 힘들게 했다. 그들이 모두 문인 학자들이다 보니 개인적으로 알거나 신부의 책을 통해 알게 된 사람들이 많았고, 거의 믿을 수 없을 정도로 많은 사람이 우리 집으로 밀려왔다.[1283] 더욱이 이들 방문객의 유입이 모두 사순절 기간과 겹쳤다.[1284] 그 바람에 신부는 손님을 맞이하기 위해 거의 매일 점심을 걸러야 했다. 그가 단식에 대한 교회 규정을 엄격하게 지키고 있었기 때문에,[1285] 동료들이 식사를 권할 수도, 중단한 점심을 계속하라고 할 수도, 다른 시간으로 옮겨서 하라고 할 수도, 아니면 조금 가볍게 하라고 하는 등은 전혀 할 수가 없었다.

같은 시기에 앞서 언급한 이아존李我存 레오[1286]가 중병에 걸렸다.[1287]

여기에 더해, 그 시기에 성당 신축을 하느라 일이 완전히 포화 상태였

1282 그해 진사[박사] 시험은 4월 2일, 5일 그리고 8일에 있었고(N.70), 학위는 4월 10일에 수여했다 春三月癸巳(*Storia dei Mim*, c.21, anno XXXVIII, f.5b); 따라서 젊은 진사 수험생들이 리치의 집을 방문한 것은 사순절 기간이었다.

1283 Cf. NN.718, 769.

1284 1610년 사순절은 2월 24일부터 4월 10일까지였다. "첫날부터 마지막 날까지 수많은 사람의 방문이 있었고, 관리들을 맞이하기 위해 식탁을 접어야 했습니다"(N.3482).

1285 교회의 의무 단식 규정만 준수한 게 아니라, 그래서 금요일 신심을 위한 단식을 했고, 토요일에도 "채소와 콩류"(N.1402) 혹은 "빵 혹은 쌀과 곁들인 채소와 콩 종류"(N.397)만 먹었다. 생선이나 달걀(NN.190, 1402, 1425, 1482), 혹은 우유 종류(N.397)는 먹지 않았고, 신앙심 깊은 중국인 이교도들의 단식에 맞추려고 했다. 그러나 자주 단식하는 날에도 점심에 초대했고, 초대를 거절할 수 없을 때는(NN.558, 1230) 하루 한 끼만 먹기 위해, 점심시간까지 아무것도 먹지 않았다. "밤이 가까운" 저녁이 되어(N.1402) "이 정도의 고생은 참아야지!"(N.1425)라고 외치며 만족스러워했다.

1286 이지조(李之藻)다. Cf. N.628, 본서 3권, p.351, 주(註) 892.; N.3515.

1287 그가 북경을 재차 떠나려고 준비할 때 덜컥 병이 들고 말았다(N.3483). 즉, 거의 3개월 간의 수도 생활 끝에(cf. De Ursis, p.52), 그러니까 음력 2월 중에, 즉, 1610년 2월 23일에 자리에 누워 3월 25일에 일어났다.

다.[1288]

[1288] 리치가 병이 들어 사망하던 바로 그 시기에 중국의 첫 번째 공식 성당이 건설되고 있었다. 초창기부터 선교사들이 거쳐 간 여러 도시에는 개종한 그리스도인들을 위한 기도 장소가 항상 있었다. 조경(肇慶)(NN.245, 324), 소주(韶州)(NN.356, 497, 498), 남창(南昌)(NN.1489, 1522)과 남경(南京)(NN.569, 675, 676, 679) 등이었다. 그러나 이기도의 공간 혹은 기도소(oratorio)는 선교사의 집에 있던 방 하나를 사용하는 것이었다. 이런 형태의 기도소는 역설적이게도 조경에서 있었던 첫 번째 좋지 않은 경험 이후, 항상 중국 스타일로 지었다. 그러나 북경에서, 리치 생애 마지막 해인 1610년 초에, 더 소박하지만 이런 이름[기도소]이 아닌, 성당을 하나 지을 생각을 했다. 지금까지 다른 여러 지역에서 있었던 기도소의 수준은 이곳[북경]에서는 너무 작아서 공식 성당이 하나 필요했다. 선교사들이 생각한 중국 스타일의 이 첫 번째 성당을 짓는 걸 두고 조심스럽고 신중한 타진이 있었다. 여러 가지 이득 중에는 이런 스타일이 비용 절감에도 좋다는 것이었는데, 선교사의 가난에도 부합하고 무시당하지 않을 이유도 확보하는 것이다. 그러나 신중한 조언도 있었는데, 새 신자들과 이교도들에게 분명하고 확실하게 그것이 가톨릭 성당이라는 걸 심어 주어야 한다는 것이다. 선교사들이 승려의 이름과 옷을 입었던 초창기 경험이 있어, 가톨릭 성당들을 사찰[파고다]들과 혼동해서는 안 되었기 때문이다. 그러다가 3월 말경, 리치의 죽음이 임박하자, 의견이 바뀌었다. 리치의 마지막 영적 아들인 이지조 레오가 성당 공사에 50텔을 봉헌했고, 다른 몇 명의 사람들이 봉헌하여, 중국의 첫 번째 공식 성당을 유럽식 건축양식으로 짓기로 하고 공사가 시작되었다. 성당의 길이는 70팔마[역주_ 로마 시대부터 오랫동안 서양에서 사용해 온 길이의 단위로 손바닥이나 발을 기준으로 한 것으로, 리치 시대에는 1팔마가 22-24㎝ 정도 되었다], 폭은 35로, 대략 16×8m 정도였다. 중국인 노동자들이 일했고, 그들은 건축가 데 우르시스가 시키는 대로 유럽식 건축 규범을 따르고 싶어 했다 (N.3484). 이 건축 규범에 속하는 것이 정면, 아치들, 처마 장식과 지붕이고, 앱스[역주_ 성당의 후진 혹은 뒷부분]의 바닥은 전체 성당 바닥에서 계단을 세 개 만들어 살짝 높였다. 중국인과 교우들, 그리고 이교도들까지 모두 좋아했고, 보고 칭송하기 위해 때로 몰려왔다. 마치 다른 시기에 많은 유럽인이 미술 작품들을 보려고 몰려가서 칭송했던 것처럼 말이다.

북경 수도원의 원장이며 리치의 동료인, 데 우르시스는 1611년 4월, 1610년 3월쯤, 이지조 레오의 세례성사를 집전한 것에 관해 말한 뒤, 계속해서 이렇게 말한다. "이 시기에 그[이지조]가 남긴 가장 큰 봉헌은 50크루자도스(crusados)였는데, 그는 우리가 집에 있는 소성당을 수리하는 줄 알고, 그 비용으로 내놓았다. 그전에 그는 그것을 손에 들고 건강을 완벽하게 회복시켜 주신 〈구세주 성화〉 앞에 내놓았다. 이에 마태오 리치 신부는 수도원 성당을 새로 짓기로 했다. 우리가 가지고 있던 성당은 너무 오래되었고, 교우들을 수용하기에 충분하지도 않았다. 올해만 해도 박람회가 있어 많은 교우가 미사에 참석하고 싶어 했다. 그래서 큰 성당이 필요했지만, 최근 몇 년간 우리가 물론 이 일은 형제들과 나누어서 하고 있어, 리치 혼자 한 것은 아니었다. 하지만 거기서도 가장 큰 일은 항상 그의 몫이었다.

958. 1610년 5월 3일, 병석에 눕다

그날,[1289] 손님들의 방문이 있고 나서 그는 지쳐서 집으로 돌아와 자리

가진 것이 너무 없어 아무것도 할 수가 없었다. 그러던 중에 이 관리의 은전(銀錢)이 계기가 되었고, 신부는 거기에 더해 몇 가지 필요한 것을 찾아 마련되자 바로 공사를 시작했다. 마치, 관리[이지조]를 향한 사랑으로, 그가 떠나기 전에 그곳에서 미사에 참석할 수 있게 해 주고 싶었던 것처럼 말이다. 의도한 것은 중국식으로 잘 지은 집이었고, 거기에 〈구세주 성화〉를 설치하여 그것을 보는 모든 사람이 그 앞에서 큰 예와 존경심으로 고개를 숙이는 것이었다. 그러다가 신부는 갑자기 우리 식으로 소박하게 성당을 짓기로 했고, 우상 종파의 파고다처럼 보이지 않게 하려고 성당으로 들어오는 길 입구를 내기로 했다. 중국식으로 집을 지으면 어쩔 수 없이 그[파고다]와 비슷하게 될 수 있기 때문이다. 그 바람에 [중국식으로 짓던] 성당 공사는 즉시 멈추었다. 성당이 집 안에 있었기 때문에, 크게 지을 수도 없었다. 길이가 70경간(徑間)에 폭이 35 정도 되는 건축물이 중국식으로 기능할 수 있게 했고, 이것은 여태 한 번도 들어 보지 못한 일이었다. 정면과 아치들, 처마와 마감은 모두 유럽식으로 했다. 큰 경당[역주_ 중앙제대 뒤쪽, 앱스에 있는 경당]은 성당의 본체보다 계단 세 개가 더 높다. 우리에게 중요한 것 이상으로 중국인들이 좋아했고, 많은 사람이 보러 와서, 우리의 거룩한 율법에 관해 말하는 걸 듣기 시작했다"(De Ursis, pp.52-53). 1611년 11월에 쓴, 1610년도 연차편지에서도 앞서 이야기한 첫 번째 공적 성당에 관한 소식을 우리에게 전해 준다. Cf. *ARSI, Jap.-Sin.*, 117, f.11v.

이렇듯이, 초기의 선교사들은 교회에 대한 중국 스타일에 관한 문제에 직면했고, 선험적(a priori)인 경멸과 함께 과장되고 경솔한 칭찬의 이중적인 과잉을 피했다. 문제는 모든 측면에서, 당시 선교사들에게 있었다. 처음 직면한 이런 문제의 해결책은 전적으로 거대한 이교도 도시에서 [살아가야 하는 선교사들로서는] 그 동기가 신중한 사도직에서 출발해야 했다. [이런 도시에서는] 그리스도인이 작은 집단(pusillus grex)에 불과하고 ─과도하게 빚으로 지은─ 전례 장소들이 대부분 형태가 조야하고 장식적인 기념물이 부족하기가 일쑤다. 예술적인 측면과 단순하고 깔끔한 면은 경솔하게 처리되곤 한다. 리치는 새 신자들에게 진짜 가톨릭 성당이 어떤지, 참 하느님을 예배하는 장소가 어떠해야 하는지에 대한 큰 생각을 보여 주고 싶었다. 만약 그때부터 현지의 사찰 양식으로 성당을 지었다면, 분명히 좋지 않은 사례가 되었을 것이다.

1289 몇 줄 뒤에서 보겠지만, 5월 3일 월요일이다. Cf. N.958, 옆 페이지(p.44), 주(註) 1292.

에 누웠다. 동료들은 평소에 있던 편두통이라고 생각했고, 쉬고 나면 털고 일어날 것으로 믿었다. 그러나 그는 궁금해하는 동료에게 "[편두통과는] 전혀 다릅니다. 이 병은 과로가 원인이라 죽을 것 같습니다"[1290]라고 대답했다. 그러면서 그는 아무 일도 아닌 것처럼 침착하게, 어떠냐고 묻는 동료에게 이렇게 대답했다. "둘 중 어느 것을 선택해야 할지 모르겠습니다. 가까이 다가온 영원한 상급을 받을지, 이곳에서 계속 선교사업을 할지 말입니다."[1291]

5월 3일 날, 자리에 누웠고,[1292] 그날 새 교우 레오 박사는 회복되고 있었으며, 자기의 주치의를 보냈다.[1293] 그러나 그 의사의 처방은 아무런 효과가 없었고, 동료들은 북경에서 가장 유명하다는 여섯 명의 의사를 불렀다. 의사들은 제각기 처방이 달랐고, 세 가지 다른 약을 처방해 주고 갔다. 동료들은 어떤 약을 골라 써야 할지 몰랐다.[1294]

1290 "좀 어떠냐고 물었더니, 몹시 피곤하다고 하시며, 죽을병에 걸린 것 같습니다"라고 했다(De Ursis, p.53).
1291 데 우르시스가 바로, 그날 5월 3일에, 리치로부터 이런 놀라운 대답을 들은 사람이었다. "같은 날, 그분의 침실에 들어가 안부를 묻자 그는 '내면에서 느끼는 맛과 기쁨을 가장 좋다고 생각하고 그것을 하려고 합니다. 하느님을 느끼러 가는 여행이 이미 얼마 남지 않았다고 생각합니다. 물론 애정을 가지고 했던 모든 선교활동과 아직 여기서 우리 주 하느님을 더 섬길 수 있는 것을 동료들에게 남기고 떠나게 되어 아프고 슬프기도 합니다'라고 대답했다. 인간적으로 말해서, 신부가 그 지경에 이르렀는데도, 중국은 아직도 그분의 [선교활동에 대한] 촉진과 통치를 간절히 요구하고 있었다"(De Ursis, pp.53-54). Cf. N.3485. 리치의 말은 로마 성무일도에서 투르의 성 마르티노가 했던 "주님, 제가 아직도 필요하시다면, 수고를 마다하지 않겠습니다(Domine, si adhuc sum necessarius, non recuso laborem)"라는 말씀의 메아리로 느껴졌다.
1292 "신부는 5월 3일 월요일에 자리에 누웠다"(De Ursis, p.54).
1293 북경 "조정 대신들의 주치의"였다(De Ursis, p.54). 아니, "이곳 조정에서 최고 의사"였다(N.3486). 이 의사는 "그의 병이 심각하지 않은 거라고" 믿었고, "그해 이곳 조정[북경]에서 유행했던 것으로, 그로 인해 많은 사람이 사망한"(N.3486) 그 병이라고 했다.

959. 의사와 약이 아무런 소용이 없다

[마태오] 신부가 병이 들었다는 소문이 나자 밤낮 우리 집에는 새 교우들로 북적였다. 가장 경험이 많은 의사들조차 세 가지 약 중에서 어떤 걸 써야 할지 모른다는 말이 나자 더 많은 사람이 찾아왔고, 사람들은 세 가지 처방전을 십자가 앞에 놓고 무릎을 꿇고 어떤 것이 신부님의 건강에 도움이 될지 알려 달라고 빌었다.[1295] 교우들이 각자 주님께 청하는 기도는 감동적이었다. 어떤 사람은 자기의 생을 줄여서 신부의 생명을 연장하는 은혜를 베풀어 달라고까지 했다. 결국 세 개의 약 중 하나를 환자에게 처방했지만, 아무런 호전이 없었다.[1296] 모든 사람이 아파하는 가운데 환자만 이제 목적지에 도착했다는 듯 평온해 보였다. 그는 보기 드물게 언제나 유머가 있는 사람이었고, 그것은 동료들과 새 교우들에게 적지 않은 슬픔 중에 그나마 위로가 되었다.[1297]

960. 전 생애를 총 고백하다

병이 든 지 6일째 되던 날, 거의 총 고백에 가까운 고해성사를 봤다.

1294 "[의사] 여섯 명이 약속을 잡아 함께 왔고, 세 가지 다른 견해와 다른 처방전을 테이블에 두고 갔다." "모두 [북경에서] 가장 유명한 의사들이었다"(De Ursis, p.54).

1295 어떤 신자는 "세 개의 처방전을 모두 십자가 앞에 놓고 무릎을 꿇고 맞는 것을 제비 뽑았다"(De Ursis, p.54). 여기서도 새 신자들의 십자가상과 구세주의 수난에 대한 신심을 엿볼 수가 있다.

1296 첫 번째 의사가 처방해 준 약을 주기로 했다. "드디어 모두 첫 번째 의사의 견해를 따르기로 합의했습니다. 모든 사람이 그를 가장 훌륭하다고 말했습니다. [그러나] 결국 아무것도 도움이 되지 않았습니다"(N.3486).

1297 "이 순간 우리를 가장 크게 위로해 준 것은 신부님 자신이었습니다. 우리에게 아무것도 아니라고 말씀하시며, 항상 얼굴은 행복해 보였고, 입가에는 미소가 있었습니다"(De Ursis, p.54).

그의 고백을 들은 신부는 일생 어떤 것보다도 충만한 영적 기쁨을 느꼈다고 했다. 이미 그의 무결함에 대해서 칭송하고 있던 터였고, 환자에게는 영적 도유였다.[1298]

961. 종부성사를 준 사제가 깊은 감동을 받다

다음 날, 아침 일찍 노자성사를 받을 준비를 했다. 그러나 병이 너무도 깊어서 침대에서 일어나는 것이 불가능하고 일어난다고 해도 위험해 보였다. 하지만 착한 신부는 당신의 주님이자 구세주께서 오시는 소리를 듣자 혼자 간신히 일어나 침대에서 내려와 무릎을 꿇고 엎드렸다. 신부가 고백의 기도(Confiteor)를 하는 동안, 이어서 주님과 사랑의 대화를 하는 동안, 그 자리에 있던 새 교우들과 집식구 등 모든 사람은 감동에 젖어 눈물을 흘렸다. 그들 안에서도 깊은 신앙의 눈물을 흘리게 했다.[1299]

그날 오후, 병으로 혼수상태에 빠졌고, 혼수상태에서 하는 말도 충만한 마음에서 나오는 것으로, 내면의 생각을 말했다. 하룻낮과 하룻밤 동안 그는 새 교우들에 관해, 교회에 관해, 중국인들의 개종과 황제의 개종

1298 이 고백성사는 5월 8일 토요일 저녁에 데 우르시스 신부가 했고, 글 속에서 직접 그 인상을 언급한다. "그렇게 그리치는 토요일 오후까지 있다가 나를 불러 고백성사를 달라고 했다. 거의 총 고백에 가까운 성사를 보았고 좋으신 어른의 내적인 큰 기쁨과 더불어 그분 생애의 선함과 거룩함과 양심의 깨끗함을 보면서, 큰 위로와 교훈이 되었다. 이렇게 주님의 뜻에 온전히 부합하여, 내가 보기에 이승에서는 아무것도 더 중요한 게 없다고 느끼는 것 같았다"(De Ursis, p.54). Cf. N.3487.
1299 "그런 다음, 주일 아침에 성체를 영했다. 병이 깊어서 침대에서 일어날 수 없을 거로 생각하고 그가 있는 곳으로 갔다. 그는 거룩한 성체가 침실로 오는 것을 알고 혼자 침대에서 일어나 방 한가운데 무릎을 꿇었다. 그는 성체를 영하기에 앞서 고백의 기도를 하고, [주님과] 대화하며 뜨거운 눈물을 흘렸다. 집 안에 있던 우리처럼, 그 자리에 함께 있던 교우들도 깊은 신심과 슬픔의 많은 눈물을 흘렸다"(De Ursis, pp.54-55).

까지 이야기했다.[1300]

다음 날, 다시 정신이 돌아오자 병자성사를 청했고, 매우 맑은 정신으로 모든 것을 당부하고 기도에 응답했다.[1301] 후에,[1302] 그 자리에 있던 4명의 형제[1303]는 임종하는 아버지에게 하듯이 축복을 청했다. [마태오] 신부는 한 사람씩 격려하며 일일이 덕을 잘 실천할 것을 당부했다.

962. 그가 북경의 형제들에게 마지막으로 당부하다

수사 중 한 사람[1304]에게는 예수회에서 죽기를 주님께 기원하겠노라

1300 "같은 날, 오후 서너 시가 되자 병은 그를 맹렬히 공격했지만 의외로 가벼운 것이었다. 왜냐하면 그에게 뭔가 물으면 주제에 맞게 대답을 잘했기 때문이다. 그가 말하는 건 오로지 중국의 개종과 교우들에 관해서, 성당들과 중국 황제의 개종에 관한 것뿐이었다. 이런 상태가 24시간 이상 지속되었고, 다시 원상태로 돌아갔다"(De Ursis, p.55). 이런 가벼운 혼수상태는 5월 9일 주일 오후 3시 혹은 4시부터 10일 월요일 오후 4시 혹은 5시까지 이어졌다. 이때 그는 특히 중국의 개종 못지않게 황제의 개종에 대해 거듭 반복해서 말했고, 그것은 1610년 5월 20일의 데 우르시스의 편지를 스페인어로 번역한 것에서, 바로 그 시기에 짓고 있던 "교회로 오기를 바랍니다"라고 적었다. Cf. N.3487.

1301 데 우르시스는 그가 혼수상태에 있던 시간과 그에게 병자성사를 주던 때를 더 잘 기록하고 있다. "월요일[5월 10일] 저녁에 병자성사를 드렸습니다. 그때에는 정신이 돌아와서 질문에 대답을 매우 잘하시고, 몇 번이나 사제에게 했던 말로 이 거룩한 성사를 받게 된 것에 기쁨을 표하기도 했습니다"(N.3487).

1302 '후에'라는 말은 월요일이 아니라 화요일이다. 그날이 리치의 지상 생활 마지막 날로, 데 우르시스는 명확하게 기록하고 있다. "화요일, 이미 말한 것처럼, 그 상태로 있었고, 그의 생각대로, 우리는 그에게 우리를 위로할 생각은 하지 말아 달라고 청했습니다. 만약 그렇다면, 당신의 거룩한 축복을 해 달라고 했습니다. 그러자 그는 입안에 밥이 있는 채로 축복해 주었고, 밥을 흘리지 않을 수 없을 만큼 매우 기쁜 표시로 축복해 주었습니다." Cf. N.3488.

1303 그들은 판토하 신부와 데 우르시스 신부, 그리고 함께 있던 유문휘(游文輝) 페레이라 [cfr. N.506, 본서 3권, p.61, 주(註) 37.]와 누군지 알 수 없는 다른 한 사람이었다.

1304 "집에 있던 한 형제가 그 순간, 그 자리에 함께했고, 신부는 그에게 예수회에서 그를 받아 줄 거라며, 세상에서 이[예수회원이 되는 것]보다 더 좋은 것은 없고, 예수회원으로

고 했다. 비록 당시는 아무것도 좋아 보이지 않아도, [바로] 그 순간 그가 느끼는 기쁨은 매우 크기 때문이라고 했다.

한 신부가 물었다. 만약 그렇다면 동료들은 신부님의 도움이 필요한데 그것을 두고 가시는 상황을 잘 아시냐고 했다. 그가 대답했다. "제가 여러분에게 열어 두고 가는 문은 큰 보상이 있을 테지만, 많은 위험과 난관 없이 얻어지는 것은 아닙니다."[1305]

또 다른 사람이 물었다. 그들을 향한 신부님의 사랑에 대한 보답을 어떻게 해야 할지를 묻는 것이었다. 그에게 "유럽에서 오는 신부들을 변함없는 사랑으로 대하십시오. 예수회 [로마]콜레지움의 [안락한] 애정을 내려놓고 이곳 이방인의 사막으로 오는 것입니다. 그들이 왔을 때 받아 주는 것으로 만족할 것이 아니라, 그들을 향한 사랑을 배로 하십시오. 그들이 이곳에 와서 모든 사람 안에서 모든 것을 찾고, 이곳에서 자신을 발견할 수 있게 하십시오"[1306]라고 대답했다.

———

죽는 것보다 더 큰 즐겁고 기쁜 일은 없다고 했다"(De Ursis, p.55). 두 명의 수사[형제] 중 리치가 예수회 입회를 계속해서 약속한 사람은 바르톨리에 따르면[Bartoli[1](II, c.261, p.510)], 유문휘(游文輝) 수사다.

1305 이렇게 말한 사람은 데 우르시스로 보인다. 그의 기록에 "어디에 우리를 두고 가시는 줄 알고 계시느냐고 물었다. 이렇게 이교도들의 한가운데 아버지도 없이 우리를 놓고 가신다고 하자, 그분은 우리에게 많은 어려움과 수고로 얻게 될 큰 보상이 있는 문을 열어 두겠다고 했다"(De Ursis, p.55). 리치의 대답은 성 바오로의 텍스트에서 가져온 거다: "적대자들이 많기는 하지만, 많은 일을 할 수 있는 큰 문이 나에게 열려 있습니다"(1코린 16,9). 여기서 어려움이란 바레세(Varese) 신부를 암시하는 것 같다. Cf. 본서 1권, p.200, 주(註) 479.

1306 "우리도 그분께 항상 말씀드렸다. 우리에게 보여 준 사랑과 자선에 대해 어떻게 보답하기를 원하시느냐고. 그러자 그분이 대답하기를: 유럽에서 오는 신부들에게 큰 사랑과 애정을 보여 주세요. 그분들은 [로마] 콜레지움을 두고 이런 험한 곳으로 오는 겁니다. 수도원 안에서의 사랑과 일치만으로는 충분하지 않습니다. 콜레지움의 신부와 수사들의 두세 배 이상을 지금까지 이 수도원에서 함께 하는 분들과 다른 모든 예수회에

그의 타오르는 열정은 거의 죽어 가는 목소리로 하는 [마지막] 말을 들을 때 쉽게 볼 수 있었다. "저는 주님 안에서 코통Coton 신부를 매우 사랑합니다. 프랑스 왕실에서 살고 있습니다. 그분은 저를 모르지만, 올해 저는 그분께 편지를 써서 그분이 하느님께 드린 영광을 축하했습니다. 그에게 [중국] 선교의 상황에 대해 말하고 싶었습니다. 그분께 더는 연락할 수 없을 것 같습니다. 죄송합니다."[1307] 신부가 당부한 그 사람[코통 신부]에 의해 일이 완성되지 않는다면, 그의 말을 여기에 옮기는 것이 의미가 없을 것이다. 따라서 우리의 착한 신부가 마지막으로 이루어지기를 바랐

서 멀리 있는 분들에게 해 주어야 합니다"(De Ursis, p.55).

[1307] 이것을 위임한 사람도 데 우르시스였다. 그는 1610년 9월 2일까지, 포르투갈을 위한 총장의 새 비서 안토니오 마스카렌하스(Antonio Mascarenhas) 신부에게 연락해서 코통(Coton) 신부에게 자기가 "최대한 빨리" 편지할 것임을 통보해 달라고 했다. 그의 말은 이렇다: "존경하는 신부님, 프랑스에 게신 코통 신부님에 대해 [리치] 신부님께서 돌아가시기 몇 시간 전에 말씀해 주셔서 알게 되었습니다. 신부님은 임종하는 순간에 저를 불러 말씀하시기를: '올해 프랑스에 있는 코토니오(Cottonio) 신부님께 자신을 알지 못함에도 불구하고, 그분을 축하하고 우리의 선교 소식을 전하기 위해 편지를 쓰기로 마음먹었습니다. 하지만 이제 할 수 없습니다'라고 하시기에 제가 그렇게 전해 드리겠다고 말씀드렸습니다. [리치] 신부님께서 큰 애정으로 말씀하셔서 최대한 빨리 전해 드리고자 합니다. 신부님께서는 어떻게 생각하시는지 제게 알려 주시면 고맙겠습니다"(N.3500). Cf. De Ursis, pp.55-56. 피에트로 코통(Pietro Coton, 1564-1626) 신부는 밀라노 소속 아로나(Arona)에서 예수회에 입회하여 로마 콜레지움에서 공부했다. 거기서 가브리엘레 바스퀘즈(Gabriele Vasquez) 교수, 영적 지도 신부로 성 로베르토 벨라르미노(Roberto Bellarmino), 학업 동료로 성 루이지 곤자가(Luigi Gonzaga)가 있었다. 고국 프랑스로 돌아가 1591년부터 설교 직무를 맡았는데, 그 능력이 정말 탁월했다. 그는 입으로, 펜으로, 수많은 위그노 교도와 칼뱅 교도들을 그리스도의 우리로 인도했다. 루앙(Rouen, 1603) 칙령 이후, 그는 파리 국회의 결정에 따라 추방되었던 예수회를 프랑스로 돌아오게 했다. 1603년부터 그는 앙리 4세의 궁정에서 최고의 설교자로 칭송을 받았고, 1608년에는 [프랑스 국왕의] 고해사제가 되었고, 그것은 1617년 루이 13세 때까지 이어졌다. 이후 궁정을 떠나 보르도에서 원장을, 아퀴타니아(1622년)와 파리(1624년)에서 관구장을 역임했다. 코통이 앙리 4세와 프랑스에서 한 일을 보고, 리치도 만력(萬曆) 황제와 중국에서 그렇게 기대했던 게 아닐까.

던 일이 실현되기를 우리도 바란다.[1308]

963. 1610년 5월 11일 화요일 저녁에 선종하다

이렇게 그는 5월 11일까지, 한 번은 우리 신부들과 한 번은 새 교우들과 평온하게 돌아가며 이야기를 나누었다. 그리고 5월 11일 저녁 무렵, 침대 한가운데 앉아서 아무런 미동도 몸부림도 없이 영혼을 하느님께 맡겼다. 잠이 드는 것처럼 눈을 감고 주님 안에 조용히 평안하게 잠들었다.[1309]

964. 덕행에 대한 칭송과 초상화 제작

선한 신부가 사망하자, 평소보다 훨씬 많은 새 교우들이 집으로 찾아

[1308] 이 마지막 부분은 트리고가 혼자서 생각한 것 같은데, 별로 의미가 없는 것 같다. Cf. N.962, 본서, 앞 페이지(p.105), 주(註) 1307.

[1309] 리치의 마지막 순간에 관한 흥미롭고 중요한 부분들을 우리에게 남긴 사람은 누구보다도, 여전히 직접 눈으로 보고 겪은 데 우르시스다. 선종 후 9일이 지나, 이렇게 편지했다. "계속해서 잔잔한 기쁨이 이어지는 가운데, 저녁 6시 [리치 신부님은] 한쪽으로 고개를 돌려 미동도 하지 않은 채 한참을 계셨습니다. 그리고 마치 잠을 주무시는 듯, 관상에 빠진 듯 서서히 눈을 감으셨습니다. 거룩한 어르신께서 운명하신 것입니다. 우리의 성부시며, 창조주께 당신의 영혼을 의탁하셨습니다. 5월 11일, 화요일, 저녁 7시였습니다"(N.3488). 거의 1년 후, 그[데 우르시스]는 자신의 기억을 이렇게 마무리했다. "그렇게 큰 기쁨과 즐거움을 드러내는 가운데 그[리치 신부]는 화요일 오후까지 우리와 함께, 교우들과 함께 시간을 보냈다. 그는 침대 한가운데에 앉아 있기도 했고, 긴 시간을 조용히 아무런 움직임 없이 있기도 했다. 그런 뒤, 마치 거룩하고 깊은 명상에 잠기듯 눈을 감고 자신의 영혼을 창조주께 봉헌했다. 선종한 시간은 1610년 5월 11일, 화요일, 오후 7시였다. 십자가와 우리의 복되신 이냐시오 아버지 성화에 입을 맞춘 후였다"(De Ursis, p.56). Cf. N.3494. 중국식 계산에 따르면 만력 제38년, 경술(庚戌)년 윤월(閏月) 음력 3월 19일 갑자(甲子) 일이었다. 그는 1552년 10월 6일에 태어났기 때문에 선종 시 57세 7개월 5일이었고, 그중 27년 9개월 4일을 중국에서 보냈다. 1582년 8월 7일에 마카오에 도착했기 때문이다. 중국식 계산으로는 59세였고, 29년을 [중국에서] 선교했다.

와 대성통곡을 하는 바람에 망자의 동료들이 저지해야 할 지경이었다. 의로운 사람의 죽음은 다른 사람들과는 달리 칭송받아야 함을 알려 주어야 했다. 절제되지 않은 슬픔은 위험했고, 그것은 살아온 생애에 부합하지도, 우리의 신앙에 맞지도, 성부께 영광이 되지도 않기 때문이다.[1310] 그래서 소용없는 울음을 찬송으로 바꾸었고, 각자 신부의 영웅적인 덕행을 칭송했고, "성인 신부님, 중국의 사도"[1311]라고 부르기 시작했다.

그래서 많은 상황에서 수고를 아끼지 않은 수사 중 하나에게 모두를 위한 위로로 신부의 초상화를 부탁했다.[1312]

[1310] 그러니까 신부들은 망자가 복된 자들의 영광에 도달했다는 것을 설득해야 했다. "거룩함에 대한 평판(fama sanctitatis)"은 리치가 선종한 침상 주변에서 이미 시작되었다.

[1311] 여기서 트리고 혹은 페레이라는 거의 두 쪽 분량을 원 사료에서 건너뛴다. 데 우르시스의 기록 제8장 마지막 부분에서 찾아볼 수 있는데, 그것은 제9장을 시작하기 위해 다음과 같은 톤으로 말하는 대목이다. "선하신 마테우스 리코(Matteus Rico) 신부님이 돌아가셨을 때, 집에는 교우들이 가득했고, 곧 큰 소리로 울며 곡을 하기 시작했다. 이에 [신부들은] 그들에게 울기보다는 하느님의 자비에 의탁하자고 설득했다. 하느님께서는 그에게 당신의 일을 맡기셨고, 그는 많은 일을 했기 때문에 그분의 자비가 합당하다고 했다. 그러자 그들은 슬퍼하기보다는 더 큰 위로를 받고, 바로 울음을 멈추고 음식을 먹은 뒤, 신부님의 덕행과 선하심을 이야기하기 시작했다"(pp.57-58).

[1312] 트리고는 습관적으로 화가의 이름을 빠트리고 있다. 그리고 텍스트 바로 뒤에서 이렇게 인용하고 있다. "그 후, 몇몇 관리가 마노엘 페레이라(Manoel Pereira)[유문휘] 수사에게 사정하며 청하기를, 그림에 대해서는 아무것도 모르지만, 중국의 성인이자 사도라고 생각하는 신부님[마태오 리치]의 모습을 그려 달라고 했다"(De Ursis p.58). 이에 우리의 화가는 리치의 첫 번째 그림[초상화]을 그렸고, 후에 트리고가 1614년 11-12월 로마로 가져와 1617년 예수회 수도원 현관에 걸었다(N.3830). 거기에는 "우리의 다른 거룩하신 복자가 있었는데", 이냐시오[역주_ 1556년 7월 31일에 사망했고, 1609년 7월 27일에 시복되었고, 1622년 3월 12일에 시성되었다. 그러니까 1614년에는 아직 복자였다]와 프란치스코 하비에르[역주_ 하비에르는 1552년 12월 3일에 사망했고, 1619년 10월 25일에 시복되었으며, 1622년 3월 12일에 시성되었다. 1614년에는 아직 복자도 되기 전이지만, 이미 '복된 자'로 불리고 있었다]였다. [리치의 초상화는] 이 역사서인 『리치 원전(Fonti Ricciane)』 제1권의 맨 앞 페이지에 [그림 1]로 사본을 실었다. 중국의 관습에 맞게 "망자의 영정"(N.133)으로 사용했던 거다. 겸손하게, 아마도 성 이냐시

965. 놀라운 증언. 가장 먼저 애도한 사람들

중국인들은 망자의 시신을 목관에 넣는데, 그것은 매우 단단한 나무로 만들어 비용이 만만치가 않다.[1313] 하지만 우리는 집의 경제적인 상황에서나 수도자로서의 신분에서나 그렇게 지출할 만한 처지가 못 됐다.[1314] 그런데도, 주님께서는 당신의 종이 하늘에서만 영광을 받는 것이 아니라, 앞으로 보게 되겠지만,[1315] 장엄한 장례조차 사적私的으로 지내지 않도록, 땅에서도 영광을 받게 하셨다. 리치의 마지막 영적 아들인 레오 박사가 신부의 선종 소식을 듣고(그도 아직 병중에 있던 관계로) 우리 집으로 사람을 보내 위문하며, "관에 대해서는 걱정하지 마십시오. 며칠 안 되는 사이에 두 번씩이나 제가 목숨을 선물로 받았는데, 필요한 것이 있으면 제가 하겠습니다. 일이 지체되어 시신에서 악취가 날까 걱정하지 마십시오. 신부님 같은 분은 통상적인 자연법칙대로 가지는 않을 것입니다"라고 말했다. 그것은 사실이었다. 몹시 더운 날씨에 이틀 이상을 그대로 있었는데도 얼굴과 입술이 살아 있는 사람의 빛깔이어서 죽은 사람보다는 오히려 산 사람에 더 가까웠다. 그렇게 지복至福의 삶을 이미 누리고 있

오를 닮고자(Tacchi Venturi, *Storia della Compagnia di Geù in Italia*, II, 1922, p.387), 리치는 1601년 1-2월 황제를 알현하러 갔을 때 의무적으로 그린 것을 제외하고는(N.597) 생전에 자기 초상화를 한 번도 그리지 못하도록 했다. 바로 이런 부분이 펠리옷(Pelliot, *TP*, XX, 1920-1921, p.12, n.2)이 강조한바, 리치의 제자 서광계(徐光啓) 바오로가 그를 닮고자 한 측면이다. 펠리옷의 글은 쿠플레(Couplet, 1678)가 쓴 『서광계의 길(*Vie de Siu Koang-k'i*)』에 있다. 이 전기는 최근에 중국어로 『성교잡지(聖教雜誌)』(Rivista Cattolica), 상해, 1934, XXIII, 6월호에 다시 실렸다.

[1313] Cf. NN.24, 133, 392.
[1314] Cf. N.130. 관은 질에 따라 200에서 300, 많게는 1000텔도 했다. Cf. De Ursis, p.58.
[1315] 여기서 트리고는 1611년의 연차편지를 암시한다. 북경 인근에 그리스도인 공동묘지를 [황제로부터] 하사받게 되는 일로, 다음 장에서 다루게 될 것이다.

다는 것을 알게 해 주었다.[1316]

　시신은 관에 넣고 봉한 후 성당으로 옮겼다.[1317] 그곳에서 예수회 동료들과 새 교우들이 함께한 가운데 합동미사와 망자를 위한 성무일도로 수도자 장葬을 지냈다. 그런 다음 관습에 따라, 관棺을 거실로 옮겨 준비해 둔 단壇 위에 올려 친구들이 방문하여 볼 수 있게 했다.[1318] 중국인들은 [북경] 성城안에 무덤을 쓰지 않기 때문에, 도시 인근에 땅을 매입하여 매장을 준비하는 동안 시신을 목관에 넣고 역청[1319]으로 밀봉했다. 그러면 악취가 나지 않게 여러 해 동안 보관할 수 있다.[1320]

1316 데 우르시스는 계속해서 말한다. "우리는 신부님을 위해 바로 관을 사려고 했지만, 아직도 회복 중이던 관리 이지조(Leão, Licezao)가 아무것도 하지 말라고 했다. 그 친구는 자기에게 생명을 다시 주신 우리 주님께 자기가 해야 할 일이 있다며, 감사의 표시로 관을 사겠다고 했다. 그리고 즉시 사람을 보내어 알아보라고 했으나 그가 원하는 걸 찾을 수가 없었다. 그러자 다시 사람을 보내 말하기를, 신부님의 몸에서 악취가 날까 두려워 서두르지는 마십시오. 확신하건대, 관을 살 때까지 그런 분은 몸에서 악취가 나지 않습니다. 실제로 관을 마련하여 마무리할 때까지 이틀 낮, 이틀 밤이 지났고, 날씨는 매우 더웠다. 하지만 모든 교우가 보기에 그의 얼굴은 너무도 신선했고 낯빛도 살아 있는 사람 같았다. 믿음은 사제의 말보다 훨씬 더 위에 있다는 걸 보여 주었다"(p.58). Cf. N.3487. 레오 박사는 리치의 취향에도 맞고, 가난과 단순한 정신에도 맞게, 단돈 15텔짜리 관을 구매하는 것으로 마무리했다. Cf. N.3487.
1317 성당은 20일 만에 완성했는데, 5월 3일에 지붕을 얹고 있었다. Cf. NN.3484-3485.
1318 "시신을 관에 안치한 뒤, 망자를 위한 성무일도를 장엄하게 바치고 미사를 봉헌했다. 모든 교우가 손에 초를 들고 미사에 참석했다. 그 바람에 그것에 맞게 집을 수리할 필요도 있었다"(De Ursis, p.58). 데 우르시스는 1610년 5월 20일 자 편지에서 더 명확하게 "교우들이 미사와 성무일도에 참석할 수 있도록 몇 개의 돗자리를 깔 수 있게 안뜰을 수리할 필요가 있었습니다"(N.3487)라고 적었다.
1319 Cf. N.33.
1320 "지체 높은 사람은 부모가 죽으면 시신을 2년 혹은 3년 동안 집에 둔다"(N.133). 오늘날에도 중국에서는 이렇게 한다.

966. 리치가 자기 죽음을 예측하다

사실 몇 년 전에 선한 신부가 죽음을 예측하고 묻힐 것을 걱정하여 도시 인근에 땅을 매입하기로 한 적이 있었다. 그러나 가격을 결정하는 동안, 어떤 논의가 있었는지는 모르지만, 갑자기 땅 주인이 매도를 취소해 버렸다.[1321] 그때 신부가 동료들에게 말하기를, "상관없습니다. 이른 시일 안에 그보다 더 좋은 묘지를 얻을 수 있을 것입니다"라고 했다. 그 말은 마치 일어날 일을 미리 감지하고 있는 것 같았다. 실제로 그와 그의 동료들을 위한 묘지는 황제가 기증했기 때문이다.[1322]

[1321] Cf. N.3491. 일은 리치가 사망하던 해 초에 있었던 걸로 보인다. 1611년에 데 우르시스가 "지난해"라고 말하기 때문이다. 내용인즉슨, "몇 년 전에 마태오 리치(Matteus Ricio) 신부는 매장지뿐만 아니라 체류 문제가 때로는 절차상의 문제로, 때로는 마땅한 장소를 찾지 못해 여전히 결론 내려지지 않자, 이 도시에 확고한 뭔가가 있어야겠다고 생각하고 수차 매입할 땅을 찾았다. 지난해 땅을 매입했고 돈[은전]을 주려고 하자, 땅 주인은 갑자기 마음을 바꾸었다. 이유도 모른 채, 아마도 우리 주님께서 다른 더 좋은 방식으로 주고자 하신 것 같았다"(De Ursis, p.59).

[1322] 리치의 생애 마지막 시기는 너무도 많은 일이 일어나 마치 그분의 덕행을 일반적인 것 이상으로 드러나기를 바라신 것 같았다. 여기 텍스트에서 본인이 예측하는 것처럼, 선교사들이 묻힐 땅은 곧 하사받게 될 것이고, 1611년 말경 확인할 수 있다. 그리리치는 마치 자신이 죽을 때를 미리 알고 있는 것 같았다. 알레니(Aleni[1], B.f.17a)는 이 마지막 부분을 리치가 사망하기 몇 개월 전에 카타네오에게 쓴 편지를 인용한다. "이것이 저의 마지막 편지입니다. 다른 편지는 없을 것입니다. 영원히 안녕." 다른 일들은 데 우르시스가 명확하게 서술하는 것처럼(De Ursis, p.56) 신부들이 주목한 바 있다. 1610년도 초, 몇 개월 동안 많은 관심과 업무 속에서도 그는 기도 시간을 배로 했는데, 특히 밤늦은 시간을 이용했다. "그분 옆방에 있는 수사는 매일 늦은 시각까지 기도하는 그를 보았습니다." 사망하기 약 두 달 전쯤, 데 우르시스로 보이는 신부 중 한 사람에게 너무도 겸손하고 솔직하게 자신의 모든 결함을 말해야 한다고 청했다. 총 고백과 같은 걸 준비했다. 여기 텍스트에서 말하는 것처럼 자신의 방에 있던 모든 종이를 태우라고 명했다. 그리고 드디어 '밀알 하나가 땅에 떨어져 죽지 않으면 한 알 그대로 남고 죽으면 많은 열매를 맺는다'(요한 12, 24)라는 걸 확신했다. 이렇게 그는 자기 죽음보다 선교에 더 유익한 것은 없다고 생각했다. "내가 죽는 것 외에 다른 더 좋은 것을 찾을 수가 없습니다"(cfr. N.970, 본서, 더 뒤에서(p.137), 주(註) 1364.). 실제로 그가

이것만이 아니다. 그는 자기가 언제 죽을지도 알고 있었던 것 같았다. 바로 그 시기에 예수회 총장의 명령으로 기록하기 시작한 "그리스도교의 중국 진출기(Storia del Cristianesimo in Cina)"를 마무리했고,[1323] 모든 편지를 태우고,[1324] 자신의 저작물과 관련하여 몇 가지를 당부했고,[1325] 문서들은 [북경] 수도원 것과 전체 선교구區 것을 둘로 나누었다. 전체 선교구에 관한 문서는 "전前 중국 선교원장이었던 마태오 리치"로부터, "중국 선교원장 니콜로 론고바르도 신부 앞"[1326]으로 보내졌다. 이렇게 선한 신

중국에서 죽음으로써, 그는 선교사들이 중국에 와서 마카오의 포르투갈인들과 내통하여 중국에 해를 끼친다고 의심했던 중국인들을 최고의 방식으로 반박했다. 이 땅에서 죽는다는 것은 그가 서양의 국가들을 위해 일한 것이 아니라, 귀화한 나라를 위해서만 일했다는 것을 의미하기 때문이다. Cf. De Ursis, pp.56-57.

[1323] 바로 이 책『그리스도교의 중국 진출기(Storia dell'Introduzione del cristianesimo in Cina)』다. 이미 다른 곳에서 주목한 바 있듯이(본서 1권, p.220, 주(註) 514.), 로마의 장상 중 한 사람이 리치에게 요청하여 전체 "역사(Storia)"가 아니더라도, 최소한 한 권만이라도 써 달라고 했다.

[1324] 두 통은 봉해서 총장 앞으로 두었고, 후에 론고바르도가 1612년 11월 21일에 로마로 발송하면서 아콰비바에게 "이와 더불어 총장 신부님께 리치 신부님이 선종하며 남긴 두 통의 편지를 보냅니다"(N.3807)라고 썼다.

[1325] 알레니(Aleni¹, B.f.17b)는 리치가 사망하면서 많은 영적 메모를 한 공책들을 남겼다고 확신했다. 후에 그가 사망한 뒤, 동료 수사들이 욕심내어 읽고 교화되었다. 알레니도 1630년 이전에 그것들을 손에 넣을 수가 있었다. 이 공책들에는 특별히 그가 일상적인 묵상 시간에 받았던 빛들에 대해 적고 있는데, 같은 곳에서 리치는 "매일 아침 많은 시간: 每晨黙道數時"을 봉헌했다고 적었다. 우리가 리치의 내면을 더 잘 알 수 있고, 그분과 하느님과의 소통을 알게 해 주었던 이 귀중한 필사본이 어디로 사라졌는지 알 수가 없다. 아마 돌이킬 수 없이 분실된 것 같다.

[1326] Cf. N.499, 본서 2권, p.500, 주(註) 572. 1606년 8월 15일부터, 리치는 이탈리아인이 아니라면 포르투갈 선교지에서 어려움이 있다며, 총장에게 미래 선교지 장상으로 론고바르도를 조언했다. "포르투갈의 지배를 받는 곳에서 [이탈리아인이 아닌] 다른 외국인 장상이 쉽게 만들어지지는 않을 걸로 보입니다. 제가 보기에 열정을 갖고, 타고난 신중함과 겸손으로, 이 [선교] 사업을 통솔하기에 [론고바르도]보다 나은 사람은 이 집에 없습니다"(N.1721).

부는 자신의 마지막을 이어 갈 분명한 조치를 했다. 이것들은 그가 병중에는 할 수 없는 것들이었다. 왜냐하면 그가 병이 들자마자 자신의 방을 정리하여 비우고 방문자들이 쉽게 드나들 수 있는 다른 방으로 옮겼기 때문이다. 그리고 동료들에게 자신이 눈을 감으면 서랍을 열어 집[수도원]에 관한 문서들을 읽어 보고, 다른 문서는 니콜로 론고바르도 신부에게 보내라고 당부했다.[1327]

967. 고위 인사들의 방문과 계속된 그의 덕행에 대한 칭송. 북경과 다른 지역에서도 장례식을 거행하다

신부의 선종 소식을 알게 된 친구 관리들과 저명한 인사들은 중국의 풍습에 따라 곡을 하러 모여들었다.[1328] 그들이 마태오 리치 신부를 얼마

1327 데 우르시스는 리치의 선종 후, 평소에 사용하던 방이 모두 정리되어 있었다고 증언한다. 그러니까 리치는 그 방에서 선종한 것이 아니라는 것과 그분이 짧게 병상에 있는 동안, 데 우르시스가 한 번도 방문하지 않았다는 것이다. 또한 리치는 자신의 생애가 곧 끝날 걸 알고 있었던 것 같다. "우리는 침실에서 같은 걸 발견했다. 당시에 많은 일을 진행하면서도 모든 서류를 정리했고, 편지들은 불태웠다. 그리고 서류들 위에는 그것을 어떻게 처리해야 하는지가 적혀 있었다. 먼저 우리는 일부 서류에서 '이 서류는 론고바르도 신부님께 전해 주세요'라고 쓴 걸 발견했다. 당연히 병중에는 바로 할 수 없었고, 시간도 기회도 없었으며, 바로 방을 바꾸었고, 해안에 있던 당시 2층짜리 집 두 채는 아직 완성되지 않아 병이 든 뒤 곧 그곳을 떠났다. 그런데 우리를 가장 놀라게 한 것은, 혹시 다른 신부들에게 무슨 하고 싶은 말씀이 있는지를 묻자, 그는 이렇게 말했다. '벌써 모두 정리했습니다. 내가 죽은 후에 내 사무실을 열고 들어가세요. 거기에 선교에 관한 대부분의 일처럼, 이 집에서 어떻게 하는 것이 좋을지 적어 두었습니다.' 우리는 사무실을 열고 들어갔고, 두 개의 서류를 발견했다. 하나는 집[수도원]에 관한 것이고, 다른 하나는 니콜라오 론고바르도(Nicolao Longobardo) 신부에게 남긴 것으로, 위에 '이곳 선교지의 원장에게'라고 적혀 있었다. 그는 정말 마지막 시간이라고 생각했던 것 같다"(De Ursis, pp.56-57).
1328 그 시기 북경에 있던 사람 중, 신부들에게 큰 도움이 된 사람은 상해 시민이거나 남경에서 그리 멀지 않은 도시 출신으로, 1611년 남경에서 세례를 받은 루치오(Lucio)라는

나 마음에 두고 있었는지, 각자 크게 아픔을 표현했다. 모두 탄식하며, "성인이시여! 진정 성인이시여!"를 외쳤다. [사람들은] 이 말을 끊임없이 외치며, 진심으로 눈물을 흘렸다.[1329]

사람이었다. 그 사람에 관해서는 1611년의 연차편지에서 남경[수도원]에 대해 말하면서 이렇게 언급하고 있다. "또 다른 한 사람은 인근 도시에서 사업가로 매우 부유한 루시우스(Lucius)라는 사람입니다. 제가 보기에 그는 기회가 있을 때마다 그리스도와 일치하고 항상 보기 드문 덕행으로 모범을 보입니다. 그는 신앙뿐 아니라, 북경에서 하는 사업이 잘될 만한 자격이 됩니다. 마태오 리치 신부님이 선종했을 때 우리를 얼마나 많이 도와주고, 조언해 주고, 비용을 썼는지 모릅니다"(ARSI, Jap-Sin., 113, f.180r).

[1329] 조문은 5월 15일 토요일에 시작하여 18일 화요일까지 했다. 그 내용을 적어서 집 대문에 붙였다. Cf. N.3488; cfr. N.970, 본서, pp.137-138, 주(註) 1364 뒷부분. 황비묵(黃斐默) 베드로 신부는 내가 찾지 못한 중국 자료를 요약하여, 1610년 5월 11일 리치의 선종에 대해 말한 뒤, 다음과 같이 덧붙였다. "예부는 그의 선종을 황제에게 알렸고, 황제는 그 소식을 듣고 매우 슬퍼했다. 당시 수도[북경]에 있던 모든 상시와 태학과 사회 최고층 인사들이 장례비용을 보탰고 직접 조문하러 왔다. 禮部奏聞, 上震悼. 各部大臣, 翰苑諸公, 覽在京紳士, 俱贈賻詣唁"(LIVR, f.5b). 시신을 안치한 방은 모두 근조를 뜻하는 흰색으로 "중국식으로 무장했다"(De Ursis, p.58). 신부한테는 필요한 모든 것이 부족하자, 교우들이 현지의 풍습에 따라 장례식장을 덮는 장식용 커버를 빌려주는 등 아낌없는 도움을 주었다. 방 안쪽, 그러니까 북쪽에 제단을 만들고 그 위에 〈구세주 성화〉를 올렸고, 그 앞에 시신을 모셨다. 시신 앞에는 다른 작은 탁자를 마련하여 "초와 향"(N.3488)과 조문객들이 봉헌하고 가는 여러 가지 것들을 올렸다. 신부들은 격식을 갖춘 중국의 장례 풍습에 맞추어 흰옷을 입었다. 따라서 "가장 거친 옷[참쇠의 (斬衰衣)]을 입고 새끼줄을 두르고[참요질(斬腰絰)], 흰 신발[참관구(斬菅屨)]에 머리에는 대마로 만든 모자[마면(麻冕)]를 썼다. '위대한 사람'에 맞게 격식을 갖추었다. 즉, 관리처럼 '조문을 받기 위해 최고의 예를' 갖춘 것이다". 아직도 회복 중이던 이지조 박사는 신부들에게 조문객들을 "어떻게 맞이해야 하는지"를 가르쳤다(N.3488). "그리스도인 외에도 친구들과 개인적으로 아는 사람들은 사흘째 되는 날[17일 월요일] 그 자리에 온 관리들과 함께 음식을 먹고, 많은 사람과 함께 예를 갖추어 초를 봉헌하고 분향했다"(De Ursis, p.58). 신부들이 관리들을 영접하는 동안, 주요 신자들은 상복을 입고 또 다른 조문객들을 맞았다. "조문하러 온 관리들은 도착 즉시 앞서 말한 분향소로 들어가기 위해" 상복으로 갈아입었다. 신부가 동행하여 시신 안치소까지 갔고, 그 앞에서 네 번을 깊이 절했다. "수도자들이 영광송을 봉헌할 때 온몸을 굽혀서 하듯이" 말이다. 중국식 상장(喪葬) 예절에 따라서, 두 번째와 세 번째 절을 하는 중간에 신부가 다가가 "그렇게까지 안 하셔도 됩니다"라고 인사한다. 관리는 그래도 계속해서 절을 한

선한 신부의 장례는 북경 수도에서만 하지 않았다. [그를 아는] 동료들과 새 교우들과 친구들이 있는 다른 수도원에서도 거행했다. 남경의 새 교우들은 다른 어떤 곳보다도 크게 슬퍼하며, 신부의 묘를 위한 장례 예물을 북경에 보내왔다. 거기에는 잘 적은 조사弔詞도 있었다. 이에 북경의 교우들도 경쟁하듯 하나를 더 만들었다. 두 개의 조사는 단의 양쪽에 세워 방문하는 친구들이 기꺼이 볼 수 있게 했다.

그러나 조사가 놓인 자리에 이 위대한 사람에게 뭔가 부족했다는 듯, 몇 가지가 더 추가되었다.[1330]

968. 에필로그. 탄생에서 예수회 입회까지 마태오 신부에 대한 간략한 이력(履歷)

이탈리아인, 마태오 리치 신부는 1552년 10월 6일,[1331] 피체노Piceno 평

다. 모든 게 끝나면, 관리는 가까운 방으로 안내되고, 거기서 상복을 벗고 자기 옷으로 갈아입는다. 신부들과 담소를 나누기 위해 잠시 자리에 앉았다가 신부 중 한 사람이 대문까지 배웅한다. Cf. N.3489. 이렇게 방문하는 기회에 관리와 그 외 사람들은 리치의 성덕과 학문을 칭송했다. "그 시기를 통해 [우리는] 사람들이 [리치를 향해] 가지고 있는 사랑과 견해를 알게 되었다. 우리와 함께 [장례] 기간을 보내면서 개인적으로 많이 우는 사람들 외에도 신부님에 대해서 느끼는 바를 이야기했기 때문이다. 거의 모든 사람이 이렇게 말했다: 성인(聖人)이로다, 참 성인이로다(眞是聖人)[Homem santo, verdaidero homem santo]"(De Ursis, p.59; cf. N.3487). Cf. N.178, 주(註). 그리스도인과 이교도들과 수많은 사람의 이런 즉흥적인 고백은 매우 차원 높은 것으로, 이제 막 선종한 리치의 성덕을 크게 칭송하는 것이었다. 그것은 그의 덕행에 대한 영웅적인 성격과 "거룩함에 대한 평판(fama sanctitatis)"을 결정할 때 가장 고려할 만한 것이기 때문이다.

1330 이것은 뒤에 오는 내용이 전적으로 트리고에 의한 것임을 증명하는 반면, 앞의 내용은 앞서 주목한 대로 페레이라가 포르투갈어로 쓴 연감의 필사본에 이미 나와 있는 내용이다[cfr. N.956, 본서, p.91, 주(註) 1275.]. 후에 트리고도 『그리스도교의 중국 진출에 관하여(De Christiana Expeditione apud Sinas)』 번역의 시작 부분 "독자에게 하는 인사(Lectori Salutem)"에서 같은 내용을 넣었다. 그것도 데 우르시스의 자료에 있다(De Ursis, pp.11-13).

원의 마체라타Macerata**1332** 지역에 살던 한 귀족 집안에서 태어났다. 마체

1331 리치는 1552년 10월 6일에 태어났다(De Ursis, p.11). 아버지 조반 바티스타 리치
(Giovan Battista Ricci)는 약사였고, 어머니 조반나 안졸렐리(Giovanna Angiolelli)는
후덕한 귀부인으로 예수회에 각별한 애정을 지니고 있었다. 마태오는 대가족의 맏이
로 추정된다. 마태오 외에도 여덟 명의 아들이 있었다. 안드레아(Andrea, 1587년 사
망), 안토니오 마리아 일 카노니코(Antonio Maria il canonico, 1637년 사망), 카를로
(Carlo, 1615년 사망), 지롤라모(Girolamo, 1622년 사망), 주세페(Giuseppe, 1622년
사망), 프란체스코(Francesco, 1622년 사망), 오라치오(Orazio, 1637년 이후 사망)와
줄리아노(Giuliano)다. 그리고 네 명의 딸도 있었는데, 마리아(Maria, 1625년 사망),
마르게리타(Margherita, 1622년 사망), 프란체스카와 또 다른 안토니오 치미넬라
(Antonio Ciminella)라는 사람과 결혼한 딸이 있었던 걸로 추정된다. Cf. N.1218.
1332 마체라타는 마르케에 있는 작은 도시로, 오늘날 마르케주의 중심도시다. 해발 311m에
있고, 로레토(Loreto)에서 동서쪽으로 25㎞ 정도 떨어져 있으며, 두 개 강, 북쪽의 포
텐자(Potenza)강과 남쪽의 키엔티(Chienti)강이 평행을 이루는 계곡 사이, 전체 피체
노(Piceno)의 중심을 차지하는 높은 언덕에 있다. Cf. 그림 43. 어떤 작가는 마체라타
의 기원을 로마 시대 귀족 에밀리아(Aemilia) 가문의 마르티누스 마크루스(Martius
Macrus)가 322년에 도시를 세우고 이름을 자기의 이름 마크루스라고 했다가 후에 마
체라타가 되었다고 한다. 896년 이후 독일의 왕 아놀프가 도시를 모두 불태웠고, 뒤이
은 세기에 더 넓게 재건되었다. 10세기에서 11세기, 언덕에는 주민들이 세 개의 중요
한 구역, 가장 높은 성 줄리아노 산(Monte S. Giuliano), 동쪽으로 기울어진 포조
(Poggio)와 서쪽에 있고 첫 번째 문헌자료가 1022년으로 남아 있는 마체라타 성(城)에
분포되어 살았다. 이 세 개의 중심구역을 하나로 묶어 1138년 8월 30일에 마체라타 시
(市)가 되었고, 페르모(Fermo) 주교의 세속 권력하에 놓였다.
　　그리스도교 초기부터 레카나티(Recanati)와 마체라타(Macerata) 사이에 있는 로마
의 식민지 헬비아 리치나(Helvia Ricina)에서 신앙이 전파되었다고 한다. 리치나
(Ricina)의 마지막 주교 성 클라우디오(S. Claudio)는 410년경 마체라타로 이주했을
것이다. 확실한 것은, 1320년 11월 19일 요한 23세 교황[역주_ 여기선 요한 12세 교황
이지 요한 23세가 아니다. 델리야 신부의 실수다. 요한 23세는 대립교황 요한 23세
(1370-1419, 발다사레 코사)와 20세기 제2차 바티칸공의회를 개최한 요한 23세
(1881-1963, 안젤로 주세페 론칼리)가 있다]이 레카나티 주교관을 마체라타로 옮긴 것
이다. 그리고 도시의 이름을 넣어 레카나티-마체라타 교구라고 했다. 마태오 신부가
태어났을 때는 이런 상황이었다. 레카나티 출신의 두 주교가 있었는데, 1546년부터
1553년까지는 필립보 리카벨라(Filippo Riccabella)가, 1553년부터 1573년까지는 지
롤라모 멜키오리(Girolamo Melchiorri)가 있었다. 1586년부터 레카나티는 로레토 교
구로 편입되고, 톨렌티노만 유일하게 마체라타 교구에 끝까지 남았다. 1447년 과거의
주교좌 성당을 허물고, 같은 자리에 다시 지어 1464-1470년에 마무리되었는데, 리치도

라타의 부모 슬하에서[1333] 재속사제 니콜라 벤치베니Nicola Bencivegni 신부의 지도를 받으며 초등학교에 다녔고, 그다음엔 우리 예수회 학교에 들어왔다.[1334]

알고 있었다. 마체라타에서 법학강의는 1290년부터 있었고, 1540년 바오로 3세는 볼로냐 대학교와 파도바 대학교에 준 것과 똑같은 특권으로 모든 학문을 연구할 수 있도록 허락했다.

오늘날[역주_ 1942-1949년, 파스콸레 델리야 신부가 이 『역사서』를 편찬하던 시점이다] 마체라타는 2만 8천 명의 주민이 있지만, 마태오 신부 시절에는 그 절반도 안 되었다. 마체라타 시립 도서관에는 *Varie Memorie del Sig. Flaminio Mancinelli*, f.33이라는 제목의 필사본 노트(5. 5. B.20)가 하나 있는데, 거기에는 1617년에 도시 인구가 13,889명이었고, 그중 95명의 재속사제와 185명의 일반성직자 및 172명의 수녀가 있다고 기록되어 있다. 성 요한 광장은 후에 리치 광장으로 바뀌는데, 마태오 신부에 대한 오마주로 한 것은 아니다. 1607년, 현재의 리치 궁 근처에 있는 코스소 가(街)를 내면서 붙인 것이고, 중앙광장에서 성 요한 성당까지 연결되었다. Cf. Foglietti, *Giuda di Macerata e suoi dintorni, Macerata*, 1905, p.73. 1925년을 전후로 이 리치 광장은 빅토리오 베네토 광장으로 명칭이 바뀌었다. 도시는 동쪽에서 서쪽으로 그 형태가 늘어났고, 전체 길이가 거의 마태오 리치 가(街)라고 불리는 보조 도로와 교차를 이룬다. 마태오 리치 가(街)는 현재 시립 도서관으로 쓰고 있는 과거 예수회 콜레지움에서부터 출발하여 거의 두오모까지 이어졌다. 마체라타에 관한 많은 역사적인 소식은 G. Moroni, *Dizionario di Erudizione Storico-Ecclesiastico*, XLI, Venezia, 1846, pp.5-92; EI, XXI, pp.772-774를 보라.

[1333] 리치 가문은 연대순으로 마체라타의 세 번째 귀족 가문이었다. 1287년 모날두스 야코비 리치(Monaldus Jacobi Ricci)라는 인물부터 귀족으로 집계되기 시작했다. 여기에 관해서는 여러 가지로 확인할 수 있는데, 1373년 10월 10일 콜란스 프란치쉬 리티(Colans Francisci Ritij), 1560년 6월 22일과 1563년 6월 2일 아미쿠스 리티우스(Amicus Ritius)를 든다. 1654년 9월 26일, 리치들은 스페인의 왕 필립이 수여한 카스텔베키오의 후작(Marchese)이라는 호칭을 받고, 시칠리아의 두 왕은 아미코 리치(Amico Ricci) 씨와 그의 후손들에게 후작 호칭을 대대로 사용할 수 있게 허락했다. Cf. A. Silveri-Gentiloni, *Elenco delle famiglie nobili e patrizie della città di Macerata* (ms. della Biblioteca comunale di Macerata, 5. 1E, 1 bis). 리치 가(家)의 귀족 문장은 당연히 빨간색 배경에 파란색 고슴도치다.

[1334] 니콜로 벤치베니(Nicolò Bencivegni)는 시에나 출신의 사제로 1532년에 태어나 1559년 11월 5일, 예수회에 입회했다(Bernard¹, I, pp.9-10). 리치는 일생 가장 고마운 사람으로 그를 기억했다. Cf. NN.1285, 1426, 1549, 1563. 예수회에 입회하기 전부터 "그는 좋은

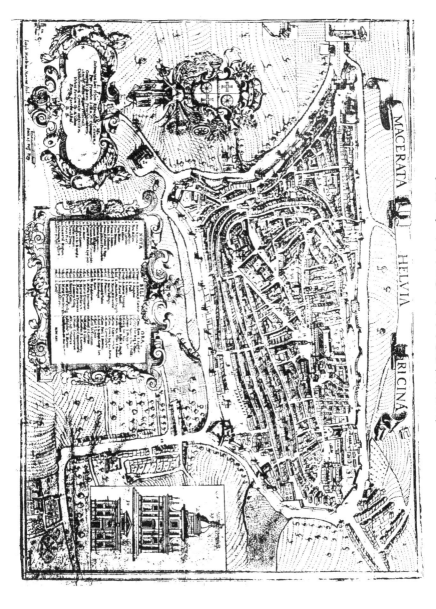

[그림 43] 리치의 고향 마체라타 풍경 (cf. N.968)

• 폼페오 콤파뇨니(Pompeo Compagnoni) 피체나 왕궁(La Reggia Picena), 1661년. + 리치 가문의 궁. 53 예수회 콜레지움.

후에 마체라타에 설립한 콜레지움에서[1335] 우리 신부들의 지도로 인

생활로 명성을 얻고 있던 재속사제"였고, 어린 마태오에게 7살 때까지 "문학과 라틴어"를 가르쳤으며, "하느님을 경외하고 덕행의 길을 걷던"(De Ursis, p.11) 분이었다.

[1335] 1554년 리치가 겨우 두 살이 되었을 때, 올리비에로 마나레오(Oliviero Manareo) 신부는 로레토에 콜레지움을 설립하기 위해 다른 13명의 예수회원과 함께 가던 중 마체라타를 지나게 되었고, 그 지역 주민들이 그들을 큰 존경과 애정으로 맞이하는 것을 느꼈다(*MHSI, Litt. Quadr.*, III, pp.318, 327: *Chronic.*, IV, p.46). 이듬해 4월 3일, [마체라타의] 몇몇 귀부인들이 로레토로 마나레오 신부를 찾아와서 마체라타에도 콜레지움을 지어 달라고 부탁했고, 신부는 그 내용을 성 이냐시오에게 편지로 썼다(*MHSI, Litt. Quadr.*, III, pp.323, 325, 334: *Chronic.*, V, p.79). 1556년, 콜레지움에 관한 일을 더 나은 시기에 하기로 미루는 중에, 몇몇 예수회원이 마체라타로 가서 성무 훈련으로 설교와 고해성사를 주기로 했다. 마체라타에 설교자들을 파견하는 것과 관련하여, 성 이냐시오는 같은 해 1556년 1월 29일, "운명의 도시를 위해" 가장 좋은 인사들을 그곳에 보내는 게 좋다고 편지했다(*MHSI, Mon. Ignat.*, X, p.586). [마체라타] 시의 반복된 요청(*MHSI, Litt. Quadr.*, IV, p.78: *Chronic.*, VI, p.80)에 1월 25일 또는 26일에 보바딜라(Bobadilla)를 이 일의 적임자로 파견하고(*MHSI, Bobad.*, p.180: *Chronic.*, VI, p.74) 2월 상반기에 에마누엘레 디 몬테마요르 신부(Emanuele di Montemajor)(*MHSI, Chronic.*, V, p.86), 조반니 디 모르타뉴 신부(Giovanni di Mortagne)(*MHSI, Chronic.*, IV, p.48)와 마나레오(Manareo) 신부를 파견하여 큰 영적 결실을 얻었다(*MHSI, Litt. Quadr.*, IV, pp.575-577, 584-586). 1556년 3월 15일, 성 이냐시오는 "그들이 더 따뜻하게 말할 때, 그곳에 콜레지움을 설립하여 14명을 파견하여 일을 할 수 있게 해 달라"(*MHSI, Mon. Ignat.*, XI, p.137: *Chronic.*, VI, p.31)고 썼다. 시(市)에서는 물론(*MHSI, Lain*, III, pp.404-405), 마르케의 통치자 체사레 브란카초(Cesare Brancaccio)(*MHSI, Lain*, III, pp.406-407)도 계속해서 콜레지움 설립을 요구했고, 짧은 시간 내에 콜레지움이 설립될 거라는 기대(*MHSI, Lain*, III, pp.424-425: *Litt. Quadr.*, V, p.822)는 1558년에 절정에 달했다. 1559년에는 새로운 요청이 있었는데(*MHSI, Litt. Quadr.*, VI, pp.67-68), 그것은 휴가 기간에 콜레지움과 새로운 직무에 관한 것이었다(*MHSI, Litt. Quadr.*, VI, p.434). 1560년에는 무슨 일이 있었는지 전혀 알 수가 없다. 하지만 1561년에 드디어 콜레지움이 설립되었다. 사람이 부족하여, 4월 18일에서 10월로 미루어졌지만(*MHSI, Nadal*, I, p.441), 5월 8일 시에서는 수용해 준 것에 감사하다고 했다(*MHSI, Lain*, V, pp.505-506). 실제로 5월 16일, "6월에 (decimoseptimo Kalendas Iunias)"(Sacchini, *Historiae Societatis Iesu*, Pars II, p.180) 13명의 예수회원이 그곳에 콜레지움을 설립하기 위해 도착했고, 이튿날, 그들 중 조반니 도메니코 보르나노(Giovanni Domenico Bornano)는 라틴어를, 또 다른 카탈라노 출신의 조반니(Giovanni)는 그리스어를 맡기로 했다(*MHSI, Lain*, V, pp.522-523). 나중에 미켈레 아벨란(Michele Avellán)도 합류할 것이다(*MHSI, Ribad*, I, p.413). 설립

문계열 고등학교를 마쳤는데, 거기에서 두각을 나타냈다.[1336] 16살에 부

___

되던 바로 그해에 총장 라이네즈(Lainez)가 여행 중에 마체라타를 경유했다(*MHSI, Pol. Compl.*, II, p.83). 8월 18-19일에는 리바데네이라(Ribadeneira)도 방문했다 (*MHSI, Ribad*, I, p.VIII). 1562년 7월 18일, 예수회원들은 도시의 성벽 밖 남동쪽에 있는 동정 성모 마리아 성당(Chiesa di S. Maria delle Vergine)에 자리를 잡았고(*MHSI, Lain*, VI, p.209), 후에 1565년 10월 18일, 성(城)안에 지은 그들의 콜레지움과 성 요한 성당(Chiesa di S. Giovanni)으로 옮기면서 그곳을 떠났다(*MHSI, Pol. Compl.*, II, p.647: *Borgia*, IV, pp.83-84; *Memorie storiche sull'origine, progressi e vicende della città di Macerata*, ms. della Biblioteca comunale di Macerata, 5 b. F.7, pp.87-88, 115-117). 1563년 말경, 아마도 성 로베르토 벨라르미노(S. Roberto Bellarmino)가 요양차 교사로 잠시 있었고(*MHSI, Lain*, VII, p.393), 이듬해 후반 보바딜라가 다시 그곳을 찾았다(*MHSI, Salmer*, I, p.561). 학생들은 1563년에는 많지 않았으나(*MHSI, Lain*, VII, p.445), 얼마 지나지 않아서 140명에 이르렀다(Sacchini, *loc. cit.*, p.181, n.86). 초창기에는 마나레오가 로레토, 레카나티와 마체라타의 공동 원장으로 있었으나 (*MHSI, Ribad*, I, p.415), 각 콜레지움의 원장이 개별적으로 부임했을 때, 어린 마태오가 학교에 다니고 있었다. 즉, 1568년 말까지 보면, 첫 번째 콜레지움의 원장으로 1561년 9월 27일, 로마에서 마체라타로 간 사람은 과거 토스카나의 코스마 공작 비서를 지낸 안젤로 비비에나 디비티우스(Angelo Bibiena Divitius) 신부였다(*MHSI, Pol. Compl.*, II, p.632). 1565년에는 독일에서 불러낸(*MHSI, Borgia*, IV, pp.135-136) 페르디난도 얀(Ferdinando Jaën) 신부였고(이 신부에 관해서는 cf. *MHSI, Nadal.*, IV, p.447를 보라), 1567년에는 알폰소 스가릴리아(Alfonso Sgariglia)였다(*MHSI, Pol. Compl.*, II, p.678). 예수회원들이 마체라타에서 활동한 건 수도회가 해산(1773년)될 때까지였고, 이후 다시는 돌아가지 않았다.

[1336] 1620년, 리치가 사망한 지 겨우 10년이 지난 뒤, 사키니(Sacchini)가 쓴 기록에는 어느 순간 예수회 콜레지움의 설립에 대해 마체라타 사람들이 두려워했다며, 가장 똑똑한 아이들이 그 수도원으로 들어가게 될까봐 걱정했다는 것이다. 리치를 암시하며, 이런 뉘앙스로 말하고 있다. "더는 아무것도 바랄 게 없는 곳에서, 의심하고 두려워한 것이 있었는데, 그것은 머지않아 마체라타 시민(마태오 리치를 말함)이 그들을 통해 고향을 떠나 그들이 우려한 곳으로 갔다는 사실이다(즉, 군인으로 봉사하게 하려고 양성한 것이다). 그들은 인도를 거쳐 비 그리스도교 세계인 방대한 중국으로 들어갔다. [자기들이] 최고라고 생각하는 곳에서 가장 높은 엘리트 계층을 상대로 그들이 통상 야만국으로 취급했던 유럽 국가들을 향해 문을 열게 했다. 그리스도인의 이름을 전 유럽을 넘어 이렇듯 널리 떨치게 되었고, 이제 위대한 중국이라고 부르는 만큼, 마땅히 가장 먼저 마체라타의 영광이기도 하다"(*Historiae Societatis Iesu, Pars II*, p.181, n.83). 마체라타의 예수회 콜레지움에서 공부할 때 덕행과 학문에서 리치가 이룩한 발전에 대해, 데 우르시스는 위대한 마체라타인의 인물 자료들을 근거(본서 1권, p.219, 주(註)

친이 그를 로마에 보내 공부를 계속하도록 했고, 로마에서 약 3년간 법
학을 공부했다.[1337]

그는 부친의 뜻에 순종하면서도 마체라타에서부터 예수회 기관에서
공부했고, 로마에서도 똑같이 예수회 학교에서 공부하며, 우리 신부들의
영적 지도를 받았다.[1338] [로마대학교에서 공부할 때도] 그는 성모영보 수도
회와 관계를 맺고 있으면서도[1339] 예수회 총장이 그곳 책임자로 있어, 여

513.)로 기록한 바 있다. 거기서 "그곳[마체라타 콜레지움]에서 그리치]는 초창기 학생
중 한 명으로, 인문학과 수사학에서 동료들에게 큰 도움을 주었고, 거기서 하느님의
일과 덕에 대한 사랑을 배웠다. 계속해서 세상을 내려놓고, 이탈리아에 있는 카푸친
수도회나 예수회 입회를 생각했다"(p.11).

[1337] 1571년 8월 15일 수련기에 들어갔다면, 리치는 "법학을 2년" 공부했고, 앞서 말한 날을
기다리고 있었을 것이다[cfr. N.968, 본서, 다음 페이지 p.121, 주(註) 1340.]. 그렇지
않으면 데 우르시스가 강조하는 것처럼 더 정확하게 "3년 가까이 로마에서 법학 공
부"(De Ursis, p.12)를 했을 것이다. 그러려면 1568년 말에는 '영원의 도시'[로마]에 와
야 했고, 16살이 이미 되었다. ㅡ"16세"(De Ursis, p.11)ㅡ 그게 아니면, 최소한 1569년
초에는 와야 했다. 그러면 법학 2년을 꽉 차게, 거의 3년 가까이 공부할 수 있게 된다.

[1338] 데 우르시스는 어린 마태오가 마체라타의 콜레지움에서 성소의 첫 싹이 트기 시작했
다고 확신하면서도, "마체라타에 있는 동안에는 자기의 뜻을 실행할 수가 없었다. 왜
냐하면 아직 어렸고, 부모가 자기와 매우 다른 생각을 하고 있었기 때문"(pp.11-12)이
라고 했다. 후에 '영원의 도시'에서 소년[리치]의 체류에 대해 말하면서 덧붙이기를,
"그 시기에 그는 예수회에서 공부하지 않았음에도 불구하고, 계속해서 고백성사를 보
고 정기적으로 성체를 모시며, 마리아 형제회에서 회원으로 활동했다"(De Ursis,
p.11)라고 했다. 우리 마태오의 아버지 조반 바티스타 씨는 "매우 신중한 사람이었고",
오랫동안 "당시 이탈리아의 많은 통치자처럼 교황령의 한 지방을 통치했고"(p.12), 그
래서 분명 자신의 맏아들이 사법부나 교황청 행정기관에서 일하는 걸로 자기의 뒤를
잇기를 바랐다. 거기에는 아는 사람도 많았을 것이다. 마태오가 법학을 공부하기를 바
랐던 이유기도 하다. 데 우르시스는 계속해서 우리의 마태오가 로마에서 "추기경들의
궁정에 있는 많은 친구와 친척들이 그가 서둘러 학업을 마치고 자기들과 함께 궁정[교
황청]에서 봉사할 수 있도록 도와주고 호의를 베풀어 주었다"(p.12)라고 강조한다.

[1339] 유명한 로마 콜레지움회(Congregazione del Collegio romano)는 1563년부터 시작되
었고, 이듬해에 마리아회(Congregazione Mariana)로 이름을 바꾸었다. 수가 점점 증
가하여, 1569년, 마태오가 회원이 될 때는 두 개로 나뉘었다. 18세 이상부터는 성인단

전히 예수회 신부의 영적 지도를 받았다.

드디어 주님께서는 그를 부르셨고, 1571년 성모승천 대축일[1340]에 예

―――

체가 되고, 어린이 단체는 12세부터 17세까지였다. 소년 마태오는 분명 성인단체 소속이었을 것이다. 그들은 70명이었고, 어린이 단체는 30명이었다. Cf. *MHSI, Pol. Compl.*, II, pp.12, 87, 106; Sacchini, *Historiae Societatis Iesu*, Pars II, Lib.VIII, p.307, n.37.

1340 수련자들에 관한 기록은 지금까지 보관되고 있는데, 이는 젊은이들이 예수회에 입회할 때 각자 신상 정보를 넘겨야 했고, 그것들은 발리냐노(Valignano)의 손에서 보존되었다. 당시 발리냐노는 수련자들을 담당하고 있던 데 파비(de Fabii)에게 부탁하며 [cfr. N.969, 본서, pp.124-125, 주(註) 1343 중-후반부], 우리의 리치에 관한 입회 진단 서류를 제시했다. 거기에는 다음과 같은 톤으로 기록되어 있었다.

"71년 8월 15일, 마체라타의 마태오 리치에 대한 심사서

심사함. 이름 마태오 리치; 고향은 마체라타, 18세인지 19세인지 모름. 아무런 장애 없음. 합법적인 결혼에서 태어남. 부친의 이름은 조반니 바티스타 리치이고 약사임. 모친은 조반나 안젤렐라. 양친 모두 생존. 여섯 명의 남자 형제가 있음. 채무 없음, 성품성사 받지 않음. 인문학과 법학 2년을 공부함. 그는 하느님의 은총으로 예수회의 모든 회헌과 규정과 생활방식을 지킬 것을 약속하며, 예수회에서 판단하는 정도와 직권을 인정하고 명령하는 것에 복종할 것을 약속. 이를 확인하며 아래 이름 적음. 마태오 리치"(Codex novitiorum, f.8v).

데 우르시스(p.12)도 "그를 받아 준 것은 1571년 8월 15일이었다"라고 전한다.

한편, 『1569년부터 1594년까지 입회한 수련자들(*Novitij ricevuti dall'anno 1569 all'anno 1594*)』(ARSI, Rom., 171 A, f.16)이라는 제목의 한 공책에는, 아마도 수련자들의 외적인 배려를 담당한 스페인 조수 수사가 N.127에 쓴 걸로 추정되는데, 거기에 "마체라타 출신의 마태오 리치. 1571년 8월 16일 입회. 공정하게 심사한 결과 아무런 장애가 없고, 심사 시 제안한 것에 준비된 자세를 보임. 그는 낡은 작은 모자 한 개, 셔츠 4벌과 수건 3개 및 냅킨 1개, 루초 플로로 한 권(un Lucio Floro), 판탈레온 한 권 (un Pantaleon), 그리고 『미라빌리아 로마』 한 권을 가지고 옴. [서명] 마태오 리치". 마찬가지로, 오래된 필사본으로 『성 안드레아 수도원에 사는 수련자들의 명부 (*Catalogo de' novitij et di quelli che habitano in S. Andrea*)』(ARSI, Rom., ff.78v, 109v)에도 [입회 일자가] 16일로 되어 있고, 카(ca)라는 글자가 함께 적혀 있는데, 그것을 풀어 쓰면 아마도 치르카(circa), '-에 관하여'라는 말로 보인다.

여기서 절대 배제해서는 안 될 것이, 리치를 8월 15일에 심사하고, 적격하다는 판정이 났고, 다음날인 "1571년 8월 16일"에 퀴리날레의 성 안드레아[수련소]에 들어갔을 것이라는 거다. 똑같은 방식으로 몇 년 전에는 알렉산드로 발리냐노도 5월 27일, 심사 대상에 올랐고, "1566년 5월 29일 집[예수회]으로 들어왔다"(ARSI, Rom., 170, f.84v).

로니모 나달Geronimo Nadal 신부에게 [입회] 신청을 했다. 당시 나달 신부는 프란체스코 보르자Francesco Borgia의 사망으로 총장을 대신하여 예수회 전체를 통솔하고 있었다. 나달 신부는 그에게 예수회 입회를 허락했는데, 사실 그것은 그가 어렸을 때 마체라타에 있을 때부터 생각했던 일이었다.[1341] 하지만 리치는 부친이 원하지 않는다는 것을 알았고, 육적인 것

리치가 수련기에 들어가면서 가지고 온 세 권의 책 중 첫 번째 것은 루치우스 안네우스 플로루스(Lucius Annaeus Florus)의 『로마 역사서(Epitomae Libri II)』다. 디오클레티아누스 황제 시절에 살았던 티투스 리비우스의 유명한 요약자인 저자는 책에서 로마 백성을 자신의 비교할 수 없는 위대함을 보편적으로 칭송하는 대상으로 제시했다. 판탈레온은 팔레모네를 스페인으로 잘못 쓴 걸로, 퀸틸리아누스의 스승 퀸투스 렘미우스 팔레몬(Quintus Remmius Palaemon)으로 율리우스 왕조 아래에서 살았고, 『라틴어 문법(Ars grammatica)』의 첫 번째 저자다. 끝으로 『로마 도시의 경이로움(Mirabilia Urbis Romae)』은 로마의 기념물들에 대한 안내서 혹은 도해집으로 중세기에 편집되었는데, 진실은 간과한 채 전설로 가득 차 있지만, 유용한 정보도 많이 포함되어 있었다. 리치가 가지고 들어온 사본은 1550년에 나온 새 판일 가능성이 크다. 그때 나온 제목은 *Mirabilia Urbis Romae nova recognita et emendata atque in verum sensum reducta*, Anno Iubilaei MDL이다.

[1341] 데 우르시스가 실수를 하고 있는데, 리치를 수도회에 받아 준 사람이 "예로니모 나달(Jeronimo Natale) 신부로 그 시기에 사망한 프란치스코 보르자(Francisco de Borjas) 신부를 대신해서 로마의 총장 대리"로 있었다고 말한다(p.12). 트리고가 여기에 정확한 정보를 가지고 온다. 지롤라모 나달(Girolamo Nadal) 신부가 1571년 8월 15-16일에 총장 대리인 건 맞지만, 보르자가 사망해서는 아니다. 그는 1년도 더 지난 1572년 10월 1일에 사망한다. 하지만 교황의 명으로 보르자가 알렉산드리노의 미켈레 보넬로(Michele Bonello) 추기경을 스페인, 포르투갈, 프랑스의 왕실에 동행해야 했고, 나달이 스페인의 총장 비서로 있으면서 전체 예수회의 총장 비서가 되었기 때문이다. 스페인이 제외된 채 1571년 6월 30일부터(*MHSI, Nadal.*, III, p.648, n.3) 1572년 9월 28일 보르자가 로마로 귀환할 때까지다. 그는 3일 후에 로마에서 사망했다. 10월 2일, 보르자가 여행하다가 병이 들어 마체라타에 머무를 때 그를 동행한 폴란코(Polanco)가 총장 대리로 임명되었다. Cf. *MHSI, Nadal.*, III, pp.648, 662; *Pol. Compl.*, II, pp.119-120. 따라서 나달(Nadal)이 성 프란체스코 보르자(S. Francesco Borgia)가 총장으로 있을 때, 리치를 예수회에 받아 주었는지는 확실하지 않다. 당시 그는 로마에 없었다는 게 확실하기 때문이다.

으로 타협할 수 없다는 것도 알았기 때문에 최대한 신중하게 예수회 입회 소식을 전했다. 그러나 그의 부친은 그 소식을 듣자마자 로마를 향해 길을 나섰고, 어떤 방법으로든 입회를 막을 수 있다고 생각했다. 하지만 [여행] 첫날 톨렌티노에 도착했을 때, 갑자기 열이 났고, 하느님의 징벌이라는 느낌이 들어 그 이상의 시도는 엄두도 못 내고 집으로 돌아갔다. 그리고 일어난 일을 아들에게 편지로 알렸고, 마태오는 하느님의 뜻에 따랐고, 그분께 순종하는 것이 마땅하다고 생각했다.[1342]

969. 콜레지움 로마눔에서 공부하는 동안 선교사가 되려고 했고, 이후 로마에서 출발하여 리스본으로 가다

수련기 때 스승이었던 알렉산드로 발리냐노 신부[1343]는 오랫동안 인

1342 이 일의 사료를 데 우르시스는 리치의 메모들에서 찾아야 했다. 이렇게 말한다. "그는 성 안드레아 수련소에 들어가면서 마체라타에 있는 부친에게 편지를 썼다. 부친은 전혀 다른 의도가 있었는데, 그것은 아들이 로마 사법부에서 출세하게 될 거라는 큰 기대였다. 그는 수련소에서 데리고 나올 생각으로 즉시 폴라(Polla)를 출발했다. 부친은 첫날 톨렌티노(Tolentino)에 도착했고, 거기서 잠시 쉬려고 하는데, 열이 얼마나 심하게 오르던지 도저히 더 갈 수가 없어 집으로 되돌아가야 했다. 그리고 아들에게 편지를 써서 무슨 일이 있었는지 이야기했고, 아들이 예수회에 남는 게 하느님의 뜻이라고 했다. 그리고 자신도 그것이 주님께서 원하는 것임을 확신했다"(p.12). 여기서 말하는 톨렌티노는 마체라타에서 로마로 가는 길에 있고, 마체라타에서 남동쪽으로 18㎞ 떨어져 있다. 알레니(Aleni¹)도 이와 비슷한 이야기를 하는데, 그에 따르면, 조반니 바티스타 씨는 세 번이나 로마로 가려고 시도했으나, 매번 병이 나자, 결국 이렇게 외쳤다고 한다. "사추덕으로 가르침[종교]을 전하라고 그를 파견하는 게 하느님의 영감에 의한 것임을 누가 압니까! 하느님을 섬기는 일에서 어찌 명예를 선호하겠습니까? 是始天主所黙眷, 欲使其傳道於四方者. 與我安可使功名一途, 加諸欽崇天主上乎"(B, f.1b).
1343 "그의 수련기 스승이자 인도와 일본 지역 순찰사는 알렉산드로 발리냐노였다"라고 데 우르시스는 기록하고 있다(De Ursis, p.12). 그렇다. 리치의 수련기 스승은 파비오 데 파비(Fabio de Fabii) 신부였고, 우리 선교사[리치]도 중국에서 그 스승에게 편지하곤 했다. Cf. NN.1179, 1286, 1885. 마지막 편지에서는 특히 "자신의 수련기"라며 "성 안

도지역 예수회를 통솔했고, 이어서 일본과 중국에서[1344] 순찰사로 있었

___

드레아의 학교로 돌아가고" 싶다고 말한다. 거기서 데 파비는 중국의 사도를 "알기 시
작했다". 다른 한편, 로마의 수련기는 이미 1565년 9월 20일에 시작했고, 1569년 6월 6
일에 일부가 퀴리날레에 있는 성 안드레아의 새집으로 이사했다. 그 집의 첫 번째 원
장이자 수련자들의 스승은 알폰소 루이즈(Alfonso Ruiz) 신부였고, 줄리오 만치넬리
(Giulio Mancinelli) 신부는 서원의 집에 남은 수련자들을 돌봤다. Cf. *MHSI, Pol.
Compl.*, II, p.701. 이런 상황은 연[1571년]초에 루이즈 신부가 원장 겸 수련자들의 스
승이 되고, 파비오 데 파비 신부는 그곳 관리자가 되던 1571년까지 이어졌다(*ARSI,
Rom.*, 78b, f.60). 그해 6월 1일(*MHSI, Borgia*, V, p.581), 아무도 예상하지 않던 일이
일어났는데, 그것은 교황이 성 프란체스코 보르자에게 미켈레 보넬로(Michele
Bonello) 추기경과 함께 스페인, 포르투갈, 프랑스로 파견하려고 한 것이다. 이에 거룩
한 총장은 새로 관구장들을 임명해야 했다. "프란체스코의 후임으로 … 여섯 명의 새
관구장을 임명했고, 알폰소 루이즈에게 로마 관구를 맡겼다. 그는 즉시 직무를 수행했
고, 성 안드레아 수련소는 파비오 데 파비가 그의 후임으로 수련자들의 스승이 되었
다"(Sacchini, *Historiae Societatis Iesu*, Pars III, Lib.VII, pp.328-329, nn.4-8). 이런 이
중적인 변화는 총장이 자신의 출발을 알리던 6월 4일(*MHSI, Borgia*, V, p.582)과 로마
를 떠나던 6월 30일 사이에 일어났다. 7월 1일에 벌써, 어쩌면 그달 6일에 이미 보르자
는 여행 중에 편지를 써서, 아니면 로마에 있는 총장 비서 나달(Nadal)에게 쓰라고 해
서 루이즈를 "새 관구장"으로 지목했다(*MHSI, Borgia*, V, pp.594, 600). 마찬가지로, 7
월 30일, 토리노에 도착해서, 그러니까 리치가 수련자로 들어가기 보름 전에, 성인[보
르자]은 나달에게 편지하여 영원의 도시, 수도원들에 있는 신부들을 위해 많은 기도를
당부했고, 특히 "성 안드레아에 있는 파비오"를 기억해 달라고 했다(*MHSI, Borgia*, V,
p.618). 데 파비는 분명 6월 30일 이전에 임명을 받았던 거다. 6월 9일 이후[역주_ 그러
니까 6월 9일과 30일 사이에], 자신의 사제서품 일에 받았을 걸로 보인다. 로마 수도원
들에 관한 오래된 카탈로그(Catalogo)가 이 점을 확인해 준다(*ARSI, Rom.*, 78b,
f.93v). 거기에 〈1572년 1월 이후 성 안드레아의 수련자들(Qui in domo probationis
versantur apud Sanctum Andream initio januarij 1572)〉이라는 제목하에, 가장 먼저
이렇게 적혀 있다. "원장 겸 수련자들의 스승, 파비오 데 파비 신부." 그리고 후에, 적
어도 1572년 초에는 발리냐노가 수련자들의 스승은 아니었는데, 같은 카탈로그에서
바로 확인시켜 주고 있다. 〈1572년 1월 초, 콜레지움 로마노에 살던 사람들에 관한 명
부(Catalogus eorum qui in Romano collegio degunt initio januarij 1572)〉라는 제목
하에 "알렉산드로 발리냐노 신부", 곧 "신학 청강생" 중 한 사람이었던 거다. 다른 한
편, 타키 벤투리(Tacchi Venturi, II, p.88, n.1)가 주목한 바 있던 미간행 필사본 〈수련
소 연감(Annali della Casa di probazione)〉에는 1571년 6월 9일 이전 "수개월 동안"
수련자들은 세 명의 새로운 스승을 모셨는데, 거기에는 발리냐노도 있었다고 한다. 한
걸음 더 들어가면, "1570년 이듬해, 알폰소 루이즈 신부가 로마 관구의 관구장으로 선

다. 1577년까지[1345] 콜레지움 로마눔에서 철학과 신학을 공부한 후, 동

출되자 여러 명의 참신한 거장들이 차례로 뒤를 이었는데, 모두 짧은 기간이었다; 이런 상황에서 당시 관리자 겸 총책임을 맡고 있던 파비오 신부는 자신의 사제 서품까지 받지 않으려고 했다. 그러다가 이듬해[1571년] 6월 9일에 서품을 받았고 … 그 덕분에 이런 변화 속에서도 수련기는 고통받지 않았다"(p.23). 그렇지만 이 저자 역시 1570년의 관구장으로 루이즈의 이름을 적어 오류를 드러내고 있다. 그는 1571년 6월에 날짜는 정확하지 않지만, 그때 관구장이 되었다. 게다가 "수개월 동안"이 가능한지도 의문이다. 6월 4일과 9일 사이, 혹은 앞서 보았듯이 길어야 7월 30일, 데 파비가 수련자들의 스승이 될 때까지라고 해도 겨우 1개월 남짓밖에 안 되기 때문이다.

수수께끼의 열쇠는 1571년 9월 6일 자 총장 대리 나달이 성 프란체스코 보르자에게 보낸 편지에서 말해 준다. 그는 성 안드레아 수도원에 대해 말하면서, 이렇게 적고 있다: "파비오 신부가 불편하게 생각했기 때문에, 알렉산드로 발리냐노 신부는 거기에 길게 머물지 않았다"(*MHSI, Nad.*, III, p.655). 『수련자 코드(Codex Novitiorum)』의 필체는 1571년 8월 15일이나 어쩌면 13일부터 9월 7일까지, 수련자들을 심사하여 코드에 기록한 사람까지 밝히고 있는데, 8월 25일부터 9월 8일까지 수련소에서 나간 사람이 바로 발리냐노라고 말한다. 그러나 9월 29일에 이미 다른 사람의 필체로 보이는 또 다른 메모가 있다. 그러므로 1571년 6월부터 데 파비가 수련자들의 스승으로 임명되었지만, 그해 8월 중순부터 9월 중순 ―어쩌면 그보다 더― 발리냐노가 "잠시" 파비 신부를 대행했다. 즉, 약 한 달간, 파비 신부가 자리를 비우자, 1570년에도 수련자들의 스승으로 잠시 있었던 발리냐노가 그를 대신한 것이다(*ARSI, Rom.*, 78b, f.69). 그러니까 리치는 발리냐노를 배타적인 의미가 아니라 긍정적인 의미로 수련기 때 스승으로 모셨던 거다. 바로 그가 수련기에 들어간 시점이었고, 거기서 데 파비 대신에 발리냐노를 만난 것이다. 이런 확인이 중요한 것은 훗날 발리냐노가 중앙아시아와 극동 아시아 선교의 순찰사가 되어 우리 선교사[리치]의 직속 장상이 되고, 그를 비교할 수 없을 정도로 강화하는 인물이 되기 때문이다.

[1344] 물론 리치의 수련기 시절 참된 스승은 의심의 여지 없이 파비오 데 파비(Fabiod e Fabii) 신부였다. 따라서 여기에 이 유명한 예수회원의 전기(傳記)에 관한 몇 가지 기록을 덧붙인다. 그는 1543년 로마에서 첼리오(Celio)와 포르치아 마페이(Porzia Maffei) 사이에서 태어났다. 1567년 2월 17일, 로마 콜레지움에서 철학 과정을 마쳤을 때(*Codex novitiorum*, ad annum 1567) 이미 성직자가 되어 있었고, 가문의 일부 친척들이 그의 성소에 반대하자 강력하게 지켜낸 뒤 예수회원으로 입회했다. 그해 말, 폴란코(Polanco)가 직접 편집한 걸로 보이는 공식 문건 중 하나에서 그를 어떻게 평가했는지 보기로 하자. "열 번째 [1567년에 수련기에 입회한] 사람은 로마의 귀족 파비오 데 파비다. 자기 집에서 모든 것을 가지고 들어왔다. 우리 콜레지움에서 모든 교양 과목을 청강한 뒤에 예수회에 들어왔다. 부모와 친척들 및 많은 주요 인사가 그를 설득했지만, 하느님의 부르심에 흔들리지 않았고, 어떻게든 성소를 버리도록 강요했지만,

인도지역 총책임자로 있던 마르티노 다 실바Martino da Silva 신부가 로마에

그는 깊이 뿌리를 내리고 있었다. 젊은 사람의 영성이 대단하고 매우 신중하며, 모든 선행에 앞장섰다"(*MHSI, Pol. Compl.*, II, pp.8-9). 몇 개월간 로마 '서원의 집'에서 마체라타 사람 줄리오 만치넬리(Giulio Mancinelli)의 지도를 받았고, [유기] 서약을 하고, 1568년 2월 2일(*Codex novitiorum*, ad annum 1568) 로마 콜레지움으로 가서 신학 공부를 시작했다. 1569년 말, 알폰소 루이즈가 원장 겸 수련자들의 스승으로 있던 성 안드레아 수련소에서 관리 임무를 맡다가 나중에 대리인이 되었다. 1571년 6월, 루이즈가 로마 관구의 관구장으로 선출되었을 때, 데 파비는 그해 5월 27일 성 비오 5세의 회헌에서 요구하는 대로 삼대 서원[역주_ 비오 5세가 승인한 회원으로 사제서품 전에 청빈, 정결, 순결, 삼대 서원을 하도록 한 규정을 말한다]을 했고, 6월 9일에 사제 서품을 받은 뒤 그의 후임으로 원장 겸 수련자들의 스승이 되었다(*ARSI, Ital.*, 3, f.342). 4대 서원은 1579년 2월 2일에야 비로소 로레토 "거룩하신 동정녀의 집 경당"에서 했다(*ARSI, Ital.*, 3, f.206). 지도자로서, 짧지 않은 생애 동안 여러 장상 직을 수행했다. 1603년에는 로마 콜레지움의 원장이 되었고, 전체 수도회의 총무, 이탈리아 담당 총장비서(1604-1608년), 로마 관구의 관구장(1609-1610년), 사르데냐와 시칠리아, 밀라노 관구의 순찰사 등을 지냈다. 샤르데냐를 순찰하고 나폴리를 지나는 중에, 그리고 1592년 10월 17일에 다시 로마로 출발할 때, 나폴리의 한 연감 기록자 아랄도(Araldo)라는 사람이 자신의 『편년사(Cronica)』에서 다음과 같이 기록했다. 물론 이 『편년사』는 미간행 필사본이다(Biblioteca Vittorio Emanuele, Roma, fondo gesuitico, N.1666, LI, f.268 a, ad annum 1592). "하느님의 위대한 종으로, 겸손하게 큰일을 세우고 신중하게 통솔한다." 1615년 11월 12일, 오스티엔세 가(街)에서 바로 며칠 전에 있은 황소의 공격으로 심각하게 상처 입은 후유증으로 사망했다. Cf. Tacchi Venturi, II, p.88, n.1.

『수련자 코드(Codex Novitiorum)』는 리치와 함께 수련기를 보낸 사람들의 명단을 보존하고 있다. 성 안드레아에 이미 있던 사람들과 그가 서원하던 1572년 5월 25일까지 입회한 사람들은 신분이 명확하지 않은 사람 또는 학생이 53명, 협력자가 13명이었다. 전자[53명] 중에는 사제 여섯 명, 부제 둘, 작은 형제 아홉, 삭발한 성직자 둘, 법학박사 한 명, 예술 장인 한 명, 학사 셋이 있었다. 몇 명은 다른 수도회나 예수회에 들어오려고 정결 서원을 한 사람도 있었다. 거의 모두 유럽의 주요 국가에서 온 사람들이었고, 대개 이탈리아, 프랑스, 독일, 포르투갈, 플랑드르, 폴란드, 영국, 스페인 등이다. 가장 어린 나이에 수련기를 시작한 사람이 15세였고, 가장 나이가 많은 사람이 40세였다. 폴란코는 1571년의 성소들에 대해 이렇게 적고 있다. "입회한 이 성소자 중 몇 사람은 주목할 만하다"(*MHSI, Pol. Compl.*, II, p.126). 이 수련자들은 몇 개월씩 '서원의 집'으로 가서, 미사 독서나 제대 준비 등 미사 봉사를 하고, 수도원 내 다른 여러 가지 허드렛일을 돕고 성 안드레아로 돌아오곤 했다. 1572년 1월 초, 리치는 확실히 서원의 집에 있었고(*ARSI, Rom.*, 78b, f.93v), 거기서 서원식 때까지 있었던 걸로 보인다. 아직 수련기가 남아 있는 상황에서도 그는 자주 서원을 했고, 로마 콜레지움으로 가서 도착하자, 특별한 관심을 보였다. 마태오 리치 신부는 몇몇 동료들과 함께 인도 선교를 지원했고,[1346] 네 번째 총장 에베라르도 메르쿠리아노

공부를 시작하거나 계속했다. 우리의 수련자는 1572년 5월 25일, 프랑스인 부르고뉴(Bourgogne)의 겐드리(Gendrey) 출신으로 이미 사제서품을 받고 1571년 11월 6일에 예수회에 입회한 피에트로 듀셴 아 케수(Pietro Duchesne A Quercu)와 로마 사람으로 1571년 5월 29일에 입회한 파브리치오 팔라비치니(Fabrizio Pallavicini)와 함께 서원의 집에서 서원식을 했다. 같은 날 성 안드레아에서는 만토바 인근 카살레 술 바소(Casale sul Vaso) 출신의 파브리치오 티초네(Fabrizio Ticione)가 서원식을 했다 (*Codex novitiorum*, ff.175, 176r).

1345 서원식을 한 뒤, 리치는 토스카나에 있는 한 콜레지움으로 가르치러 파견되었다(*ARSI, Rom.*, 78b, f.100). 시에나일 수도 있지만, 그가 잘 알고 있던 피렌체일 가능성이 더 크다. 왜냐하면 중국의 여러 도시와 여러 차례 비교하기 때문이다(NN.1227, 1399, 1456, 1528). 앞서 언급한 『수련자 코드』는 리치가 로마 콜레지움에 돌아오는 날짜를 정확히 알려 주고 있다(*Codex novitiorum*, f.230v). "1572년 9월 17일, 에지디오 만토바토(Egidio Mantovato)와 마체라타 출신의 마태오 리치(Matteo Ricci)가 학업을 위해 로마 콜레지움으로 감. 서원은 이미 했음." 여기서 말하는 에지디오 만토바토는 몬테 디 발레(Monte di Valle)에서 태어났다. 그러니까 그도 마르케지방 사람이다. 리치와 함께 1571년 8월 15일에 입회하여 1572년 6월 30일에 서원했다.

리치가 로마 콜레지움에 있는 동안(1571-1577), 원장은 빈첸조 본니(Vincenzo Bonni) 신부에서 루도비코 마셀리(Ludovico Maselli) 신부가 뒤를 이었다. 1575년 말까지 학생 담당 교장은 자코모 레데스마(Giacomo Ledesma) 신부였다(이 사람에 관해서는 cf. *MHSI, Pol. Compl.*, II, pp.595, 611, 614, 407: *Monum. paedag.*, pp.859-863을 보라). 수사학 교수는 마르티노 데 포르나리(Martino de Fornari)(N.1017) 신부와 오라치오 토르셀리니(Orazio Torsellini) 신부였고, 철학과 논리학은 로렌조 테르찌(Lorenzo Terzi) 신부, 물리학은 안토니오 리시(Antonio Lisi) 신부, 형이상학은 자코모 크로치(Giacomo Croci) 혹은 더 정확하게 크로체(Croce)(*MHSI, Pol. Compl.*, II, p.635), 수학은 그 유명한 크리스토퍼 클라우 혹은 클라비우스(Cristoforo Clavio)가 맡았다[cf. N.262, 주(註)]. 리치는 1572-1574년에 수사학을, 수학 외에도 철학, 곧 논리학, 물리학과 형이상학을 1574-1577년에 공부해야 했다. 그 시기, 로마 콜레지움의 교육에 관해 연구하고자 하는 사람은 관련 자료가 너무도 많고, 대부분 레데스마(Ledesma) 신부가 직접 정리하여 *Monumenta Historica Societatis Iesu* 컬렉션 안에 *Monumenta Paedagocica*, pp.141-515로 넣었다. 특히 철학과 신학 관련 자료가 방대하다.

1346 "수련기 첫해 말, [리치는] 철학과 신학을 공부하기 위해 로마 콜레지움으로 보내졌고, 거기서 인도 총무로 있던 마르팀 다 실바(Martim da Silva) 신부가 이탈리아에 도착하

verardo Mercuriano 신부[1347]로부터 승낙을 받았다.

스페인을 향해 로마에서 제노바까지 가는 길에 로레토Loreto에 들러 인사하고, 마체라타에 들러 가족들을 만나려고 했다. 그러나 그레고리오 13세 교황을 알현한 후, 동료들과 함께 곧장 포르투갈로 향했다.[1348] 그 해는 대부분 코임브라에 있었다. 왜냐하면 전년前年도에 출항하기로 한 배가 그들이 도착하기 직전에 떠났기 때문이다.[1349] 이듬해, 리스본으로

———

던 1577년까지 공부했다. 그 기회에 마태오 리치 신부는 그에게 그때까지 인도에서 주로 무슨 일을 했는지 물었다. 그리고 몇몇 동료와 함께 마르팀 다 실바 신부에게 인도 선교사로 지원하는 데 도움을 청했고, 에베라르도 메르쿠리아노 총장 신부는 프란치스코 파시오(Francisco Pacio) 신부와 함께 일본 부관구로 파견할 생각을 했다"(De Ursis, p.12). 다 실바 신부는 1526년에 태어나, 1552년에 예수회에 입회했다. 그가 로마에 도착한 것은 1576년 12월 8일 이전으로, 총장 메르쿠리아노가 그 날짜로 발리냐노에게 편지한 것에서 확인할 수 있다(ARSI, Jap.-Sin., 8, I, f.162r). 그가 로마에 있는 동안, 1577년 5월 12일에 14×10cm 종이에 적은 약식으로, 4대 서원[종신서원]을 했다. 약식의 이 서원 양식은 지금도 보존되어 있다(ARSI, Ital., 3, ff.183, 184). 이것을 리치가 모두 직접 친필로 작성한 것으로 봐서 그와 인도 총무 간 긴밀한 관계를 알 수가 있다. Cf. ARSI, Jap.-Sin., 37, f.96v. 다 실바는 1579년에 인도로 돌아갔고, 성 예로니모 수도회로 옮긴 후, 거기서 1583년 3월 이후에 사망했다. Cf. Rodrigues¹, II, 2, p.460, n.1. 데 우르시스의 앞의 텍스트는 리치가 다 실바가 로마에 도착하기 전에 벌써 외방선교를 지원했고, 그가 도착한 이후, 다시 계속해서 요청했다는 걸 말해 준다.

1347 메르쿠리아노에 관해서는 다음을 보라. cf. Astrain, *Historia de la Compañia de Jesús en la Asistencia de España*, Madrid, 1909, III, pp.1-205, specialmente, pp.14-15.

1348 "제노바에서 포르투갈로 가는 배를 타기 위해 로마를 떠나려고 하자, 장상들은 그가 가족들을 보고, 마체라타에서 반나절 거리에 있는 로레토의 성모 성지도 방문할 수 있도록 마체라타로 보내기로 했다. 하지만 착한 신부의 뜻과 달리, 앞서 언급한 두 신부, 마르팀 다 실바 신부와 프란시스코 파시오 신부와 함께 당시 교황 그레고리오 13세를 알현하고는 1577년, 그해 5월 18일, 바로 포르투갈로 떠났다"(De Ursis, pp.12-13). 1611-1614년 마체라타의 콜레지움에서 가졌던 어떤 예수회 인문학자의 말은 얼마나 정확한지는 모르지만, 리치가 로마에서 리스본으로 가는 길에 피체노(Piceno), 즉 마체라타에 들렀다는 것이다. 그에 관해서는 내 논문 Il *P. Matteo Ricci S.I., gloria d'Italia e splendore di Macerata in Studia Picena*, Fano, X, 1934, pp.55-66을 보라.

1349 리스본에서 인도로 가는 배는 3-4월에 출발한다. 리치 일행이 포르투갈에 도착한 건 6

가서 인도로 가는 배에 올랐다.[1350]

여기에서 그가 종종 큰 감동이었다고 기억했던 것을 짚고 넘어가지 않을 수 없다. 포르투갈의 국왕 세바스티아노를 방문했을 때, 국왕은 진심 어린 애정과 따뜻한 말로 그들을 반겼고, 리치는 그것을 잊을 수가 없다. 총책임자 신부가 그 자리에 있던 사람들의 이름을 불러 소개했다. 후에 살세트에서 순교하는 로돌포 아콰비바Rodolfo Acquaviva 신부,[1351] 니콜

월 말 혹은 7월 초였기 때문에 리치는 "그해[1577년]를 통째로, 이듬해 초 두 달까지는 신학 공부를 했다"(N.1180; cf. N.1527). 코임브라에는 웅장한 예수회 콜레지움이 있었는데, 그곳이야말로 16-17세기 외방 선교의 진정한 못자리였다. Cf. Rodrigues¹, I, 2, pp.517-520. "[리치는] 포르투갈에 도착했고, 그해 출발하지 못하자 학업을 위해 코임브라 콜레지움으로 보내졌다"(De Ursis, p.13).

1350 선교보호권(padroado) 시기에 모든 선교사가 가는 지역은 중국과 일본의 경우, 포르투갈의 영지에 속했고, 그곳으로 가려면 포르투갈인들과 똑같이 포르투갈 당국의 승인을 받고 리스본에서 출항해야 했다. 그곳에서 선교사들은 성 안토니오 콜레지움이나 성 로코 서원의 집에서 배를 타는 곳까지 신심 깊은 행렬의 동행을 받곤 했다. Cf. Rodrigues¹, I, 2, pp.521-522. 리치는 "12명의 동료와 함께 이듬해인 1578년, 코임브라를 떠나 인도로 가는 배를 타기 위해 리스본으로 갔다"(De Ursis, p.13).

1351 로돌포 아콰비바(Rodolfo Acquaviva)는 총장 클라우디오 아콰비바(Claudio Acquaviva)의 조카로 아트리(Atri)의 공작 아들로 1550년 10월 25일에 태어났다. 그에 관해 『수련자 코드(Codex novitiorum)』(ad annum 1568, n.12)에서는 이렇게 말한다. "1568년 4월 2일, 예수회에 입회한 리돌포 아콰비바(Ridolfo Aquaviva)에 관한 심사서. 전반적으로 좋은 편. 아무런 장애 없음. 성명 로돌포 아콰비바, 17세. 아트리 공작의 적자. 첫 삭발례와 4대 품을 받음[역주_ 제2차 바티칸공의회 이전까지, 라틴 교회와 동방 교회에서는 품(ordine)을 두 가지 범주로 나뉘었다. 대(大)품으로는 주교, 사제, 부제 및 부부제품이고, 소(小)품으로는 시종직, 구마직, 독서직, 성체 분배직이 있었다. 여기서 소(小)품은 성사가 아니다. 로돌포 아콰비바는 이 소품을 받았다는 말이다], 1567년 8월 1일에 수도서원을 했고, [이어서 알아볼 수 없는 두 단어가 있다] 그리고 뒤에 서명이 있고, 다른 말은 없다. 우리 주님의 은총으로 제게 명령하는 모든 것에 순명하며, 예수회의 모든 규정과 회헌을 그대로 지키기로 함. 본인 리돌포 아콰비바 자신을 내어놓으며, 예수회에서 판단하는 정도와 직권을 인정하고 명령하는 것에 복종할 것을 약속함." 실제로 서원은 1569년 3월 23일 로마 콜레지움에 있었다(Ibid.). 1577년 11월, 루지에리와 함께 로마에서 출발하여 1578년 2월 말 포르투갈에 도착했

라 스피놀라Nicola Spinola 신부,[1352] 미켈레 루지에리Michele Ruggieri 신부,[1353] 프란체스코 파시오Francesco Pasio 신부,[1354] 그리고 우리의 마테오 리치Matteo Ricci 신부의 이름을 모두 들은 국왕은 매우 놀라 감탄하며 마르티노 다 실바 신부에게 말했다. "이렇게 많은 유명한 사람들을 인도 선교로 보내 주신 총장 신부님께 어떻게 감사해야 할지요?"[1355] 훌륭한 통

다. 3월 12일, 동료들과 함께 첫 미사를 봉헌했고(N.5290) 파시오와 함께 24일에도 미사를 봉헌하고, 이듬해에 리스본으로 가서 고아로 가는 배에 올라 9월 13일, 고아에 도착했다. 1579년 11월 17일, 악바르 왕이 있는 무굴제국으로 가기 위해 고아를 떠났으나[cfr. N.802, 4권, p.265, 주(註) 600], 그쪽 선교가 위기에 처하고, 선교사 로돌포 아콰비바는 살셋섬으로 쫓겨났다가 1583년 7월 15일 순교했다. 그 소식은 1583년 12월 8일 자 순찰사 발리냐노에 의해 전해졌다(*ARSI, Goa*, 32, ff.483r-488v; 489r-494v). 그는 중국 사도직을 "간절히 열망했습니다"(N.2005)라고 했다. 그곳에 선교의 문을 열어야 한다는 걸 아무도 생각하지 않았을 때, 그는 자기 동료들에 관해 예언하기를, 리치와 루지에리, 그리고 파시오가 거기[중국]서 활동하게 되겠지만(N.5404), 루지에리는 얼마 후에 이탈리아로 돌아가게 될 거라고 했는데(N.5289), 실제로 그렇게 되었다.

[1352] 제노바 사람 니콜라 스피놀라(Nicola Spinola)는 1547년에 태어나 1569년 3월 예수회에 입회했다. 철학을 공부하고, 신학 2년과 상황윤리 3년을 공부했다(*ARSI, Goa*, 24, f.143v, n.213). 1578년 9월 8일, 고아에 도착했고, 그해 10월 26일, 리스본에서 고아까지 여행에 대한 특별 보고서를 작성했다(*ARSI, Goa*, 31, ff.383-389). 리치와 함께 여행했지만, 같은 배를 타지는 않았다. 그는 콜람의 트라방코르에서 주로 선교활동을 했고, 그곳 원장을 지냈다. 1596년에 신학 4학년을 면제받고 4대 수도서원을 했다.

[1353] Cf. N.205, 본서 2권, p.69, 주(註) 24.

[1354] Cf. N.219, 본서 2권, p.101, 주(註) 110.

[1355] 데 우르시스도 이 정보를 우리에게 전해 준다. 리치와 함께 자주 언급되는 인물이다. "승선하기 전에 평소와 같이 그들은 모두 국왕 세바스티안(D. Sebastião)을 알현하러 갔다. (마태오 리치 신부가 자주 말하듯이) [국왕은] 그들[선교사들]을 향한 큰 애정을 보여 주었고, 정말이지 열정으로 가득 차서 했던 말을 신부는 결코 잊을 수 없을 거라고 했다. 프란시스코 파소[프란체스코 파시오] 신부와 마테우스 리시오[마테오 리치] 신부는 그해에 이탈리아를 떠났고, 로돌포 아쿠아비바[로돌포 아콰비바] 신부, 니콜라스 스피놀라 신부, 미구엘 로게이로[미켈레 루지에리] 신부가 이탈리아를 떠날 예정이라며, 모두 생활에서 큰 성덕을 갖춘 것만이 아니라, 고귀한 혈동을 가졌다고 하자, 세바스티안 국왕은 마르팀 다 실바 신부에게: 제가 무슨 말씀을 드려야 할지요, 신부님. 인도를 위해 이렇게 훌륭하고 귀한 분들을 보내 주신 총장 신부님께 어떻게 감사해야

치자는 포르투갈인 신부들만이 아니라, 외국인 신부들도 칭송할 줄을 알았다. 예수회원들은 예수의 깃발 아래 여러 국가의 사람들로 형성된 하나의 동반자라는 것을 모른 척하지 않았기 때문이다.[1356]

970. 리스본에서 고아까지, 그리고 중국까지. 결론: '밀알 하나가(nisi granum frumenti) …'

"성 루이지"[1357] 호에 올라 포르투갈에서 출발하여,[1358] 1578년 9월 13

할까요? 국왕은 앞서 신부[다 실바가 신부들에게 말한 많은 좋은 걸 보여 주며, 필요한 모든 지원을 아끼지 않을 뿐 아니라 국가에서 좋은 피난처도 제공해 준다고 했다"(p.13). 알현은 1578년 3월 20일경 국왕의 겨울철 거주지로, 리스본 근처에 있는 알메이림(Almeirim) 성(城)에서 있었다.

1356 국왕이 해외 영지에서 활동할 비포르투갈인 선교사들을 기쁘게 받아 주었다면, 포르투갈인 예수회원들이 모두 그렇게 넓은 마음을 가지고 있었던 건 아닌 것 같다. 4년 전, 심각한 문제가 있었던 것도 어떤 위협이 되었던 것도 아닌데 [선교활동을] 중단해야 했고, 알레산드로 발리냐노는 약 40명의 선교사를 내보내야 했는데 그중 다수가 스페인 사람이었다. 포르투갈인 예수회원들은 이들 스페인 예수회원들이 두 경쟁 세력 사이에서 유명한 분할선을 타협하자고 할까 봐 우려하기도 했다. 여기에 관해서는 1573년 12월 29일 자, 1574년 1월 6일과 7일 자 발리냐노가 총장에게 보낸 편지를 보라. *ARSI, Jap.-Sin.*, 7, III, ff.172a-177v.

1357 여행자들은 모두 14명이었고, 그중 포르투갈인 7명, 이탈리아인 6명, 플랑드르인 1명이었다. 그들은 세 개의 배에 나누어 탔는데, "성 그레고리오 호"에 원장으로 마르티노 다 실바(Martino da Silva) 신부, 로돌포 아콰비바(Rodolfo Acquaviva) 신부, 프란체스코 파시오(Francesco Pasio) 신부, 조르조 카브발(Giorgio Carvalhal) 신부와 루제로 베르몽(Ruggero Bermonk) 신부가 탔고, "성 루이지 호"에 원장으로 에두아르도 데 산데(Eduardo de Sande) 신부, 미켈레 루지에리(Michele Ruggieri) 신부, 발다싸레 세퀘이라(Baldassarre Sequeira) 신부, 철학 과정 학생 마태오 리치(Matteo Ricci), 보조 수사 도메니코 페르난데스(Domenico Fernandes)가 탔으며, "착한 예수 호"에 원장으로 니콜라 스피놀라(Nicola Spinola) 신부, 로포 드 아브레우(Lôpo de Abreu) 신부, 조르조 페르난데스(Giorgio Fernandes) 신부, 보조자 조반니 제라르디노(Giovanni Gerardino) 신부가 탔다. 3월 28일 마데이라 제도(Madeira)를 보기 시작했고, 29일에는 마데이라와 행운의 섬(Ilhas Afortunadas) 사이에서 프랑스 해적선 한 대를 만났으며(N.5291), 4월 4일경 행운의 섬을 지났고, 그달 25일쯤 적도를 지났다, 4개월 동안

일 고아에 닻을 내렸다.[1359] 4년간 인도에 있으면서 수사학을 가르쳤는데, 고아[1360]와 코친[1361]을 오가며 더 큰 여행을 준비했다. 그 후 일본에

"성 루이지 호"는 —"착한 예수 호"는 아님— "성 그레고리오 호"의 시야에서 벗어났다. 6월 20일, "성 그레고리오 호"는 희망봉을 지났고, 7월 2일이 지나서 드디어 "성 루이지 호"를 모잠비크에서 다시 찾았다. 8월 15일에 다시 출발하여 '십자가 현양 축일 전날' "성 그레고리오 호"와 "성 루이지 호"는 고아에 도착했다. 하지만 "착한 예수 호"는 "사흘 전"에 벌써 도착했다(1578년 10월 30일, 복자 R. 아콰비바가 쓴 편지, in *ARSI, Jap.-Sin.*, 37, ff.94v-95r).

1358 리스본에서 배가 출발한 정확한 날짜는 분명 1578년 3월 24일이었다. 리치는 "그해 [1578년] 3월 24일 리스본에서 출발했습니다"(N.1180)라고 말한다. 같은 날, 리치와 함께 떠난 선교사들을 기록한 카탈로그(그림 44)에는 더욱 강조하여 "우리의 복되신 동정 마리아 영보축일 전날 [1578년] 3월 24일"이라고 적혀 있다. 복자 로돌포 아콰비바는 1578년 10월 30일 고아에서 쓴 여행 보고서에도 "성모 영보축일 전날, 바람이 좋은 상태에서 우리는 리스본을 떠났습니다"(*ARSI, Jap.-Sin.*, 37, f.94)라고 말한다.

1359 "그들은 모두 9월 13일 고아에 도착했다"(De Ursis, p.13). 1592년 11월 20일, 리치는 기꺼이 "그해[1578년] 9월, 인도의 도시 고아"(N.1180)에 도착했음을 전한다. 하지만 정확한 날짜는 복자 로돌포 아콰비바가 앞서 말한 편지에서 "성 십자가 현양 축일 전날", 그러니까 9월 13일이라고 했다.

1360 1578년 10월 28일, 고아 수도원의 총책임자 파시오는 "마테오 수사와 미켈레 루지에리 신부는 신학을 공부하고, 미켈레 신부는 함께 고백성사를 주며 큰 결실을 가져왔다"(*ARSI, Goa.*, 12, f.471v)라고 기록했다.

1361 데 우르시스는 이 일을 매우 간략하고 단순하게 말한다. 1578년 9월 고아에 도착한 후, 리치는 "1582년까지 수사학을 코친에서 일부 하고, 고아에서 일부 했다"(p.13). 사실 이 부분은 다음과 같은 방식으로 이야기해야 할 것이다. 1578년 3월, 리치가 리스본에서 출발할 때, 그는 "철학자"(그림 44)로 주목받았다. 아마도 생각이 나지 않을 수도 있겠지만[lapsus memoriae], 거의 15년 후에 코임브라에서 신학을 공부했다고 말한다(N.1180). 그러니까 데 우르시스가 말하는 "철학과 신학을 공부하기 위해 로마 콜레지움으로 보내졌다"(p.12)라는 것과 상반되고, 바르톨리는 정확하게 "이미 신학을 절반 이상 공부했다"(Bartoli[1], II, c.267, p.516)라고 했다. 그렇다면 1576년 12월 다 실바가 '영원의 도시'에 왔고, 리치가 1578년 3월 24일 리스본에서 출발했으므로, 그달 18일 다 실바가 기록하는 것처럼 "신학을 공부했다는 말은 듣지 못한 것"(*ARSI, Lus.*, 68, ff.31v-32r)이다. 더욱이 우리 신부도 정확하지 않은 것이, 인도에 체류하는 동안 "처음 2년간", "거의 항상" "인문학을 공부"했다고 말한다(N.1028). 그렇다면 그 시기에 신학을 공부할 시간이 없었을 것이다. 하지만 "거의"라는 말이 안전장치가 될 수도 있다. 그러니까, 1578-1579학년도에 그는 고아에서 신학 1학년을 한 것이다. 실제로

있으며, 그 일대 선교의 순찰사기도 한 알렉산드로 발리냐노가 최근에

―

1578년 10월 28일, 파시오(Pasio)는 앞서 본 것처럼[cfr. N.970, 위의 각주 1360.] 리치와 루지에리가 신학을 공부하고 있다고 편지했다(*ARSI, Goa.*, 12, f.471v). 한 달이 조금 더 지나, 그해 11월 30일, 학급 친구 루지에리는 벌써 말라바(Malabar) 선교지로 투입되었다. 신학 1년을 마치고, 리치는 학업에 지쳤던지, 고아에서 수사학을 가르쳤다. 1579년 10월 21일, 라에르지오(Laerzio) 신부가 고아에서 로마로 보낸 편지에는 "마태오 리치 수사는 인문학 첫 권을 읽고 있다"(*ARSI, Goa.*, 12, f.512)라고 했다. 일은 리치가 확실하게 전해 준다. 1580년 1월 30일, 로마 콜레지움의 과거 자신의 수사학 교수였던 마르티노 데 포르나리(Martino De Fornari) 신부에게 쓴 편지에서 "지난해 [1579년] 저는 고아에서 존경하는 신부님이 가르쳐 주신 그 작은 것을 독해했습니다"(N.1017)라고 적고 있기 때문이다. 그는 라틴어만 가르치다가, 인도에서 대담한 혁신을 시도했는데, 그것은 모든 신부가 한마음으로 반대하던 그리스어를 가르친 것이다. 1580년 11월 29일에 쓴 편지에서 그는 "지난해에 저는 고아에 있었고, 모든 사람의 의견과 달리 그리스어 수업을 시작했습니다"(N.1026)라고 적고 있다. 3개월도 채 안 되어 이 그리스어 수업을 듣는 학생은 열두 명이 되었고, 그는 학생들에게 필리피카 연설문 I [Philippica, **역주_** 데모스테네스가 마케도니아의 왕 필리포스를 탄핵하기 위해 한 격렬한 공격 연설로 I, II가 있다. 오늘날 '독설(毒舌)'의 대명사가 되었다]을 설명하기 시작했다.

그러나 같은 해인 1579년 11월 초, 리치는 병에 걸렸고, 그 참에 제명되고 말았다. 이에 그는 농담처럼 그리스 수업을 반대하던 사람들이 옳았다고 했다. 결국 그리스어 학당은 무너졌고, 불명예스러운 종말을 맞았기 때문이다. "병은 저를 그리스어와 함께 과거로 인도했고, 다시는 개설되지 못했습니다"(N.1026). 그리하여 리치는 1579년 11월 11일, 코친으로 보내졌고, 그곳이 고아보다는 공기가 좋을 거로 기대했다. 그곳의 다른 콜레지움에서 수사학을 계속해서 가르치지 않았다면, 건강을 회복했을 것이다. 앞서 언급한 편지에서 라에르지오는 리치가 코친으로 보내지던 1579년 11월 11일 자 추신에서 "마태오 리치가 병이 들어, 이곳 고아의 공기로는 회복할 수 없을 것 같아 코친으로 보냈습니다. 그곳에서 그는 오늘 1579년 11월 11일, 건강한 사람들과 함께 첫 수업을 무사히 마쳤습니다"(*ARSI, Goa.*, f.512). 당시 코친에는 예수회원들이 성당 외에 콜레지움 하나를 운영했는데, 학생들을 세 반으로 나누어 가르쳤다. 두 개의 문법 반에는 50여 명의 학생이 있었고, 읽고 쓰기를 가르치는 한 반에는 약 300명이 있었다. 리치는 문법반 둘 중 하나를 맡았을 것이다. 즉 인문학 반이었을 거다. Cf. Valignano, *Sumario de las cosas que pertinecen a la provincia de la India Oriental y al govierno della* [agosto 1580], Del Colegio de Cochim, Cap.8(*ARSI, Goa*, 6, f.15v). 그러므로 리치는 그곳[코친]에서 건강을 회복한 뒤, 문학을 가르친 것이다. 다시 말해서 "4-5개월"(N.1026) 동안, 즉, 그 학년이 끝날 때까지 했다. 1580년, 아마도 7월 25일, 성 야고보 축일에 사제 서품을 받았고, 다음날 성 안나 축일에 그는 신부들과 젊은

세운 중국선교를 위해 그를 불렀다.[1362]

———

사제의 제자들과 더불어 "매우 엄숙하고 축제적인 [첫] 미사"를 봉헌했다(N.1021). 1580년 12월 초, 인도 관구장 로드리고 비첸테(Rodrigo Vicente)[cf. N.204, 본서 2권, p.68, 주(註) 22.]가 로마의 최고 장상들의 명령에 따라, 신학 공부를 시작한 모든 학생은 공부를 마치라고 했다며, 리치를 코친에서 고아로 다시 불러 신학 공부를 마저 하도록 했다. "지금 [1580년 11월 29일] 관구장 신부님이 저를 파시오 신부와 다른 여러 사람과 함께 고아로 가서 신학 수업을 들으라고 하십니다"(N.1021). 이렇게 그는 1580-1581학년도에 신학 2학년을 공부했고, 1581-1582년 새 학기 초에 3학년을 시작했다. 1581년 11월 25일, 그는 총장에게 이렇게 편지했다. "이렇게 [저의 인도 체류] 3년차에, 서품까지 받았는데, 관구장 신부님께서는 저더러 돌아가서 신학을 다시 공부하라고 하십니다. 그래서 저는 올해[1580-1581년] 내내 공부했습니다. 그리고 내년[1581-1582년]에도 계속해서 공부할 것이고, 그럼 신학 3학년이 되는 것입니다"(N.1028). 그러나 학년도 말, 비첸테 신부를 통해서 리치가 발리냐노의 명령으로 신학 공부를 중단하고 마카오로 가라고 했다고 전한다. 그러니까 1595년 12월 초, 발리냐노는 리치에게 4대 서원을 허락하면서 신학 4학년을 면제해 준 것이다. 비록 면제받은 사람들 가운데 명시적으로 언급되지도 않고, 그의 이름이 명확하게 주목받지도 못했지만 말이다. 그 시기에 [발리냐노는] 13명의 신부에게 서원을 허락해 주었다. 마테오 리치(Matteo Ricci), 라자로 카타네오(Lazzaro Cattaneo), 안토니오 루이즈(Antonio Ruiz), 발렌티노 카르발호(Valentino Carvalho), 루이지 페르난데스(Luigi Fernandes), 안토니오 페레이라(Antonio Pereira), 프란체스코 로스(Francisco Ros), 니콜라 스피놀라(Nicola Spinola), 프란체스코 마르티네스(Francesco Martines), 프란체스코 페르난데스(Francesco Fernandes), 프란체스코 비에이라(Francesco Vieira), 알베르토 라에르지오(Alberto Laerzio)와 에마누엘레 디아즈(Emanuele Dias)다. 덧붙여 발리냐노는 "이 사람(남자)들은 모두 덕망이 있고, 대부분 훌륭한 변호사[법학자]로, 각기 4년, 아니면 2-3년의 신학 과정을 마쳤습니다. 그리스도교 안에서 언어를 배우던 중이었고, 일부 학문은 면제해 주었습니다. 니콜라 스피뇰라 신부와 라자로 카타네오 신부도 마찬가지입니다"(*ARSI, Jap.-Sin.*, 12, f.327). 독자들은 발리냐노가 2-3년이라고 언급하며, [그 과정에 있던 사람을] 면제해 준 걸 감지했을 것이다. 이름을 밝히지 않은 2년 차에 있던 사람이 있었다는 것이고, 3년 차는 확실히 리치다.

1362 "올해 [1582년] 일본에서 두 지역 [중국과 일본] 순찰사로 있는 알렉산드로 발리냐노(Aleixandre Valignano) 신부의 편지들이 인도에 도착했다. 인도의 감찰관 루이 비첸체(Ruj Vicente) 신부에게 마태오 리치(Matteus Ricio) 신부를 마카오로 보내 거기서 3년째 중국 말과 문자를 공부하고 있는 미켈레 루지에리(Miguel Rogeiro) 신부와 함께 공부할 것을 명했다"(De Ursis, p.13). 다른 데서 살펴봤듯이[N.211, 2권, p.88, 주(註) 69], 루지에리는 리치를 즉시 요청했고(N.2005), 1581년 11월 12일에 벌써 발리냐노는 [이를] 통보했으며, 다음번 [배]에는 리치가 마카오에 도착할 걸 확신했다(N.2024). 그

여기에서는 이 선교의 너무도 중요한 사실들을 말할 자리도 시간도 아니다. 다만 이 위대한 신부가 어떻게 [중국선교를] 시작하게 되었는지를 알게 하기 위함이다. 이후에 일어난 일은 이 『중국 역사서』[1363]에서 이야기하고 있다.

러나 리치는 1582년 4월 15일까지 통보를 받지 못했고, 바로 신학 공부를 중단하고, 그달 26일 고아에서 출발하여 믈라카로 향했다. 6월 14일, 믈라카에 도착했고, 거기서 7월 3일에 다시 항해를 시작하여 같은 해인 1582년 8월 7일, 마카오에 도착했다. Cf. N.216, 본서 2권, p.98, 주(註) 100.

1363 이 책 『그리스도교의 중국 진출기(*Storia dell'Introduzione del Cristianesimo in Cina*)』다. Cf. 본서 1권, p.237.; NN.926, 991.

[그림 44] 1578년 마태오 리치와 함께 리스본에서 고아로 파견된 예수회 선교사 명단

출처: *ARSI, Goa*, 24, f.122.

이제 여기서 이 위대한 인물이 자신의 날들을 마무리한 것처럼, 이 조사[書詞]를 마무리하려고 한다.

선종하기 몇 개월 전에, 그는 동료들에게 여러 차례 "중국선교를 위해 기대할 만한 최고의 수단이 무엇일까 자문해 보건대, 저의 죽음 외에 다른 아무런 수단도 떠오르지 않습니다"라고 말했다. 형제들이 아직도 [중국] 선교에서 당신을 많이 필요로 한다며 반대하자, 그는 자기 생각을 고집하며 여러 가지 당위성을 들어 결심을 굳혔다.[1364] 그의 사망 이후에

1364 "이 마지막 날에 나는 종종 어떻게 하면 [중국] 선교를 호전시키고 여기서 우리가 영구적으로 자리를 잡을지 자문하곤 했다. 아무리 생각해도, 내가 죽는 것 외에 다른 더 좋은 방법이 떠오르지 않는다. 그러니 곧 준비해야겠다! 그런 의견에 형제들이 반대하자, 그는 중국에서 경험한 것은 학자들로부터 큰 신뢰와 명성을 얻은 것에 대해 이야기하며, 우리가 잘못 생각한 것이 있다고 했다. 중국인들의 의심을 푸는 것은 우리가 고국으로 돌아가지 않고, 그들의 나라에서 죽는 것이다. 이것은 내 체류가 어디서 끝나는지와 너무도 깊이 연관되어 있어, 나는 미처 생각조차 하지 못했다. 정말 어떻게 되는지 보려고 할 것이다. 올해[1610년]는 어느 때보다도 이곳 조정[북경]에서 마카오에 대해 많은 이야기가 있었다. … 그리고 덧붙여 말하기를, 만약에 내가 빨리 죽으면, 관리들이 예수회원들에 관한 업무를 맡을 것이다. 하느님의 과제로, 그분께서 그들의 마음을 움직이게 하시고 당신의 영광을 드높이실 것이며, 우리가 온전히 자리 잡을 수 있게 하실 것이다"(De Ursis, p.57). 훗날 일본에서 순교하고 복자가 되는 프란체스코 파케코(Francesco Pacheco)는 중국에서 선교사들이 보낸 최근의 편지를 인용하며, 1610년 11월 5일 마카오에서 쓴 편지에서, 리치의 죽음이 예수님의 말씀을 확인해 주었다고 했다. "밀알 하나가 땅에 떨어져 죽지 않으면 한 알 그대로 남고, 죽으면 많은 열매를 맺는다"(요한 12, 24). 우리의 신부도 종종 자신을 [한 알의 밀알에] 빗대어 말하곤 했다[cfr. N.966, 본서 p.110, 주(註) 1322.]. 실제로 조문하러 우리 집에 온 많은 이름난 관리와 상서(尙書)들은 단순히 방문만 하러 온 게 아니었다. 결국 황제로부터 망자가 묻힐 땅과 그의 형제들이 살며 봉사할 수 있는 집을 받게 해 주었다. Cf. NN.3516-1517.

이교도 시인들까지 주저하지 않고 리치의 무덤을 문학 작품의 주제로 삼았다. 그중 한 사람으로, 요섭(姚燮)은 자가 매백(梅伯)이고, 호가 복장(復莊)(1805-1864)인데, 지난 세기 초[역주_ 이 역사서가 써진 시점을 기억하기를 바란다. 따라서 여기서 지난 세기는 1800년대를 말한다]에 다음과 같은 시를 썼다. 여기서 아침 꽃은 리치이고, 파스콜레 멘데스는 앞서[cfr. N.881, 본서 4권, 주(註) 1012, pp.404-405.] 언급했던 보조 수

일어난 일과 그의 예측을 비교하건대, 그가 옳았다고 말해야 할 것 같다. 그가 더 바라고 더 할 수 있는 그곳에서 더 많은 일을 했다는 것이 놀랄 만한 일이 아니다.[1365]

사다. 그리고 사자들은 리치의 기념비를 장식하는 돌로 된 사자를 가리킨다. 중국의 다른 여러 위대한 인물들처럼 묘사하려고 했다.

阜城門外 利瑪竇墳	부성문 밖 리마두 무덤
一天開別敎,	한 분 하느님이 특별한 종교를 세우니,
八萬里流民.	그대, 여행자 되어 8만 리를 와서 [그것을 설파하는구나].
學乃儒之墨,	유학자들의 글을 공부하더니,
臣爲帝也賓.	외국인 신분으로, 황제의 손님이 되었구려.
之幽元象秘,	이제 그대, 어두운 곳에 혼자 누우니,
木槁, 悍獅馴.	나무는 마르고 사나운 사자마저 죽었구려.
寄語邱良厚,	파스콸레 멘데스[구양후]에게 [이 글을] 전하노니,
朝華已不春.	아침 꽃은 결코 봄을 보지 못하리라.

Cf. *Questioni poetiche di Iaosié* 복장시문(復莊詩問), ed. 1821-1850, c.10, f.7.
1365 트리기가 1610년도 연감을 요약하여 첨가한 "리치 원전" 필사본은 여기서 끝난다. Cf. *ARSI, Jap.-Sin.*, 117, f.2.

✠

제22장[1366]

북경 리치 신부의 무덤

(1610년 5월 18일부터 1611년 11월 1일까지)

○ 황제에게 처음으로 리치의 묏자리를 요청하다

○ 판토하가 작성한 탄원서 내용

○ 중국은 외국인을 세 등급으로 구분한다. 황제에게 전달된 탄원서

○ 각로(閣老) 엽대산(葉臺山)과 여러 관리에게 보낸 탄원서. 황제가 탄원서를 호부 (戶部)로 내려보내다

○ 탄원서가 호부에서 예부상서(禮部尙書) 오도남(吳道南)에게 도달하다

○ 오도남이 1610년 6월 14일에 탄원서를 받고, 그달 17일에 황제의 윤허를 받아 내다

○ 판토하가 감사 인사를 하러 갔을 때, 각로 엽대산과 상서 오도남, 하급 관리들 및 수행원들이 친절하게 예를 갖추어 맞이해 주다

1366 이 장은 모두 1611년도 연차편지에서 요약, 정리한 것으로, 원고는 트리고가 론고바르도 "원장의 명령(ex mandato Superioris)"에 따라 1612년 8월 남경에서 썼거나 최소한 라틴어로 번역한 것이다. 그러니까 앞 장[제21장]에 반영된 1610년도 연차편지보다 먼저 쓴 것이다. Cf. *ARSI, Jap.-Sin,*, 113, ff.147-214. 이 장은 같은책(*Ibid.*) ff.163v-172에 있다. 두 텍스트의 차이는 매우 적고, 때로 스타일만 다를 뿐이다. 비판적 각주에서 근본적인 차이를 언급할 것이고, 특히 연감을 인용하면 연감[annuario]이라고 약어 ann.로 표기할 것이고, 필사본을 인용하면 필사본[manoscritto]의 약어 ms.라고 쓸 것이다. 앞 장(章)에서와 마찬가지로, 이 장에서도 원문 필사본을 최대한 언급하겠다. 이 원문 편지는 1615년 이탈리아어로 로마와 밀라노에서 출판되었고, 아우크스부르크 (Augsburg)와 안트베르펜(Antwerpen)에서 라틴어로 출판되었다. Cf. Streit, V, NN.2090-2093.

○ 북경 통감 황길사(黃吉士)가 극진한 호의를 베풀다

○ 판토하가 각로 엽대산과 상서 오도남, 통감 황길사, 그리고 북경의 두 지현과 하급 관리들을 방문하다. 그들이 크게 호의를 베풀어 주다. 원하는 장소를 찾다

○ 태감 양(楊)의 별장이 '선교사(善敎寺)'로 바뀌다

○ 집을 선교사들에게 주는 문제에 대한 어려움

○ 사당의 승려 하나를 황길사가 쫓아내다

○ 신부들이 1610년 10월 19일에 그 집으로 입주하다

○ 태감들이 신부들에게 몰려와 소동을 피우다. 그들이 아무런 상관없는 우상들에게 행한 무례한 언동

○ 황태후의 부탁으로 한 태감이 집을 허위로 팔아넘긴 사실을 판토하가 밝혀내다

○ 북경의 통감이 집을 허위로 팔아넘긴 태감에 반대하는 선교사들을 보호하다

○ 선교사들의 요청으로 통감과 예부상서가 공문을 작성하다

○ 제독태감(提督太監)이 방해꾼에서 신부들을 도와주는 사람으로 바뀌다

○ 황태후가 아끼던 태감 중 하나가 신부들을 상대로 선동하려고 하자 그것을 누르다

○ 호부의 한 관리가 선교사들을 방해하는 공문을 작성하여 세금을 물리자, 이를 중단시키다

○ 세 개 부서에서 호의적인 공문서를 발급해 주다

○ 북경의 통감이 리치를 자랑스럽게 생각하여 그의 이름을 적다[扁額]

○ 책란(柵欄) 정원에 대한 묘사

○ 1611년 4월 22일, 북경에서 책란으로 리치의 시신을 이장하다

○ 5월 3일, 론고바르도가 북경에 도착하다. 묘지에 대한 개략적인 묘사

○ 사당과 지장왕의 최후에 대한 묘사

○ 무너진 우상들의 자리에 '천사와 사도들에 둘러싸인 구세주 성화'를 안치하다

○ 리치 신부의 장엄한 안장식과 1611년 11월 1일에 있은 공동묘지 소성당의 축성식

○ 성모 마리아 경당. 종교 자유의 징후

○ 엄청난 성과. 하느님의 손길이 이곳에 머물다. 첫 가톨릭 선교사 묘지

971. 황제에게 처음으로 리치의 묫자리를 요청하다

하느님께서는 당신 은총으로 마태오 리치 신부의 거룩한 일에 항상 함께하셨고, 그 성과가 생명의 종결과 함께 끝나게 하지 않으시고, 삼손처

럼[1367] 살아 있을 때보다 죽으면서 더 많은 좋은 일을 하게 하셨다.

일이 어떻게 진행되었는지는 다음과 같다.

장례식은 끝났고, 시신은 목관에 봉해서, 인근에 땅을 사서 묻을 때까지 이 나라의 풍습에 따라 우리 숙소에 안치했다.[1368] 중국은 성안에 매장이 금지되어 있기 때문이다.[1369] 이것은 예외적인 일인 만큼 좁은 집에서 형제들을 여간 곤혹스럽게 한 것이 아니었다. 여태껏 예수회원 중 누구도 마카오의 콜레지움 밖에 묻힌 적이 없었고, 그래서 콜레지움에서 죽건 다른 곳에서 죽건 모두 마카오로 보내서 그곳의 공동묘지에 안장하는 것이 관례였다.[1370] 그러나 이제 이런 관례는 불가능했고, [1371] 가능하

1367 삼손이 한 마지막 일을 암시한다. 삼손은 필리스티아 제후들과 삼천 명이 넘는 백성이 한데 모여 잔치를 하던 집을 무너지게 하여 그와 함께 모두 죽게 했다. 성경은 그 대목을 이렇게 말한다. "[삼손이] 필리스티아인들과 함께 죽게 해 주십시오. ··· 삼손이 죽으면서 죽인 사람이, 그가 사는 동안에 죽인 사람보다 더 많았다"(판관 16,30-31).

1368 데 우르시스에 따르면, 장례는 4일간 있었고[cfr. N.967, 본서 p.113, 주(註) 1329.], 따라서 "토요일과 뒤이어 사흘간" 있었으니까, 5월 15, 16, 17일과 18이다. 마지막 날에 이제 막 완성된 공식 성당에서 첫 미사를 드렸고, 그곳 동쪽 한편에 망자의 관을 "합당한 묫자리를 마련할 때까지 안치"했다(N.3531). 제단이 북쪽에 있었기에, 제단의 오른쪽에 안치한 것이다. 이 관은 1611년 4월 22일까지 그곳에 있게 될 것이다[cfr. N.994, 본서 p.203, 주(註) 1522.: N.994].

1369 유럽에서는 최근까지만 해도 성당 안에 망자를 묻을 수 있게 했다. 그러니까 도시 안에 무덤을 쓴 것이다. 중국에서는 이것이 금지되었다. 데 우르시스는 "강제로 도성 밖에서 찾도록 한다. 누구든지, 아무리 고관이라고 해도, 도성 안에 묻히는 걸 허락하지 않는다"(p.59)라고 말한다. Cf. NN.133, 965.

1370 데 알메이다(de Almeida) 신부, 데 페트리스(De Petris) 신부와 테데스키(Tedeschi) 신부는 소주(韶州)에서 각각 1591년 10월 17일(N.385), 1593년 11월 5일(N.418), 1609년 7월 25일(N.948)에 사망했고, 중국인 프란체스코 황명사(黃明沙) 마르티네스 수사는 광주(廣州)에서 1606년 3월 31일에 순교했다(N.788). 그들의 시신은 모두 후에 마카오로 옮겼고, 그곳 콜레지움 공동묘지에 안장했다. 앞의 두 사람은 1593년 초에[NN.423, 425; N.425, 본서 2권, p.402, 주(註) 294.], 세 번째는 1609년 10월에 (N.951), 네 번째는 1607년 10월 말경[cfr. N.799, 본서 4권, p.261, 주(註) 592.] 옮긴

다고 해도 하지 않는 것이 나았다. 다시 말해서, 하느님의 선하심은 우리의 기대를 넘어서, 신부를 통해 바로 이런 관행을 없애고 정말 큰 것을 주셨다는 것이다.

장례가 끝나는 날,[1372] 모여든 많은 새 교우들 가운데 조정에서 공무를 처리하는 고관이 하나 있었다.[1373] 그[손원화]는 집으로 돌아가면서, 신부

———

걸로 추정된다. 그러나 조반니 소에이로(Giovanni Soeiro) 신부는 마카오의 콜레지움으로 죽으러 갔고, 그곳에서 1607년 8월 세상을 떠났다[cfr. N.853, 본서 4권, p.368, 주(註) 900.]. 이것이 지금까지 있었던 유일한 경우이다. Cf. N.1000.

1371 북경에서 마카오까지 가려면 배로 약 3개월 정도 걸린다.

1372 따라서 5월 18일[cfr. N.971, 본서 p.141, 주(註) 1368.]이 되는데, 이렇게 중요한 탄원서를 작성하려면 생각해서 써야 하는데, 그걸 같은 날 했다는 건 불가능하다[cfr. N.972, 본서 p.93, 주(註) 1396.]. 데 우르시스가 날짜를 "사망 첫날부터"(N.3490), 즉 5월 12일부터 계산한 것으로 보인다.

1373 중국 교회에 크고 중요한 일을 시작할 수 있게 해 준, 이 새 교우에게 우리는 빚을 지고 있다. 하지만 바르톨리(Bartoli[1], II, c.278, p.542)는 반대로 이지조에게 그것을 돌리고 있다. 1610년 기사(Cronaca)에 따르면, "손이라고 하는 어떤 그리스도인"이 "디에고 판토하 신부와 이야기하면서 황제께 마태오 리치 신부님이 묻힐 곳을 요청하는 탄원서[本]를 써 보라고 했습니다"(N.3532)라는 것이다. 그는 항주(杭州) 또는 운간(雲間)? [역주_ 어태껏 Sungkiang이라고 쓴 것은 송강(松江)이었는데, 여기서는 Sungkiang이라고 쓰면서 운간(雲間)?이라고 적고 있다. 혼동하고 있거나, 텍스트의 저자가 다르다는 증거로 보인다] 출신이다. 기사 내용이 혼동하고 있을 수도 있고, 중국에서는 그렇게 말하기도 하므로 확실하게 알려면 중국어를 알아야 한다. 만약 우리의 이 새 신자가 송강 출신이라면 손원화(孫元化) 이냐시오[cfr. N.630, 본서 3권, p.358, 주(註) 905.]라고 봐야 한다. 그는 자가 초양(初陽), 호가 화동(火東)으로 1581년에 태어나 1632년에 사망했다. 서광계(徐光啓)의 제자였고, 1621년에 세례를 받았으며[양진악(楊振鍔), p.43], 1629년에 삼비아시(Sambiasi, Courant, N.3385)의 『수화이답(睡畵二答)』을 출판했다. 세례받은 후에 그는 가정(嘉定)에 선교사들의 집을 짓기도 했다. 무관으로 관직에 올랐는데, 유럽의 대포를 사용할 줄 아는 덕분에 1621년과 1627년 사이, 무관으로 거인에 합격했다. 그는 박사[진사]는 아니지만, 만주족들의 침략이 잦은 요동(遼東) 지역 총독이 되었다. 1629-1630년, 그는 북경을 위협하는 만주족들의 침략을 막기 위해 만리장성의 세 부분을 강화했다. 그 시기에 서광계와 이지조는 그에게 인력과 대포를 위해서라도 마카오의 포르투갈인들에게 도성 출입을 허락하라고 설득했다. 곤살로 테세이라(Gonçalo Teixeira)는 두세 차례 약 10개의 대포를 든 5-6명 포

가 묻힐 자리를 황제로부터 하사받을 수 있을지도 모르겠다고 생각했다. 그럴 수만 있다면, 그것은 망자에게는 명예고, 그리스도교 신앙을 [이 땅에] 강화하는 것이며, 신부들이 여기서 안정적으로 살 수 있는 게 되기 때문이다. 그는 리치의 동료들과 상의해 볼 만하다고 생각했다. 그는 다시 돌아와서, 그 문제를 제안했고, 신부들은 그것이 가져올 막중한 성과를 생각하며, 쉽게 동의했다.

그리하여 이 안을 낸 새 교우[손원화]에게 황제에게 올릴 탄원서 초안을 잡아 달라고 했고, 완성되자 이지조李之藻 레오에게 보내 다듬어 달라고 했다. 이지조는 리치 신부가 사망하기 얼마 전에 세례를 준 사람으로, 영향력 있는 관리일 뿐 아니라 이름난 문장가기도 했다. 그들[손원화와 이지조]은 신부들의 제안에 동의한 것만이 아니라, 신부들이 북경에 체류할 수 있도록 진심으로, 적지 않은 도움을 주었다.[1374] 탄원서는 조정의 몇

수의 선두에 섰고, 손원화를 만났다. 그때 손원화는 등래순무(登萊巡撫) 직분으로 산동(山東) 북쪽 해안 방어를 맡은 군(軍)을 통솔했다. 급료를 받지 못한 군인들이 반기를 들었고, 1632년 2월 22일, 등주(登州)를 함락했다. [반란군의] 대장은 황제를 상대로 한 자기들과 함께하자고 초대했지만, 그는 배신이라며 거부했다. 이런 행동으로 보상을 받기는커녕, 그와 그의 가신은 북경으로 소환되었고, 또 다른 그리스도인 장도(張燾) 미켈레[cfr. N.630, 본서 3권, p.358, 주(註) 905.; Courant, N.6845]와 함께 1632년 9월 7일에 처형되었다. Cf. *Index*, 24, III, p.97; *Storia dei Mim*, c.248, f.14a-b. 서종치(徐從治); 『건륭가정현지(乾隆嘉定縣志)』, 인물현달(人物賢達); Hummel, II, p.686; Bartoli[1], IV, cc.146, 147, pp.280-282; Pelliot in *TP*, XXXI, 1934-1935, pp.84-90; Iamcenngo[양진악(楊振鍔)], pp.40, 42-43, 47, 48, 51; Väth, pp.57-58, 96-98. 하지만 여기서 송(Sung)이라는 이름은 Sun, 즉, 손(Siüen)으로 바로잡아야 한다.

1374 이지조(李之藻) 레오에 관한 것으로, 그는 1610년 3월에 세례를 받았다. Cf. N.628, 본서 3권, p.351, 주(註) 892. 데 우르시스에 따르면, 이 학자는 선교사들에게 탄원서를 작성하라고 조언했을 뿐 아니라, 자기가 직접 작성하기까지 했다. "이 탄원서는 관리 레오가 작성했습니다"(p.59). 그는 1610년 6월 14일 이전에 북경에서 출발하여 지주(知州) 직을 수행하기 위해 복양(濮陽)으로 갔다. Cf. N.975, 본서 p.160, 주(註) 1435.

몇 인사들에게 보여 주었다. 이것은 한편으론 선교사들이 그들의 의견을 타진해 보는 동시에 겁 없이 쓴 것이 아니라는 것을 알리기 위함이고, 다른 한편으론, 그들이 이 일에 영향력을 행사할 수 있다면 일을 쉽게 할 수도 있기 때문이었다. 모두 이구동성으로 돕겠다고 했고, 매우 조심스러운 만큼 확실히 예외적인 일이라고 했다. 사실 지금까지 황제가 어떤 외국인에게도 못자리를 하사한 일은 없었다.[1375] 내국인이 엄청난 영향력을 갖고 있더라도, 큰 공덕과 업적을 이룬 다음에야 어렵게 받을 수 있는 것이기 때문이다.

972. 판토하가 작성한 탄원서 내용

라틴어로 최대한 번역한 탄원서의 내용[1376]은 다음과 같다.

"디에고 판토하(Diego Pantoja)(그는 수도원 외부 일을 담당했고, 내부 일은 사바티노 Sabbatino [데 우르시스(De Ursis)] 신부가 맡고 있었음)는 대大 서국西國의 신하로, 폐하의 크신 자애에 기대어 엎드려 비오니, 동료 외국인 망자를 위해 못자리를 하사해 주시기를 청하옵니다. 망자 역시 외국의 신하지만, 폐하의 덕이 만천하에 미쳐, 멀고 먼 데서 온 외국인들에게도 이르게 하옵소서.

1375 다시 말해서 중국에 진상품을 바치는 왕국의 사절이 아닌 외국인은 한 사람도 없다는 뜻이다. Cf. N.976, 본서 p.162, 주(註) 1440.
1376 거의 확실히 이 중국어 번역은 1612년 8월, 트리고(Trigault)가 한 게 아니다. [당시 그는] 중국어를 겨우 2년 공부한 상태였고, 중국 학문에 대해서도 아직 충분히 알지 못했다. 더욱이 그 2년 동안에도 거의 계속해서 장거리 여행을 하곤 했다. 따라서, 그가 번역본에 덧붙여 말하는 것처럼 "일부러 중국의 양식에 맞게"[cfr. N.972, 주(註)] 했다. 실제로 중국어 텍스트는(Fonti Ricciane, III, pp.4-8) 저속하지 않은 언어에 대한 지식이 필요했다.

신匣, 디에고 판토하는 구만 리 떨어진 왕국에서 온 외국인으로, 귀국의 찬란한 문화와 명성에 감명받아[1377] 3년을 항해하여[1378] 구만 리[6천 리그] 길을 거쳐[1379] 무수한 위험과 어려움 끝에 귀국에 도착하였사옵니다. 만력萬曆 28년(황제의 이름이고, 중국인들은 황제가 옥좌에 오르는 해부터 연도를 센다) 음력 12월, 신匣과 마태오 리치, 다른 세 명의 동료는 폐하의 도성[북경]에 들어왔고,[1380] 저희가 고국에서 가져온 보잘것없는 선물을 진상하였사옵니다.[1381] 그때부터 저희는 황가의 은혜로 생활해 왔고,[1382] 그것은 저희에게 놀라운 은혜가 아닐 수 없사옵니다. 신들에게 베풀어 주신 큰 은혜는 피를 모두 뽑아도 다 갚을 길이 없을 것이옵니다.

만력 29년 음력 1월,[1383] 신들이 폐하께 탄원하여 저희 외국인을 향한 폐하의 자비와 은덕에 기대어 거주할 자리 하나를 청한 적이 있사옵니다. 여러 해, 폐하의 뜻을 기다리는 동안에도 신들은 아무런 공 없이, 폐

1377 리치와 루지에리도 1583년, 조경(肇慶)에 도착했을 때, 이런 방식으로 자신을 소개했었다. Cf. N.234; cfr. N.973, 본서 p.150, 주(註) 1398.
1378 진부하고 단순한 양식이다. Cf. N.234, 본서 2권, p.129, 주(註) 182.
1379 중국의 현대 문헌에서 유럽과 중국 간 거리는, 선교사들은 물론 중국인 신자 또는 비신자 친구들까지 드물게 8만 리(里)라고 보았지, 대부분 9만 리나 때로 10만 리까지도 보았다. 1625년에는 5리를 1마일로 계산했다. 그러니까 15리는 3마일이고, 1리그다. 1626년 초에 쓴, 그해[1625년도] 연차편지에서도 유추해 볼 수 있다(ARSI, Jap.-Sin., 115, I, ff.65v, 91r). Cf. N.521, 본서 3권, p.85, 주(註) 143. 그러므로 누군지는 몰라도 라틴어 번역자는 중국어 텍스트에서 말하는 대로 8만 리로 매우 축소하면서 6만 리그가 넘는다고 말하고 있다.
1380 다섯 명의 여행자는 리치, 판토하, 세바스티아노 종명인(鍾鳴仁) 페르난데스, 유문휘(游文輝) 페레이라와 집이 가난해서 남경에서 팔려 온 중국인 소년이었다. Cf. NN.574, 583. 1601년 1월 24일(N.592)은 음력으로 만력(萬曆) 제28년 12월 21일이다.
1381 이 진상품 리스트를 보라. cfr. N.592, 본서 3권, p.271, 주(註) 677.
1382 Cf. NN.616, 618.
1383 1601년 음력 1월은 2월 3일에 시작하여 3월 5일에 끝났다. 새해 첫 보름 동안은 모든 사람이 축제를 지내고, 탄원서를 제출할 수가 없다. 2월 18일 이후에나 가능하다.

하께서 하사해 주시는 은덕으로 부족함 없이 살았사옵니다. 이제 만력 38년 음력 3월 18일,[1384] 마태오 리치는 늙어서[1385] 노환으로 사망했사옵니다.

저는 다른 나라의 신하[1386]이기는 하나 이제 홀로 남아, 제 처지가 동

[1384] 리치가 사망한 날인 5월 11일은 음력 3월 18일이 아니라, 19일이고 4월 23일에 시작된 윤달이 있었다. Cf. N.963, 본서 p.106, 주(註) 1309. 실제로 중국어 텍스트도 18일이 아니라 19일이라고 말한다. Cf. *Fonti Ricciane*, III**역주**_『리치 원전』제3권은 델리야 신부가 작성한 것으로, 연구자들을 위한 부록 4개와 전체 리치 원전의 목차와 중국어 표기, 찾아보기 등이 있다], p.4.

[1385] 리치가 1610년, 사망할 때 나이가 57세 7개월이었다. "이미 늙었다(iam senex)"라고 말할 수 있다. 하지만 중국에서 노(老), 즉 '어르신'은 단지 나이만 먹은 것을 의미하는 것이 아니라, 존경할 만한 사람에게 쓰는 말이고, 따라서 분명히 리치도 나이에 상관없이 일찍 '어르신'이 되었을 것이다. 1593년 12월 10일, 41살이 조금 넘었을 때도 벌써 노후에 관해 이야기하곤 했다(N.1273). 1596년 10월 13일, 44살이 되었을 때, 그는 "이미 늙었습니다"(N.1498)라고 말했고, 이틀 후에도 "더는 젊지 않습니다"(N.1525)라고 했다. 1599년 8월 4일 "긴 노후"를 약속할 수 없다며, "간절히 바라는 이 문제[체류 허가로 너무 고생해서"(N.1547)라고 말했다. 1611년 1월 말, 그의 이웃 한 사람이 증인으로 북경에 오자[심덕부(沈德符), c.30, f.35b], 이미 머리가 백발이라고 했다: 比至京已斑白矣 肪造艾. 그해에 자기도 "나이 든 사람으로 대접받기 시작했다"라고 고백했다[『기인십편(畸人十篇)』, c.1 in *PCLC*, II, f.1a]. 1605년 5월 12일, 그는 "중국인들은 나이가 많지 않은 나이에 내가 너무 늙어서 놀라지만, 내 백발의 원인이 어디에 있는지는 모릅니다"(N.1619)라고 썼다. 이듬해 8월 15일, 아직 54살이 되기도 전에 이미 55살이라고 했고, "가장 무기력한 나이"(N.1727)라고 했다. 사망하기 2년 반 전에도 나이가 "약해지고"(N.1900) 있다고 했다. 데 우르시스는 리치의 마지막 병과 죽음을 묘사하면서 자주 "노인(어르신)"[cfr. N.960, 본서 p.102, 주(註) 1298.: N.963, 본서 p.106, 주(註) 1309.; cf. NN.3488, 3491]이라고 부르고, 1610년 9월 2일 리치가 사망했다며, "그의 나이 60세에 이르러 이미 늙었고, 많은 어려움과 이 나라 선교에서 겪은 것들로 매우 지쳐 있었습니다"(N.3494)라고 썼다. 1610년 5-6월, 리치의 묫자리를 얻기 위해 황제에게 올린 이 탄원서에서도 누차 우리의 신부가 늙어서 죽었다고 강조하고 있다. Cf. N.976; *Fonti R.*, III, pp.4, 7. 이 모든 텍스트를 종합하건대, 리치는 많은 일과 28년간 혹사하여 겉늙었다고 결론 내릴 수 있을 것이다.

[1386] 즉, 중국에서 외국인은 베르나르드(Bernard[4], p.113; Bernard[3], II, pp.146, 148, 197)가 번역하고 있는 것처럼 "손님"이 아니면, 이역미신(異域微臣) 또는 이역고신(異域孤臣)이다.

정과 연민을 받기에 이르렀사옵니다. 고국으로 돌아가기 위한 길은 너무도 머옵니다. 뱃사람들은 자기네 배에 시신을 실어 주지 않으려고 하여, 망자를 고국으로 모시고 갈 길은 모두 막혔사옵니다.

신들이 이미 오래전부터 폐하의 그늘에서 살아온바, 신들은 폐하의 신하로, 폐하의 백성 중 한 사람으로 간주해 주시어,[1387] 요堯임금(고대 중국의 왕으로, 모두 성인으로 간주한다)[1388]처럼 폐하의 자비가 중국에만 그치지 않고 만방에 떨치게 하옵소서. 살아서 폐하의 은덕을 입었기에 죽어서도 폐하께 의탁하오니, 저희를 덮을 땅 한 자락만 하사해 주시기를 청하옵니다.

신의 동료 마태오 리치는 이 거대한 왕국에 도착했을 때부터 매사에 폐하의 언어를 공부하고 중국의 책에서 가르치는 덕행을 실천하며 살아

[1387] 연곡신민(輦轂臣民)(cf. *Fonti R.*, III, p.4), 즉 "수도의 시민"이 라틴어 번역자가 잘못 이해하여, 우리가 "황궁의 마차를 수행하는 손님과 백성"으로 본 것이다. 이는 연곡(輦轂)이 마차가 아니라, 황실 마차가 지나가는 장소, 곧 수도이기 때문이다. 알려진 것처럼, 리치는 중국인들의 눈에도 더는 외국인으로 보지 않을 지점에 도달했던 거다. Cf. 본서 1권, p.204, 주(註) 484. NN.312, 491, 536, 604, 1703; D'Elia¹, pp.79-81. 1605년 북경에서 일어난 사건에 대해 말하며, 궤리에로(Guerriero, II, p.291)는 다음과 같이 주목했다. "도성에서 선교사들은 자연스럽게 정착하고 있었고, 황족들과 조정 대신들뿐 아니라 황제까지도 허락하고 갈채를 보냈다."

[1388] 만력 황제의 자비를 기원전 2145년에서 2041년에 통치했던 요(堯)임금에 비유하고, 중국의 모든 작가가 최근까지도 그의 놀라운 덕행을 칭송하곤 했다. 조톨리(Zottoli, II, p.4)는 그요 임금를 "중국 황제 중에서 가장 유명"하다며, 이렇게 묘사한다. "그는 덕에 대해 큰 명성을 남겼고, 자비와 지혜와 위엄이 하늘[天]에 견줄 수밖에 없었다. 처음에는 자신의 재능을 낮추고, 낮은 지붕에 단순한 의복, 검소하게 감미료 없는 음식을 질그릇에 담아 먹고 짚으로 만든 침대를 사용했다. '내 백성의 기근은 내 것이요, 내 백성의 죄도 내 것입니다': 그는 왕실의 식량 배급소에 노인들을 위한 병원을 열었고, 이렇게 평화롭게 50년간을 바르게 통치하자 중국인들은 하나같이 칭송하며 한 번도 경험하지 못했던 임금이었다고 했다. 그가 죽자 백성은 자신의 양친을 잃은 듯 3년상을 치렀다." Cf. Wieger, *Textes historiques*, 1929, I, pp.31-35.

왔사옵니다.[1389] 동시에 몸과 마음을 정결하고 고요하게 하여 천주天主의 제단에서 향을 피워 폐하께서 베풀어 주신 은혜에 감사하고 폐하의 안위를 위해 기도했사옵니다.[1390] 폐하의 조정에 있는 모든 사람이, 높은 사람이건 낮은 사람이건, 그의 완전함과 충성(없는 것을 만들어 낼 용기는 없다)을 알고 있사옵니다. 그래서 모두 '호학好學'[1391](중국인들은 '바른 사람'을 말할 때 이런 표현을 쓴다)이라고 하옵니다. 책을 많이 썼고,[1392] 바다 건너 왕국들[1393]에서는 그의 과학이 유명하옵니다. 이런 이유로 그가 이 왕국에 발을 디딘 후로 중국의 관리들도 존경하기 시작했사옵니다.[1394]

신匝, 디에고 판토하와 저희 동료들은 외국의 신하들이옵니다. 저희가

1389 중국인들의 다섯 가지 덕목은, 인(仁), 의(義), 예(禮), 지(智), 신(信)이다. Cf. N.119, 본서 1권, p.369, 주(註) 327. 그러나 중국 자료는 이것들에 관해 말하지도 않고 다른 덕목에 대해서도 언급하지 않는다.

1390 특히 주목할 만한 것은, 리치가 우리에게 보여 주는 이런 것이다. 더 뒤에서 보겠지만, 그의 동료들도 모두가 이교도인 중국의 황족들을 위해 참 하느님께 기도한다는 의도를 밝히고 있다. 여기서 선교사들은 사도[바오로]의 규범을 따르고 있다고 하겠다. "나는 무엇보다도 먼저 모든 사람을 위하여 간청과 기도와 전구와 감사를 드리라고 권고합니다. 임금들과 높은 지위에 있는 모든 사람을 위해서도 기도하여, 우리가 아주 신심 깊고 품위 있게, 평온하고 조용한 생활을 할 수 있도록 하십시오"(1티모, 1-2). Cf. N.976; N.972 뒷부분.; *Fonti Ricciane*, III, p.5.

1391 공자의 논어(論語)의 다음 구절에 대한 암시다. [위대한] 철학자의 제자 중 한 명이었던 자하(子夏)는 기원전 526년에 태어나 406년에도 여전히 살아 있었는데, 그는 이렇게 말했다. "모르던 것을 날마다 알아 가고, 알던 것을 매월 잊지 않으려는 사람을 간절히 알고 싶습니다: 日知其所亡, 月無忘其所能, 可謂好學也已矣". Cf. Zottoli, II, p.368; Couvreur, *Les Quatre livres*, p.285.

1392 Cf. NN.262, 328, 482, 526, 527, 538, 544, 601, 655, 666, 704-711, 772, 892, 992.

1393 유럽과 이탈리아를 가리킨다. Cf. N.542.

1394 Cf. 본서 제1권 pp.158-160, pp.168-169, pp.171-173, pp.178-181., NN.562, 618-623. 그리고 [델리야] 논문, *I metodi dei grandi missionari della Compagnia di Gesù alla luce dei recenti documenti pontifici, in La Compagnia di Gesù e le Scienze sacre*, Roma, 1942, pp.232-235가 있다.

이렇게 부족한데 무엇을 기대할 수 있겠사옵니까? 신들의 동료가 죽었는데, 묻힐 땅 한 조각이 없어, 그 고통은 더없이 크옵니다. 이에 눈물을 머금고 폐하께 청하오니, 작은 땅 한 조각이나 버려진 사당 하나를 하사해 주시어, 먼 데서 온 이 사람을 묻을 수 있게 해 주소서.[1395] 신 자코모 판토하와 동료들은 살아서나 죽어서나 망자가 한 것처럼 열심히 살 것이며, 천주께서 폐하와 폐하의 모친께 만수무강의 복을 내려 주시기를 청하겠사옵니다. 폐하의 제국이 평화와 안녕을 얻는 것이 저희에게 큰 위로가 되옵니다. 개미처럼 보잘것없는 저희지만, 폐하께서 주시는 은혜에 감사드릴 수는 있사옵니다. 만약 저희에게 이 큰 은혜를 베풀어 주시면, 저희를 짓누르는 큰 짐을 덜 수 있겠사옵니다. 신들은 폐하의 명령을 기다리옵니다."[1396]

이것이 탄원서의 톤이다. 만약 어느 부분에서 더 중국 스타일이 느껴진다면 그것은 일부러 그렇게 한 것이다.[1397] 그래야 더 원래의 어감을 살릴 수 있기 때문이다. 언어에 따라 문장의 맛이 확연히 차이가 난다.

이야기를 계속하기 전에 몇 가지 간단히 말해 둘 것이 있다. 명확하게 하는 데 꼭 필요한 것이다. 그렇지 않으면, 이후의 일들을 쉽게 이해할 수가 없다.

1395 이런 선언적인 판단은 데 우르시스가 조언했다. Cf. N.976, 본서 p.162, 주(註) 1442.
1396 "5월 18일, 마태오 리치 신부의 동료로서, 디에고 판토하 신부의 이름으로, 탄원서[本]는 선물과 함께 황제에게 올라갔습니다. 이지조(李之藻) 레오 박사가 조정에서 이 일을 많이 도와주었습니다"(N.3532).
1397 Cf. N.972, 본서 p.144, 주(註) 1376.

973. 중국은 외국인을 세 등급으로 구분한다. 황제에게 전달된 탄원서

우선 탄원서에서 "신부들이 중국의 명성에 감명을 받아 왔습니다"라는 말이 어려울 수가 있는데, 그 이유는 사실, 신부들이 중국에 온 것은 복음을 전하러 왔기 때문이다.[1398]

1398 그가 한 번 이상 중국의 좋은 명성에 이끌려 왔다고 말을 하면서도, 리치는 한 번도 중국인들을 대상으로 한 솔직한 사도적인 생각을 드러낸 적은 없다.

1583년 7월에도 벌써 루지에리와 함께 광주의 해도(海道)에게 자신들은 "중국 정부에 대한 좋은 명성을 듣고 (멀리) 서역에서 온 수도자들로, 중국에서 살다가 죽으려고 한다"(N.226)라고 했다. 두 사람은 그해 9월 10일, 조경(肇慶)에 도착해서 지부(知府) 왕반(王泮) 앞에서 "멀리 서방 끝에서, … 중국 정부에 대한 좋은 소문을 듣고"(N.234) 왔다고 했다. 몇 년 지나지 않아서, 리치는 자기를 찾아오는 많은 방문자에게 거듭 "유럽에서부터 내 마음 중국의 가르침을 흠모했고, 만 리가 [열 번이나] 되는 길이 너무 멀다고 생각하지 않았습니다: 自天竺國心慕華敎, 不遠[十]萬里"라고 말했다. Cf. *Civiltà Cattolica*, 1935, II, p.48(N.633). 1602년, 그는 자신의 〈세계지도〉에서 이렇게 말한다. "나, 마태오는 해양 국가[이탈리아]에 있을 때부터, 중화 제국에 감탄을 금치 못했고, 그 명성이 만 리가 [열 번][역주_ 10만 리에 이른다는 말이다]이나 되는 데에 이르러, 배를 타고 서쪽에서 왔노라: 竇也, 踐見海邦, 竊慕中華大統[十]萬里聲敎之盛, 浮槎西來"(D'Elia1, 그림 35-36, EF*d*, lin.5-6). Cf. N.708, 본서 4권, pp.83-84, 주(註).

다른 한편, 초창기에 외국에서 온 종교가 "새로운 소식"으로 "이 백성들의 의심을 사지 않기 위해"(cf. NN.206, 226), 또 "그들의 체류에 장애가 될 수도 있으므로"(N.226) 신부들은 "우리의 거룩한 율법을 명확하게 [대놓고] 설교하지 않았다"(N.245). [중국의] 언어를 잘 배우는 데 만족하며 "좋은 표양으로"(N.753) "중국인들의 마음을 얻으려고 했다"(N.245). 이렇게 1595년 5월 29일, 남경에 도착한 리치는 자신의 친구 관리들에게 광동(廣東)에서 오래전부터 들었다며 이렇게 말했다. "이 도시의 명성에 대해서 들었고, 자기의 여생을 이곳에서 보내기를 언제나 갈망해 왔다고 했다. 우리의 거룩한 율법의 씨앗을 뿌리려고 한다는 의도는 말하지 않았다"(N.458). 실제로 당시에 "신부는 자신을 돌아보고 있었고, 우리의 거룩한 율법의 씨앗을 뿌리는 일에 대해서는 아무에게도 말하지 않았다"(N.463).

이런 신중함은 발리냐노(Valignano)와 파시오(Pasio) 신부도 바랐던 것이지만, 1583-1589년 조경(肇慶)에서부터 이미 막지 못했다. "신부들은 우리 그리스도교의 신앙에 대해 말하기 시작했다"(N.311). 즉, 그들의 "가장 근본적인" 목적(N.313; cf. NN.366, 760, 1905)이었던 것이다. 이교도들 스스로 "우리의 의도가 거짓 종파를 근절 그러나 중국은 다음의 세 부류에 속하지 않는 외국인[1399]은 입국이 금지되어 있다는 것을 알아야 한다.

첫째, 인근 국가들에서 매년 조공을 가지고 오는 사람들이다.[1400] 중국인들은 이들을 특별히 신경 쓰지 않는다. 왜냐하면 그들을 침략할 생각이 없기 때문이다.[1401]

하고 복되신 그리스도의 진리의 씨앗을 뿌리는 것"(N.540; cf. NN.578, 653)임을 쉽게 알아차렸고, 그가 "중국에 있는 것은, 오직 중국인들의 [영적] 건강을 위해서"(N.1419) 임을 알았다. Cf. NN.578, 977, 1393, 1554. 그래서 1600년 북경으로 가던 두 번째 여행길인 긴 대운하 여정에서 "우리는 그 기회를 이용하여 우리의 거룩한 신앙에 대해 많은 사람과 이야기했고, 북경으로 가서 황제에게 선물을 바치려고 하는 의도에 관해서도 설명했다"(N.576). 그러므로 1601년 조정에 도착했을 때, "하느님께서 자신들에게 이 왕국의 위대한 인물들과 더불어 좋은 평판을 얻게 해 주신 것"을 보았다. 그들은 계속해서 신부들을 방문했고, 이에 신부들은 "이런 모든 기회를 이용하여 우리의 거룩한 가톨릭 신앙에 관한 것을 설교하고 알리기 시작했다. 많은 학자와 유지들은 그들의 가르침에 귀를 기울이고 따르고자 했다"(N.689). 오히려 수도[북경]의 한 관리가 신부들에게 중국에 온 의도가 무엇이냐고 묻자 "신부들은 아무것도 숨기고 싶지 않았다. 그래서 구두와 서면으로 답하기를, [수도회의] 장상이 중국에 하느님의 율법을 선포하라고 보냈습니다"라고 했다. 설교하는 가르침에 대해서도 묻자, 그들은 『성무일도서』와 처음 번역한 그리스도교 관련 서적들을 보여 주었다(N.611). 그리고 1600년대 초부터 "이제 중국에서는 우리가 복음을 전하고"(N.633), 특히 불교에 대항해 말이나 글로 싸우려고 한다는 걸 알았다. Cf. NN.641, 653; cfr. N.900, 본서 4권, p.426, 주(註) 1096.

이러한 방식으로 중국에 대해 공언한 존경심에 선교사들의 참된 사도적 목적에 대한 신중하고 점진적인 고백이 결합되었다.

[1399] 이런 점에서 그곳에는 참된 율법이 전혀 없이(N.1904), "아주 오래된 관습으로 법에 선행하며 … 법보다 더 나쁜" 것이 있었고, 그것은 "중국에서 외국인은 아무도 거주할 수가 없다"(N.116)라는 것이다. 그리고 외국인이 본국으로 돌아가는 것에 대해서도 두려움을 가지고 있었는데, 그것은 중국에서 본 것들을 알려 어떤 해코지라도 할지 모른다고 생각했기 때문이다. Cf. NN.206, 226, 524, 836.

[1400] 매년, 또는 3년마다 혹은 5년마다 조공을 바치러 오는 이 왕국들은 중국에 사절단을 보낼 수 있다. N.605, 본서 3권, p.303, 주(註) 756.; N.837. Cf. *TMHT*, c.105를 보라.

[1401] Cf. N.110.

둘째, 조공을 바치지는 않지만, 중국의 방대함에 크게 인상을 받아 황제에게 선물을 가지고 오는 사람들이다. 이 사람들은 "사절단"이라며 국왕이 보내서 왔다고 하지만, 사실은 돈을 벌러 오는 사람들이다. 서방에서 오는 무슬림 상인들이 여기에 속한다.[1402] 이들 대상隊商 중 하나에 끼어 우리 수사 한 명도 무굴제국에서 카타이(契丹)를 밝히기 위해 온 적이 있다.[1403]

셋째, 중국인들이 생각하는 것처럼 중국의 명성을 듣고 그 덕의 향기를 쫓아서 온 사람들로 중국에서 뿌리를 내리고 살러 오는 사람들이다. 예전에는 이런 이유로 온 사람이 많았지만, 지금은 중국인들이 상상하는 것처럼, 좋은 향기가 있는 것 같지는 않다.

우리는 쫓겨나지 않기 위해 이 [셋째] 부류에 들어야 했다. 다른 부류는 언젠가는 자기네 고향으로 돌아가야 하고, 말이 사절단이지 양 떼[짐승]처럼 대우하며,[1404] 지금까지 중국인들이 다른 나라의 임금들과 동맹을

[1402] Cf. NN.606, 830, 836-837, 1836; D'Elia³, pp.329-337, 361-377. 가의(賈誼)(기원전 200-168년)에 따르면, 고대에서부터[高之正義] 중국인들은 자기가 알고 있는 세계의 모든 나라에, 자기네 마차와 정크[배]가 도달할 수 있는 모든 곳에서 자기를 알리려고 했다[舟車之所達]. 어디든 인적이 있는 곳에는[人迹之所至], 자기네 천자의 위대한 덕과 후함이 이르게 했다[天子德厚焉澤湛焉]. 그들은 천자를 중국과 천하의 우두머리로 보았던 거다[天子者天下之首也]. Cf. Forke², p.20, n.7.

[1403] 1602년 10월 29일, 인도 아그라에서 출발한 베네딕토 데 고이스 수사의 여행에 관한 말이다. 야르칸드에서 카타이로 가는 카라반을 만나 그들과 함께 1604년 11월 14일, 그곳에서 다시 출발하여, 1605년 12월 22일경 감숙(甘肅)의 숙주(肅州)에 도착했다. Cf. NN.806-815, 825-828, 831-832.

[1404] 리치는 이렇게 중국인들을 향한 자신의 표현을 주의 깊고 자애로우며, 많은 부분에서 솔직하게 감탄하지만, 외국 사절단들을 다루는 방식에 대해서는 주저하지 않고 "민망하기 짝이 없다"라고 표현한다. 그들을 "아무것도 볼 수 없게 한 채" 북경까지 호송하여 외국인들을 위한 궁[四夷館]에 가두고 열쇠로 잠근다. 사절들은 "중국인과 말을 할 수도 없고, 중국인들 역시 그들과 대화해서는 안 된다"(N.167). 그들에게 배당된 방은

맺는 것을 본 적이 없다.[1405] 셋째 부류의 명분은 임시적이기는 하지만 이곳에 남을 수 있는 근거가 되고, 후에 오게 될 우리의 동료들에게도 문을 걸어 잠그지 않게 하는 길이다. 우리가 이곳에 온 진짜 목적이 복음 전파라는 걸 숨기고 있다고 생각할 필요는 없다. 우리와 교류하는 사람들치고 아무도 그것을 모르고 있지 않다.[1406] 우리의 친구 관리들도 중국에서 법적으로 보호 받기 위해서는 숨길 필요가 있다고 말한다.

또 다른 설명이 필요한 것은, 이 나라의 행정이다. 이곳은 군주제 국가이고, 모든 것을 황제가 직접 결정해야 한다.[1407] 탄원서에서 언급한 것처럼, 황제가 허락하지 않으면 한쪽으로 밀쳐 [영원히] 방치한다. 그러나 허락한 것들은, 두 차례 각로閣老에게 보내져 일을 심의하도록 한다.[1408] 그들의 의견이 황제에게 전달되어 승인을 기다리는데,[1409] 그 경우 황제는 거의 승인한다.[1410]

"사람이 머무는 곳이라기보다는 양[짐승]들을 위한 우리처럼 보인다. 문도, 의자도, 책상도, 침대도 없다"(N.605). 이 사절단들을 맞이하는 것은 황제가 아니라, "매우 낮은 직책의 관리"이고, 사절단은 그 관리 앞에서 무릎을 꿇어야 한다(N.167). 볼일이 끝나면, 각자 본국으로 돌아가도록 국경까지 호송하는데, 방대한 나라라는 것 외에, 다른 어떤 것도 볼 수 없게 한다.

[1405] 중국이 외세와 처음 조약을 체결한 것은 러시아와 국경 문제를 조율하기 위한 네르친스크(Nerčinsk, 1689년 9월 6일)이고, 그다음이 1842년 8월 29일 영국과 체결한 것이다.

[1406] Cf. N.973, 본서 p.150, 주(註) 1398.

[1407] 더 정확하게 리치는 중국 정부에 대해 "군주제"지만 "많은 부분 공화제를 표방한다"라고 말한다. 그 증거로 여러 가지를 들 수 있지만, 분명한 것은, 황제가 모든 것을 명령하지만, 그것들은 담당 관리가 제안한 것을 "인준하고 논박"한 뒤에 하는 것이고, 거의 모든 "올라온 안건들은 그것들을 담당하는 관리를 통해 이루어진 것이지, 황제가 결코 직접 제안하는 법은 없다"(N.83).

[1408] 이 "고관들"은 연감에서도 해당 내용과 일치하고, 비판적 주(註)들에서도 살펴본바, 확실히 장관, 곧 각로(閣老)들을 일컫는다. 이들에 관해서는 N.70, 주(註); N.96을 보라.

[1409] Cf. N.83, 본서 1권, p.341, 주(註) 245.

이것은 앞으로 이야기하는 것을 통해 더 분명하게 드러나게 될 것이다.

974. 각로(閣老) 엽대산(葉臺山)과 여러 관리에게 보낸 탄원서. 황제가 탄원서를 호부(戶部)로 내려보내다

이 탄원서는 특수한 양식과 문체로 써서 봉했다. 사실 이런 형태의 문서들은 모두 세심하게 주의를 기울여야 한다.[1411] 탄원서들을 황제에게 올리기 전에 가장 권위 있는 관리가 한 번 봐 주고 승인하는 것이 필수다. 그의 생각에 따라서 통과될지 안 될지가 결정되기 때문이다.[1412] 다만 도어사都御史들의 상소문은 다르다. 그것들은 매번 언제든지 다른 승인을 거치지 않고 황제에게 직접 올라간다.[1413] 일을 시작하는 단계에서 겁을 먹은 신부[1414]는 중간에 또 어떤 방해를 받게 될까 두려워, 앞서 말한[1415] 도어사를 거쳐 우리의 탄원서가 통정사通政使에게 전달되도록 했

1410 Cf. N.1901.
1411 황제에게 올리는 탄원서는 양식과 형식이 고관들이 사용하는 방식으로 해야 하고, 글씨체도 특별해서 극소수의 문인 학자만 할 수 있어 그 비용이 적지 않다. 리치도 그것을 직접 경험한 적이 있다. Cf. NN.130, 585. 데 우르시스는 다음과 같이 주목했다. "황제에게 올리는 탄원서는 행위와 함께 매우 특별한 것이어서, 사적인 서신 양식으로 쓰지만 모두 쓸 수 있는 것은 아니다. 일부만 쓸 수 있고 통상적인 것에 비해 매우 비싸다. 봉하는 것도 특별한 양식으로 접어 봉한 다음, 그것만 넣는 봉투에 넣는다. 이런 이유로 [우리는] 탄원서를 작성하기 위해 그것을 써 줄 사람을 집으로 불렀고, 시일이 오래 걸릴 걸로 생각했다. 미신도 많았다. 예컨대 중국에서는 황제의 이름을 함부로 쓸 수 없기에 그와 유사한 이름을 써야 하고, 그 일을 전담하는 관리가 황제의 이름을 대신하는 이름을 적어서 전달한다는 것이다"(p.60).
1412 이 관리는 통정사(通政司)로 탄원서를 전달하는 일을 한다. 그에 관해서는 다음을 보라. cf. NN.508, 918; Beltchenko, N.928.
1413 도어사(都御史)들이다. Cf. N.97.
1414 연감을 통해 알 수 있듯이, 판토하 신부다.

다. 그 바람에 거의 직접 황제에게 전달되었다.[1416]

관례상 황제에게 전해지는 모든 탄원서는 탄원하는 사람이 여러 장을 작성하게 되어 있다. 그래서 탄원 내용과 관련한 부서의 담당 관리들에게 각 한 통씩 발송한다. 신부는 이런 관례를 잘 알았고, 탄원서를 우선 두 명의 각로閣老에게 보냈다.[1417]

그중 한 사람은 복건성福建省 출신으로, 지금 이 자리로 오기 전에 남경에서 관리로 있었고, 그때 우리와 잘 알고 지냈다.[1418] 각로가 되어 북경에 와서도 두 차례 리치 신부를 자기 집에 초대하곤 했다.[1419] 그는 탄원서를 읽고 난 뒤, [리치] 신부의 사망 소식에 크게 애석해하며 여러 번 그를 칭송했다. 탄원서의 내용과 관련하여, 리치와 같은 인사는 사당을 만들어 동상을 세워야 하는 만큼(중국에서는 공적이 있는 사람에게 그렇게 한다)[1420] 청하는 것 이상을 받을 자격이 있다고 대답했다. 그러면서 덧붙

1415 1609년 6월부터 1611년 초중반까지 도어사(都御史)는 곡물창고[창장(倉場)]의 대표[상서(尙書)]를 서원사(署院事)가 대신하도록 했다. 그의 성은 손(孫)이고, 이름은 위(瑋), 자는 순옥(純玉), 호는 이정(以貞) 또는 남석(藍石)이며, 시호는 장의(莊毅)였다. 섬서(陝西)의 위남(渭南)에서 태어나, 1577년에 거인이 되었다. 도어사(都御史) 및 여러 요직에 있으면서 많은 일을 했고, 1624년 9-10월에 사망했다. Cf. *Storia dei Mim*, c.112, ff.20b-24b: c.241, ff.10a-12a; *Index*, 24, III, p.101.

1416 연감은 "다음날"에 대해 말하지만, 이 "다음"이라고 하는 게 뭘 말하려는지 알아들을 수가 없다. 거기서 구체적으로 말하는바, [탄원서를 제출한] 거의 같은 때에, 즉, 탄원서를 "각로"에게 제출한 그때 바로 황제에게 전달되었다고 말하는 걸로 해석된다.

1417 탄원서는 1610년 5월 18일에 제출했다. Cf. N.972, 본서 p.149, 주(註) 1396.

1418 이 각로(閣老)는 연감에서 자세히 언급하는바, 엽대산(葉臺山)이다. 1599년 남경에서 예부시랑(禮部侍郎)으로 있을 때, 리치를 알게 되었다. Cf. N.533, 본서 3권, p.123, 주(註) 268.

1419 여기에 대한 구체적인 내용을 리치는 이 『역사서』에서 기억하지 않고 있다.

1420 일부 관리가 큰 공덕을 세우면, 중국인들은 "화려한 사당을 세워 주고 제단을 만들어 거기에 동상을 세우는 등 살아 있을 때 많은 걸 한다"(N.131). 이런 경우들을 리치의 펜 끝에서도 자주 보았다. Cf. N.229, 본서 2권, p.121, 주(註) 153: 같은책 p.231, 주

이기를, 중국에서 외국인에게 묫자리를 하사한 관련 법규와 선례가 없다며, 주의 깊게 관심을 기울이겠다고 했다.[1421] 이런 내용을 부하 직원 하나를 통해 신부에게 연락해 주었다. 그는 병이 들어 방문을 받지 못했기 때문이다. 그렇지만 최대한의 호의를 베풀어 주었다. 사실 조정에는 하나의 관행이 있는데, 그것은 누군가를 옹호하려면 그 사람에 대해 최대한 말을 아껴야 한다. 어떤 형태건 매수되었다는 의심을 받지 않기 위해서다.

다른 한 사람[1422]은 방해하지는 않았지만 어떠한 공적 지위도 행사하

(註) 428: 같은책 p.243, 주(註) 457-458: N.545. 본서 3권, 주(註) 369, p.161.; NN.235, 298, 319, 324, 332, 395, 582, 624. 텍스트에서 언급한바, 유추해 보자면, "이 경우 이런 명예가 너무 세속적일 수 있다는 걸 이해하지 못하는 게 아닙니다. 외국인에 대해 별로 준비가 되어 있지 않은 나라에서 … 한 외국인에게 사당을 지어 준다는 것이, 그를 신격화하는 일이라고 누가 말할 수 있겠습니까? 왜 우리는 백성이 자기들을 섬긴 위대한 사람에게 살아 있을 때와 마찬가지로 존경의 충만한 표현으로써, 그가 죽은 뒤에 그를 들어 올리는 걸 신격화한다고 할까요? 분명, 살아 있을 때 신격화한 것도 아니고, 반대로, 죽은 뒤에도 그렇게 한 것은 아닙니다." Cf. *Civiltà Cattolica*, 1940, I, pp.128-129. 여기서 인용한 원전은, 언제나 그렇듯이, 데 우르시스는 이렇게 말한다. "[판토하가] 먼저 조정의 최고 대신 각로에게 갔고, 그는 황제에 대해 조언해 주었다. 그는 마테오 리치와 남경에 있을 때부터 오랫동안 깊은 우정을 나눈 친구였다. 그에게 이 문제를 상의하자, 그는 매우 합당하고 옳은 일인 것 같다며, 오히려 마테오 리치 신부님은 더한 것도 받을 자격이 있다고 했다. 그가 한 일에 비하면 아무것도 아니라며, 그 자리에 도착해서는 여기에 신부님께 드리는 사당을 세워야 한다고 했다. 이는 중국에서는 관례적으로 자주 있는 일로, 관리가 해당 지역에서 통상 좋은 일을 할 때마다 그를 위한 사당을 짓고, 그 안에 동상을 세워 향을 피우고 등을 켜 둔다"(De Ursis, p.60).

1421 엽대산이 보여 준 호의적인 태도는 자연스러운 것이었다. 여기서 말하는 태도는 그의 하급 직원들도 똑같이 호의적이었다는 점이다. "이 관리가 신부에게 보여 준 사랑은 매우 본질적이었고, 그들[하급 직원들]에게 전혀 의심할 필요가 없다는 걸 가르쳐 주는 계기가 되었다. 우선, 많은 사람이 그가 [우리에게] 무슨 말을 했는지 모른 채 같은 말을 했고, 각로[閣老]가 그렇게 하라고 했다는 걸 알고는, 많은 여러 사람이 황제에게 이 탄원서를 올리라고 확실하게 말해 주었다"(De Ursis, p.60).

지 않았다. 그는 탄원서를 거부하지 않았고, 오히려 그 일을 친절하게 처리해 줄 사람에게 보냈다.

이에 신부는 다른 여러 관리를 찾아다녔다.

그 뒤, 집[수도원]에서는 황제가 결정할 때까지, 통상 사흘이 걸리는 동안, 하느님께 간절히 기도했다. 탄원서가 다시 황제의 수중에 들어갔을 때, 하느님께서는 그의 마음을 움직이게 하셨다. 오래전에 우리가 선물한[1423] 휴대용 시계[자명종]가 눈에 들어왔는데, 그것은 항상 [그의] 앞에 있던 것이다.[1424] 그 바람에 마음이 가능한 쪽으로 기울어지게 하셨다.

황제는 우리의 탄원서를 다른 것과 함께 앞서 말한 각로[1425]에게 보내며 관례대로 처리하라고 했다. 각로는 그것을 담당 부서에 전달했다. 그리고 사흘 후에 승인이 떨어져, 다시 통정사에게 돌아갔고, 통정사는 일

1422 엽대산이 언급한 첫 번째 "탄원서" 이후, 연감에서 언급하는 또 다른 "탄원서"가 있었다. 트리고는 이것을 여기에 옮겨 적는 걸 잊은 것 같다. 그래서 내가 이것을 연감에서 찾아 다음과 같이 정리하였다. 이 두 번째 각로는 ―당시에는 딱 두 사람이 있었음― 이정기(李廷機)였다. 자는 대호(大乎), 호는 이장(爾張), 시호는 문즉(文卽)으로, 진강(晉江)에서 태어났기 때문에 그 역시 복건(福建) 사람이다. 수재와 거인 시험에서 장원을 했고, 1583년에 급제한 진사 시험에서 2등을 차지했다. 남경과 북경에서 고관으로 출세한 뒤[cfr. N.638, 본서 3권, p.385, 주(註) 969.], 1607년 6월에 각로(閣老)가 되었다. Cf. Index, 24, II, p.228; Storia dei Mim, c.217, ff.101a-1b. 그가 이 일[리치의 묘지]에 다소 소극적이었던 것은 1608년 11월부터 1612년 10월까지, 혹독한 비판에 노출된 상태였고, 그래서 "아프다며 집 밖 출입을 하지 않았고, 자기 사무실에도 출근하지 않고 있었기 때문이다: 養病以後杜門注籍不赴閣"(Storia dei Mim, c.110, f.13b-14a). Cf. Ibid., c.217, f.11a. 그러니까 리치의 묘지 문제는 각로(閣老) 엽대산(葉臺山)에게 모든 절차가 맡겨진 상태였다.
1423 Cf. N.592, 본서 3권, p.271, 주(註) 677.
1424 로마에서 보낸, 금속 부분이 도금된 작은 태엽 시계로, 만력 황제는 이것을 매우 좋아했다. "낮이건 밤이건" 항상 "자기 곁에 두고 싶어 했다"(N.596). "어쩌다가 시계가 울리지 않으면 태감들이 곤욕을 치를 수도 있었다"(N.614).
1425 연차편지에서도 의미심장하게 주목하는 것처럼, 엽대산(葉臺山)이다.

을 처리할 부서를 결정했다. 중국의 정부는 여섯 개의 부部로 이루어져 있다. 이吏, 예禮, 호戶, 공工, 병兵, 형刑이 그것이다.[1426] 통정사는 황제가 하사하는 선물이라고 생각하여 호부戶部에서 처리해야 한다고 생각해 탄원서를 호부로 보냈다.[1427]

975. 탄원서가 호부에서 예부상서(禮部尙書) 오도남(吳道南)에게 도달하다

[탄원서가 호부로 간 사실에] 신부들은 그다지 마음이 편치 않았다. 거기에는 아는 관리가 하나도 없어 효과를 기대할 수가 없기 때문이다. 신부는 도어사都御史를 찾아가 상의했고,[1428] 도어사는 호부에서 예부禮部로 이관하여 처리할 수 있도록 하겠다고 했다. 예부에는 우리 친구들이 많았다. 실제로 이 일은 외국인들을 대상으로 한 것이므로, 예부에서 담당하는 것이 맞다. 약속은 지켜졌다.

그 바람에 하느님의 도우심과 함께 사람들의 도움도 기대할 수 있게 되었다. 이 일로 신부는 예부 소속의 두 사람을 찾아가 일을 특별히 부탁했다. 그들에게 소박한 선물을 가지고 갔는데,[1429] 중국어로 출판한 우리의 저작물[책]과 세계지도 『곤여만국전도坤與萬國全圖』[1430]를 선물로 가지

1426 Cf. NN.86-95.
1427 "호부에 통보되었다: 호부지도(戶部知道)"라는 문구가 들어간 황실 칙령(N.3533)으로 1610년 5월 22일에 공표되었다.
1428 앞서 N.974, 본서 p.155, 주(註) 1415.에서 말했던 것에 관한 거다.
1429 Cf. N.972, 본서 p.148, 주(註) 1392.
1430 1608년 초기에 나온 리치의 다섯 번째 판 세계지도,『곤여만국전도(坤與萬國全圖)』일 가능성이 크다(NN.888-893). 그렇지 않으면, 적어도 이응시(李應試) 바오로가 원했던 여덟 폭짜리 『양의현람도』일 것이다(N.630).

고 갔다. 두 사람은 우리를 잘 알지 못했지만, 모두 우리의 부탁에 동의하며 힘껏 돕겠다고 했다. 그중 한 사람[1431]은 중국의 풍습대로, 우리 집으로 답방문까지 해 주며, 황제께 우리와 똑같은 마음으로 답하겠다고 했다. 이것은 그가 우리를 존경해서일 뿐 아니라, 일을 간곡하게 부탁한 각로[엽대산]가 그의 친척이었기 때문이기도 했다. 그의 말은 우리를 크게 안심시켰고, 모든 일이 잘될 거라고 기대하게 했다.

우리의 새 교우 레오[1432]도 예부상서禮部尙書를 방문했다. 그[예부상서]는 대단히 지명도가 높은 사람이었고, 직위에 있어서나 학식과 인품에 있어서나 존경받을 만한 인물이었다.[1433] 그는 일찍이 이지조의 스승을

1431 이 텍스트에서는 물론, N.979와 그해 연감을 통해 알 수 있는 것은, 이 사람이 엽대산 (葉臺山)의 친척으로 같은 고향 사람이라는 거다. "이 사람은 예부주객사(禮部主客司)로 임[林?]이라는 사람인데, [우리] 일을 많이 도와주었습니다"(N.3533). 이 사람에 관해 중국 자료에서 눈에 띄는바, 성이 임(林)이고, 이름이 무회(茂槐), 자는 치허(稚虛)다. 엽대산(葉臺山)과 마찬가지로 복청(福淸)에서 태어났고, 1595년에 진사에 급제했다. 뒤이어 이부(吏部)에서 낭중(郎中)이 되었다. Cf. *DB*, pp.585-586; *Seccu*, p.923; N.979.
1432 이지조(李之藻) 레오다. Cf. N.627, 본서 3권, p.351, 주(註) 892. 플랑셰(Planchet, p.5)는 나쁜 뜻으로서가 아니라, 신부들이 황제에게 탄원서를 제출하는 데는 이지조의 도움뿐 아니라, 의심의 여지 없이 "고루 배치된 여러 사람의 친절"도 있었다고 말한다.
1433 1609년 음력 2월(3월 6일-4월 3일)과 1610년 음력 8월(9월 17일-10월 16일) 사이 (*Storia dei Mim*, c.112, f.20b), 예부를 관리하던 서부(署部)는 성이 오(吳), 이름이 도남(道南), 자는 회보(會甫), 시호는 문각(文恪)인 사람이었다. 강서(江西)의 무주(撫州)에 있는 숭인(崇仁)에서 태어났다. 1589년에 초횡(焦竑)[cfr. N.550, 본서 3권, p.171, 주(註) 390.]과 함께 거인에 급제했는데, 두 사람[오도남과 초횡]이 장원과 2등을 차지했다. 국자감(國子監)에서 편수(編修)로 임명되었고, 동궁강독관(東宮講讀官)이 되었다. 1594년 선대 왕조사를 편찬할 때, 수로(水路) 분야를 맡았다. 그 바람에 그의 첫 번째 저서는 하천에 관해서 쓴 『하거지(河渠志)』였다. 이 책은 중요한 혁신을 보여 주는데, 그것은 삽화가 들어갔다는 것이다(*Seccu*, p.1596). 뒤이어 태자궁의 총책임자 좌유덕(左諭德)이 되었고, 황실 교육을 책임진 소첨군(少詹君), 예부우시랑(禮部右侍郞)이 되었다. 정계에서 좋은 감독관으로, 자주 황제에게 상소를 올렸는데, 특히 홍수나

지냈고, 우리 일에 관해서도 종종 이야기하던 터였다. 그런데 이제 모든 일이 그의 손에 달린 것이다. 그는 비준을 약속했고, 만족할 만한 결과를 얻어 내겠다고 했다.

신부들이 침묵 중에 예부의 답변을 기다리는 사이, 예부의 한 인사가 우리를 승려의 한 부류로 간주하여 승려들과 함께 살아도 충분하다고 억지를 부렸다.[1434]

우리 신부들에 관한 이런 소식은 이지조가 자신의 소임지로 돌아가기 위해 북경을 떠나면서 전해 주었다.[1435] 그리고 이렇게 소문을 퍼트리는 사람에게 편지를 써서, 신부가 요청한 일에만 되는 쪽으로 매진해 주고, 다른 건 관여하지 말아 달라고 당부했다. 신부들은 승려들과 공통된 것이 하나도 없다며, 교육, 생활방식, 신앙 내용, 그리고 선교사들의 지식

가뭄 때에 그랬다: 遇事有操執明達政體. 그는 조선 사절단에게 화약을 양도하는 걸 반대했고, 투르판(토로번, 土魯番) 상인들로부터 옥(玉)을 받지 않았다. 1609년 아마도 3월쯤, 부친이 사망한 뒤, 계속해서 이시랑서(以侍郎署)로 일하면서, 또 정부 요직에서 성실함을 보여 줌으로써, 예부에서 서부(署部)가 되었다: 輔大政不爲詭隨頗有時望. 수많은 지루한 시험을 치른 뒤(Storia dei Mim, c.216, f.9b), 그는 17번이나 관직을 내려 놓겠다고 간청했다. 그러나 황제는 그를 매우 신임했고, 날짜가 정확하지는 않지만, 1610년 9월 17일에서 10월 16일 사이, 그의 계모가 죽을 때까지 놔주지 않았다. 1613년 10월 30일에 그는 동각대학사(東閣大學士)로 임명되었고, 1615년에는 거기에 예부 상서라는 직책이 추가되었다. 그런 상태로 1617년 8월 5일까지, 가문에 큰 상(喪)을 당할 때까지 있었다. 후에 태자의 후견인으로 태자태보(太子太保)가 되었다. 1619년에 사망했다(Litae[1], c.9, f.47b). 그는 중요한 많은 저서를 남겼다. Cf. Storia dei Mim, cc.210, 217; Index, 24, II, p.90; DB, p.326, b. 리치의 무덤에 관한 일에서 그는 참으로 놀라운 은혜를 베풀어 주었다(N.977).

1434 Cf. NN.340-341.

1435 따라서 1610년 6월 14일 이전에 이지조(李之藻)는 직책을 수행하러 복양(濮陽)으로 가야 했다. Cf. N.628, 본서 3권, p.352, 주(註) 892. 그러니까 여기서는 부친상을 당해 고향으로 돌아가는 게 아니다. 부친상은 이듬해(1611년) 초에 있었다.

은 그들과 매우 다르다고 했다. 그 인사의 주장은 그럴듯해 보였고, 거기에 대해 우리는 적잖이 놀랐다. 만약 그렇게 된다면, 우리의 생활이 엉망이 되는 것만이 아니라, 우리 성교회에 불명예가 된다. 하지만 이것은 얼마 안 가 기우에 불과하다는 게 드러났고,[1436] 모든 일은 우리가 바라는 대로 진행되었다. 우리는 크게 안심할 수 있었다.

976. 오도남이 1610년 6월 14일에 탄원서를 받고, 그달 17일에 황제의 윤허를 받아 내다

두 번째 답변은 한 달 안에 황제에게 올리는 것으로, 중국의 공문 전달 속도를 생각하면 매우 빠른 것이다. 예부의 이름으로 올라간 답변은 다음과 같다.[1437] [답변서의] 앞부분에는 앞서 올린 탄원서에서처럼 관례적인 말이 있고, 그 뒤로 이렇게 이어진다.

"폐하께서 담당 부서에서 일을 평가하라고 명하심에 따라, 신(臣)의 수중에 들어와 법적 근거로 『대명회전大明會典』[1438]을 보니, 거기에 이런 규정이 있었사옵니다. '중국에 들어온 외국인이 여행 중에 죽으면, 그가 아직 외국의 신하이고 —가끔 왕이 직접 오기도 함[1439]— 아직 우리의 수도에 도착하지 않았다면, 중국의 호부戶部는 그가 사망한 지역[성(省)]에 무

1436 오도남(吳道南)은 곧 이것이 아무런 의미 없는 중국 각로의 양식이라고 말함으로써, 신부들을 안심시킬 것이다. Cf. N.977, 본서 pp.167-168.
1437 중국어 텍스트와 그 번역본을 보라(Fonti Ricciane, III, pp.3-8). 6월 14일 날짜가 적혀 있지만, 그날 나온 것이 아니라 —알다시피— 16일에 나왔다(N.3534).
1438 Cf. Fonti Ricciane, III, p.6, n.1.
1439 여기서 라틴어 번역자 또는 그를 대신한 사람은 신하(臣)와 외국의 임금들(王)을 구분하고 있다.

덤을 마련해 주어야 한다. 그리고 비문에 망자의 이름과 중국에 온 목적을 기록한다'라고 기록되어 있사옵니다. 다른 조항에는 '만약 수도에 도착해서 황제를 알현하기 전에 죽으면, 수도의 통감이 장례 비용을 모두 댄다. 그렇지 않으면 장례비용은 망자의 유산에서 충당한다'라고 되어 있사옵니다.[1440]

마태오 리치는 자국의 왕이 보내서 온 신하는 아니지만, 이 나라의 명성에 감명을 받아 아주 먼 곳에서 이곳까지 와서[1441] 이미 오랜 세월을 국가의 녹을 받아 생활해 왔사옵니다.[1442] 이제 나이가 들어 세상을 떠났고, 그의 나라는 너무도 멀어서 시신을 어떤 방식으로도 고국으로 가져

[1440] 1408년 음력 10월, 즉 10월 19일과 11월 18일 사이, 보르네오(Borneo)의 임금이 남경에서 사망했다. 중국인들은 그를 마나야가나(麻那惹加那)라고 불렀는데, 당시 임금은 중국 황제가 베풀어 준 은혜에 감사한다며 방문하던 중이었다. 중국 황제는 사흘간 조문 기간으로 선포하고, 태자(太子)를 장례식에 대표로 보냈다. 임금은 남경(南京)의 안덕문(安德門) 밖 석자강(石子岡), 곧 우화태(雨花台)에 묻혔다(Gaillard, p.114). 후에 사당도 만들어졌다. 장례 비문에는 '황제의 정중한 선물'이라는 뜻으로 "공순사칙(恭順賜敕)"이라고 적었다. Cf. *Storia dei Mim*, c.325, sez. Borneo 발니(浡泥), ff.1b-2a. 몇 년 지나지 않아서, 수마트라(Sumatra)의 임금으로 최소한 1405년부터 1433년까지 통치한, 재노리아필정(宰奴里阿必丁, Zaynu-'l-Ābidīn)이 자신의 막내아우를 중국에 보냈다. 중국명 합리지한(哈利之漢)이라고 하는 이 막내아우는 1434년에 북경에 도착했고, 거기서 죽어서 묻혔다. [중국] 황제는 조문하고 시호를 내려 주는 한편 장례를 전담할 공무원을 임명했고, 몇몇 가문에 명해 그의 무덤을 돌보라고 했다: 來朝卒於京. 帝憫之, 贈鴻臚少卿, 賜有司治喪葬, 置守塚戶. Cf. *Storia dei Mim*, c.325, sez. Sumatra 소문답랄(蘇門答剌), f.8a; Pelliot in *TP*, XXXI, 1934-1935, p.294, n.1. 이 두 가지 사례만으로도 솔직히 말해, 리치가 중국에 묻히는 특권을 누리는 첫 번째 외국인은 아니라는 걸 충분히 알 수 있다. 멀리 갈 것 없이 명(明) 시대에도 마찬가지였다. 그렇지만 다른 한편, 더 정확하게 말하면, 그리치는 중국에 조공을 바치는 나라의 왕도, 외국의 사절단도 아니면서 중국에 묏자리를 얻은 첫 번째 외국인인 것은 확실하다.

[1441] Cf. N.234; cf. N.973, 본서 p.150, 주(註) 1398.

[1442] Cf. NN.616, 618.

갈 수가 없사옵니다.[1443] 아직도 시신이 묻히지 못하고 땅 위에 그대로 있다니 불쌍하지 않사옵니까? 신의 생각에는 디에고 판토하의 요청을 들어, 법적 근거를 찾아 리치가 묻힐 땅을 하사해 주심이 마땅하다고 사료되옵니다. 그리하여 폐하께서 오래전부터 보살펴 주었던 것에, 새로운 덕을 추가하심이 마땅하지 않겠사옵니까?

이 탄원서를 보고, 저는 폐하의 덕망과 명성이 먼 나라의 사람들까지 매료시켰다는 것을 분명히 알 수 있었사옵니다. 이 나라의 좋은 풍습과 법률에 감명을 받고 이끌려 입국하여,[1444] 한 번도 돌아가지 않은 사람들 가운데 마태오 리치와 그의 동료들 같은 사람은 일찍이 없었사옵니다. 그렇게 먼 여행 끝에 이곳 수도에 도착해서 폐하께 선물을 바치고, 오래전부터 폐하의 은덕을 입고 살았사옵니다. 마태오 리치는 학문에 열중했고, 점차 여러 가지 지식을 습득하여 유명한 책들을 발간하기도 했사옵니다.[1445] 이제 그는 죽었고, 누군들 먼 데서 온 외국인의 시신에 동정심을 품지 않겠사옵니까?

지금 그의 동료 디에고 판토하는 그가 묻힐 작은 땅 한 조각을 청하고 있사옵니다. 그의 경우는 사절단에 해당하지 않고, 리치는 오랜 세월 폐하의 그늘에서 살았기에 중국인으로 간주해 주기를 바라옵니다.[1446] 그가 살아 있을 때, 그와 그의 동료들은 폐하의 은덕으로 국가의 녹으로 생활했는데,[1447] 그의 시신이 묻히지 못하게 될 줄을 어찌 알았겠사옵니

1443 Cf. N.234, 본서 2권, p.129, 주(註) 182.; cf. N.972, 본서 p.145, 주(註) 1379.
1444 Cf. N.605, 본서 3권, p.303, 주(註) 756.
1445 Cf. N.972, 본서 p.148, 주(註) 1391.
1446 Cf. N.972, 본서 p.147, 주(註) 1387.
1447 Cf. N.616.

까? 판토하와 그의 동료들은 죽어서도 살아서와 마찬가지로 살펴주시기를 바라고 있사옵니다. 그러니 폐하께서는 산 사람과 마찬가지로 죽은 사람에게도 큰 자비를 베풀어 주시기를 바라나이다.[1448]

이에 신은 앞서 올라온 요청에 답하며, 폐하께서 명하시어 예부에서 수도의 통감에게 빈 사당과 마태오 리치를 묻을 땅 한 조각을 찾아보게 하옵소서. [빈 사당은] 디에고 판토하와 그의 동료들이 살 수 있게 해 주시옵고,[1449] 거기서 그들이 재능을 발휘하고, 자기네 종교를 실천하며, 천주께 폐하를 위해 기도하게 하소서. 폐하의 위대함이 마른 장작[시신]에

1448 데 우르시스(De Ursis, pp.62-63)는 신부들이 이번 묘지 문제를 기회로 공식 성당을 하나 개설할 생각도 했다는 걸 전해 준다. 마호메트 교인들이 그들의 모스크를 가지고 있고, 유대인들이 시나고그를 가지고 있는 것처럼, 예컨대, 유럽에서는 사람이 죽으면 성당들에 묘지를 써서 신자들이 그들의 영혼을 위해 기도하기 쉽게 한다[**역주**_ 유럽의 성당에 망자를 묻는 전통은 매우 오래된 것이다. 우선 성당 자체가 성인들의 무덤 위에 세워진 것이 대부분이고, 중세 그런 성인들 가까이에 묻혀 보호받기를 원하는 사람들이 많아지면서 성당 안에 무덤을 쓰는 전통이 생겼다. 이후 나라마다 조금씩 편차는 있으나 대부분 1804년 6월 12일 나폴레옹의 세인트클라우드 칙령으로 위생상의 문제와 평등 원칙에 어긋난다며 이 전통이 없어졌다]. 이런 생각을 정리한 뒤, 신부들은 중국인들이 통상 망자를 묻고 거기에 사찰을 짓기 위해 드는 땅 한 조각을 못자리로 요청한 다음, 사찰을 나중에 성당으로 바꾸기로 했다. 승려들이 버리고 간 사찰이 건축적으로 크게 훼손되지 않았다면 말이다. 이렇게 성당이 만들어지면 그 옆에 당연히 신부들의 숙소, 수도원을 설치하는 것이다. 이런 생각은 첫 번째 탄원서의 초안이 만들어진 5월 18일 이후에 데 우르시스가 [신부들에게] 제시했다. 수도원의 원장으로 초안 작성에 함께한 만큼, "추측건대, 사바티노[데 우르시스] 신부에게 오래된 사찰도 괜찮으냐고 물었던 것 같습니다. 그렇게 되면 못자리뿐 아니라 성당 자리도 얻게 되는 거로 생각했습니다. 그래서 탄원서[本]에 그 내용을 넣기로 하고, 어떤 땅이건 오래된 사찰이라도 달라고 했습니다"(N.3532).

1449 망자를 위한 못자리와 동시에 망자를 돌봐야 하는 살아 있는 사람들을 위한 거주지를 청하는 탄원서는 주요 인사의 경우 중국의 관습에도 맞는 것으로, 리치처럼 학문과 성덕에서 큰 자취를 남긴 사람은 여기에 해당한다고 보았다. 1611년 10월 10일, 파시오가 나가사키[長崎]에서 총장에게 보낸 편지에서도 이 점에 주목하고 있다(*ARSI, Jap.-Sin.*, 15, f.78v).

까지 은덕으로 미치고 먼 데서 온 사람들을 큰 온정으로 대하는 것이옵니다. 이렇게 되면 폐하의 명성이 계속해서 더욱더 퍼지게 될 것이옵니다.

신은 그들의 청원에 승낙하는 것이 온당하다고 믿사옵니다만, 그것은 신이 감히 결정할 일이 아닌 줄로 아옵니다. 하오니, 폐하께서 가장 좋다고 판단하는 것을 결정하시도록 일을 폐하의 손에 맡기옵니다.

만력 38년 음력 4월 23일."[1450]

여기까지가 탄원서의 내용이다.

이 공문을 받은 황제는 다음 날, 관행대로 각로閣老[1451]에게 내려보내 답을 구했다. 각로들은 공문 밑에 자신의 의견을 "시是"라고 써서 황제에게 반송했다. 이는 "그렇게 하십시오", "승낙한다"라는 뜻이다. 이 마지막 응답으로, 지금까지의 모든 일이 마무리되었다. 사흘 만에 이루어진 일이다.[1452]

우리는 마땅히 하느님께 감사드렸다. 그분의 도우심으로 이렇게 큰일이 이루어졌고, 선교사업도 확고하게 자리를 잡게 되었다. 하느님의 권능은 진행 과정은 물론, 명령을 집행하는 과정에서도 작용했다. 왜냐하면 모든 난제가 술술 풀렸기 때문이다. 마치 하느님께서 모든 조정 대신들의 마음을 불쌍한 외국인에게로 기울게 하신 것 같았다.

1450 이 날짜는 [양력으로는] 1610년 6월 14일이다. Cf. *Fonti Ricciane*, III, p.8.
1451 각로 엽대산(葉臺山)이다. Cf. N.974.
1452 그러니까 탄원서가 발송한 날 황제의 손에 도달했다는 것은, 즉 6월 16일[cf. N.976, 본서 p.161, 주(註) 1437.]에 모든 일이 진행되었고, 그달 17일에 마무리되었다는 말인데, 리치 사후 39일 만이다. 이토록 중요한 일이 이렇게 빨리 이루어졌다는 것은 특별히 하느님의 섭리(Divine providence)가 개입하지 않았다고 말하기는 어렵다.

977. 판토하가 감사 인사를 하러 갔을 때, 각로 엽대산과 상서 오도남, 하급관리들 및 수행원들이 친절하게 예를 갖추어 맞이 해 주다

중요한 일이 마무리되자 신부는 일을 추진하는 데 도움을 준 사람들에게 인사를 하고 싶었다. 하지만, 이 경우 빈손으로 중국인들을 방문하는 것은 적절하지 않다. 다른 한편, 가난한 우리가 그런 인사들 수준에 맞는 선물을 마련하기도 어려워, 우리가 직접 만드는 것이 좋은데, 판토하 신부는 일이 진행되는 동안 내내, 놀라운 솜씨로 해와 달과 별이 있는 해시계를 제작했다. 위에는 상아를 얇게 조각하여 덮었는데, 모두 낯선 선물에 매우 좋아했다. 그것을 어떻게 만드는지 방법을 배우고 싶다는 관리들의 바람은 신부를 그 고관들의 사저로 들어갈 수 있게 했고, 그 참에 일을 빨리 종결지을 가능성이 커졌다.

누구보다도 각로[1453]는 신부를 큰 예로써 대접하면서 친근하게 자신의 사무실로 안내했다. 그는 시계 사용법을 매우 잘 익혔고, 크게 기뻐하며 즉시 경험 삼아 해시계를 제작할 수 있을 정도가 되었다. 그때 신부는 북경 통감에게 부탁하여 적합한 자리를 찾아 달라고 청했다. 그는 알았다며, 적극적으로 신경 쓰겠다고 했는데, 그것은 뒤에서 보게 될 것이다.

신부는 말로만 감사하지 않고 이런 작은 선물을 예부상서禮部尙書[1454]에게도 했다. 우리가 황제의 답서를 받는 데 두 번째로 빚을 진 사람이

1453 각로 엽대산(葉臺山)이다. Cf. N.974. 연차편지의 이 대목에서 추가한 것에 대해, 트리고가 놀라는 건 그때 남경에서 리치의 손에 든 프리즘을 보았다는 것인데, 그 자리에서 그건 부각되지 않았다(N.533). 복건 사람들이 벌써 프리즘을 모조하기 시작했다는 소식도 새롭다.
1454 상서(尙書) 오도남(吳道南)이다.

다. 그는 조정대신들 중 가장 높은 사람 가운데 하나인데다, 일약 다음 승진이 각로를 앞두고 있음에도 불구하고, 신부를 자신의 동료 고관들처럼 큰 예로 맞아 주었다. 방문을 마치자 자신의 모든 수행원이 보는 앞에서, 존중의 표시로 신부를 마당 한가운데까지 동행해 주었고, 이튿날 성대하게 행차하여 우리 집을 답방문해 주었다. 이렇게 높은 고관의 방문은 기대할 수도 없는 일이었고, 한 번도 일어나지 않았던 일이었다. 매우 친근한 분위기에서 무엇보다도 시계의 사용법에 관해 이야기를 나누었다. 그가 이번 일에서 우리에게 얼마나 큰 호의를 베풀었는지, 또 그가 이 만남에서 우리의 종교를 얼마나 존경하는지 믿을 수 있었다. 앞서 본 것처럼, 황제가 [최종] 답변서를 내려 주기 전에 신부가 그를 방문했고,[1455] 그 자리에서 복음 선포를 간접적으로 방해하는 것 같은 말을 수정해 달라고 요청했다. 그가 웃으며 대답하기를, "이것들은 조정에서 쓰는 공문 형식일 뿐, 전혀 중요하지 않습니다. 수도[북경] 전체에서, 조정에서 그대의 종교가 옳고 참되다는 걸 모르는 사람이 누가 있습니까? 저는 그대의 일을 할 수 있는 한 최고의 호의 단계까지 가져왔습니다. 이것이 마음에 들지 않으시면, 자리를 손에 쥐고 있는 북경 통감에게 공문을 보내 그대들이 바라는 합당한 자리를 물색해 보라고 하겠습니다. 통감은 제 친구고, 같은 해에 함께 진사 시험에 통과했습니다."[1456] 그들은 평생

1455 그러니까 6월 14일 이전이다. 『1610년 연감』은 5월 22일과 6월 16일 사이, 오도남(吳道南)은 조공국의 대사가 아닌 한 외국인에게 못자리를 양도할 수 있는지 자문했고, 그는 "비록 과거에는 이런 관행이 지켜지지 않았다고 하더라도, 마태오 리치 신부님은 중국에서 쓴 책들의 저자로, 은인으로서 지금부터 시작할 수 있습니다"(N.3533)라고 대답했다. 따라서 그는 양도에 대해 호의적으로 표현한 것이다. Cf. *Fonti Ricciane*, III, pp.6-8.

을 형제로 간주하며[동년(同年)], 자기들끼리 서로 형님-아우라고 한다.[1457]

하느님께서 그들에게 신앙으로 보답해 주기를 빈다. 그들은 이런 후원이 얼마나 많은 선익을 가져올지, 그것이 참되다고 알고 있기 때문이다.[1458]

예부의 다른 관리들 역시, 상서尙書를 따라 우리를 예우해 주고 호의를 베풀어 주기를 멈추지 않았다. 그들만이 아니다. 종종 관리들보다 더 성가시게 하는 궁의 대신들조차 전혀 방해하지 않았다. 그들은 일이 거의 아무런 비용을 들이지 않고 성사되는 것을 보자, 약간의 뒷돈이라도 바랐던 것 같았다.

그때까지 우리의 새 교우들은 기뻐하는 것조차 멀리하며 지켜보았다. 하지만 고관들이 신부들에게 하는 큰 예우를 보고 놀라워하며, 모든 일이 하느님께서 놀라운 방식으로 하고 있다는 것을, 이제야 알겠다고 말했다. 실제로 그[예부상서]는 자신에게 주어진 모든 직무에서 친척이나 친구에게 한 번도 호의를 베푼 적이 없었다. 그런 사람에게 이전까지 전혀 알지 못했던 가난한 외국인들이 그의 방식에 반대되는 도움을 요청한 것이다. 거기에서 무엇을 기대할 수 있고, 걱정하지 않을 수 있겠는가? 우리의 일은 마무리되었고, 그는 모친이 사망하는 바람에[1459] 3년상을 시

1456 실제로 두 사람 다 1589년에 진사에 급제했다. Cf. N.978, 본서 p.169, 주(註) 1460.
1457 리치가 이미 주시한 바 있었다. "주목할 만한 것은 이 진사들은 … 같은 해에 급제한 사람들은 서로 깊은 우정 관계를 형성한다는 것이다. 친형제처럼 서로를 도와주고 상대방의 부모를 챙기는 등 죽을 때까지 우정을 나눈다"(N.73).
1458 내가[델리야] 선교사들의 이 위대한 은인들이 훗날 복음의 빛이 되었다고 장담할 수 있는 처지는 아니다.

작하기 위해 고향으로 가느라 관직에서 물러나게 되었다. 신부가 조문차 방문했을 때, 그는 친근하게 자기가 해야 할 일이 더 있냐고 물었다.

978. 북경 통감 황길사(黃吉土)가 극진한 호의를 베풀다

조정관리들의 방문을 마치자, 신부는 통감과 교분을 쌓고 싶었다.[1460] 그는 우리를 몰랐고, 우리 일에 너무 깊이 관여하고 싶어 하지 않아 적잖이 걱정했었다. 하지만 사람들의 마음이 자기의 수중에 들어오자, 누구보다도 큰 도움을 주었다. 우리를 위해 고관들을 상대로 대립하는 것도 마다하지 않았고, 모든 공격으로부터 우리를 지켜 주었다.

그는 신부의 첫 방문에서부터 크게 매료되어 할 수 있는 모든 것을 하겠다고 약속했다. 그가 신부와 이야기를 나누는 사이에 이 일과 관련 있는 편지가 한 통 도착했는데, 그것은 두 고관이 보낸 것으로 잘 부탁한다는 내용이었다.[1461] 신부들의 일에 적극적으로 도와주라는 것이다. 이렇

1459 『명사(明史, *Storia dei Mim*)』(c.217, f.12b)에 따르면, 그의 계모가 사망[계모부(繼母計)]했다고 한다.

1460 1610년에 북경의 통감은 성이 황(黃)이고, 이름은 길사(吉土), 자는 숙순(叔醇)인 사람이었다. 오늘날 호북(湖北)의 대명(大名) 인근 내황(內黃)에서 태어났다. 학문을 특별히 좋아했고, 1589년 거인에 급제했다. 처음에는 공식 방문을 주요 업무로 하는 행인(行人) 직을 맡았고, 후에 어사(御史)로, 회양(淮陽)의 행정관으로 임명되었다. 거기서 북경의 부-통감인 순천부승(順天府丞)으로 승진했고, 이어서 통감 대리직인 승서(丞署)가 되었다. Cf. *Annali della Prefettura di Pechino* [『광서순천부지(光緒順天府志)』], c.75, f.61b; *Annali della Prefettura di Tamin* [『함풍대명부지(咸豐大名府志)』], c.15, ff.47b-48a. Cf. N.992, 본서 p.196.

1461 『1610년 연감』은 이 두 중요한 인사의 이름을 전해 준다. 북경의 통감과 선교사들의 요청에 따라 이 일에 개입한 사람들에 대해 말하며, 이렇게 묘사하고 있다. "그[황길사]는 각로 엽(葉)과 우리에 대해 이야기했고, 이과(吏科) 조(曹)는 마테오 리치 신부님의 침묵에 대해 말했습니다. 도리(道吏) 필(畢)은 신부님이 사망하기 얼마 전에 함께 수학에 관한 글을 인쇄했습니다"(N.3537). 우리는 이미 각로 엽대산(葉臺山)과 어사 조

게 북경의 고관대작들이 우리를 보호하고 존중하는 것을 보며, 그의 마음은 이미 우리를 향해 완전히 기울었다. 다음 날, 그는 자신에게 걸맞은 매우 좋은 선물을 우리 집으로 보냈고, 후에 그도 방문했다. 이 방문이 있고 난 뒤에 그는 우리와 절친한 사이가 되고 싶어 했고, 방문할 때마다 명함을 놓고 갔는데, 거기에는 집에서 부르는 이름을 적었다. 이것은 동등하다는 것을 넘어 친우親友 사이에서 쓰는 이름이다.[1462]

우변(曹于汴)[cf. N.630, 본서 3권, p.292, 주(註) 726.]에 대해 알고 있다. 여기선 남은 마지막 인사에 대해 말할 차례다. 이 사람의 성은 필(畢), 이름은 공진(拱辰), 자는 성백(星白)이고 호는 호목(湖目) 또는 천목(天目)인데, 자기를 '세속적 선동가'라는 뜻의 "찬제거사(羼提居士)"로 불러 주는 걸 좋아했다. 산동(山東)의 내주(萊州)에 있는 액현(掖縣)에서 태어났다. 섬서(陝西)의 조읍(朝邑)과 오늘날 강소(江蘇)의 염성(鹽城), 이 두 도시에서 동시에 지현(知縣)을 지냈다. 후에 도리(道吏), 즉 오늘날 강소(江蘇)의 회서(淮徐)와 호북(湖北)의 기녕(冀甯)에서 병비도(兵備道)의 첨사(僉事)가 되었다. 선교사들의 요청에 따라 북경의 통감이 개입하여 도움을 청했을 때, 그는 바로 이 마지막 도리직을 수행하고 있었다. 1616년에 거인이 되었고, 그리스도교로 개종했는데 그때가 언제인지는 정확하지 않다. 다만 1635년 말은 넘기지 않았는데, 이는 바뇨니의 '철학에 관한 대화'『비록휘답(裵錄彙答)』 서문(序文)에서 직접 밝히고 있기 때문이다. 이 책은 그가 교정[산윤(刪潤)]을 봤고, 그리스도인 자격[후학(後學)]으로 서명했다. 1609년 말 혹은 1610년 초에, 이지조[cf. N.631, 본서 3권, p.365, 주(註) 916]는 환용교의(圜容較義)를 번역하여 출판했는데, 연감에서 언급한 수학에 관한 글이란 이것을 암시한다. 1635년 그는 '인체에 관한 유럽의 이론서'『태서인신설개(泰西人身說槪)』를 잘 손을 봐서[윤정(潤定)] 출판했고, 슈렉**역주**_ Johann Terrenz Schreck, 중국명 鄧玉函, 1576-1630은 그것을 1626년 이전 이지조에게 중국어로 번역하도록 했다. 그때까지 이 책은 필사본으로만 남아 있었던 거다. 서문에서 필공진(畢拱辰)은 아직 그리스도인이 아니라고 말한다. 그는 위대한 학자며 좋은 시인이라는 명성을 얻어 누렸다. 그는 채무덕(蔡懋德)과 함께 46명의 감사(監司) 중 한 명이 되었고, 이자성(李自成)이 반란을 일으켜 차지한 태원(太原) 시(市)를 방어하다가 1644년 5월 15일에 사망했다. Cf. *Index*, 24, II, p.83; *Storia dei Mim*, c.263, f.7b; Hummel, II, pp.621-622.

[1462] 신부들에게 준 명함에는 '소명(小名)' 혹은 '소자(小子)'라는 이름이 적혀 있었는데, 이것은 아무도 높거나 낮지 않다는 의미로, 편하게 불러도 크게 무례하지 않은 사이라는 뜻이다. Cf. N.139. 이런 이름을 쓴다는 것은, 그가 신부들을 자신의 가족 중 한 사람으로 대한다는 것을 의미했다.

그 시기에 조마照磨라는 관직이 공석이 되는 바람에 황제의 문서에 도장을 찍지 못한 채 있었다.[1463] [조마의 도장이 있어야 문서의 효력이 발생하기 때문이다.] 그것은 통감이 대신할 수도 없었다. 적임자가 몇 달 전에 임명되었지만, 황제의 비준이 떨어지지 않아 기다리고 있던 터였다. 그래서 [우리의 문서도] 도장을 찍지 못한 채 다른 문서들과 함께 미뤄져 있었다.

그동안 우리는 친구 관리들의 조언에 따라[1464] 적당한 자리를 물색했

[1463] 조마(照磨)는 모든 공무를 검증하는 직책이다. Cf. *Storia dei Mim*, c.74 순천부(順天府), f.15a: c.75 부(府), f.14a.

[1464] 관리들과의 이 모든 협의는 『1610년 연감』에서 잘 이야기하며, 특별히 "두 명의 그리스도인으로, 한 명은 루카이고 다른 한 명은 왕(王) 필립보"를 기억하고 있다. 이 사람들은 "아문[衙門]에서 하는 일에 대해 매우 잘 알고 있었고, 그래서 모든 것에 있어 우리에게 큰 도움이 되었으며, 그들 덕분에 우리는 순천부(順天府)에 제안할 게 무엇인지를 알 수 있었습니다. 비록 모든 것이 만족스럽지는 못했지만 말입니다"(N.3535). 이 새 신자 중 앞 사람 루카는 확실히 이(李)[**역주_** NN.902-906에서도 이 사람의 도움에 대해 장황하게 말하지만 정확한 이름은 밝히지 않았다]로, 앞서 NN.902-906에서 말했던 사람이고, 두 번째 사람은 여기서 처음 만난다. 이 사람은 성이 왕(王)이고, 이름이 징(徵), 자가 양보(良甫), 호가 규심(葵心)이고 요일도인(了一道人)이다. 비공식적인 시호가 단절(端節)과 충절(忠節)이다. 섬서(陝西)의 경양(涇陽)에서 1571년 5월 12일에 태어났다. 이 사람은 서른 살 이전인 1601-1602년에 그리스도교로 개종한 것 같지는 않다. 세례명은 필립보로 1603년 1월 이전에는 확실히 세례를 받았다. 세례 대부로 서광계(徐光啟) 바오로[cf. N.682, 본서 3권, p.467, 주(註) 1167.]를 세웠다. 1622년 51살에 거인이 되었고, 얼마 안 가서 오늘날 호북(湖北)의 광평(廣平) 시에서 추관(推官)으로 임명되었다. 1624년경 모친의 삼년상 때문에 섬서(陝西)로 돌아왔다. 그때 니콜로 트리고에게 큰 도움을 주었고(본서 1권, p.223, 주(註) 533.), 1625년 그곳[섬서성]에 도착한 뒤, 그해 초에 발견된 서안(西安)의 네스토리우스 비문[대진경교유행중국비(大秦景教流行中國碑)]을 처음 본 사람 중 한 명이다(본서 1권, pp.78-80.). 이것이 발견된 뒤, 그는 1627년부터 시작된 명대의 그리스도인들이 자칭 '경교후학(景教後學)'이라고 부르기 시작한 17세기 첫 번째 그리스도인으로 추정된다. 그는 슈렉(Johann Terrenz Schreck)의 작품 『기기도설(奇器圖說)』에서 세례명과 함께 "경교후학(景教後學)"이라고 적었고, 곧 그 뒤를 이어 수많은 가톨릭 문인들이 따라서 사용했다. 그는 같은 고향 사람인 장종방(張緟芳) 바오로 수재의 개종을 도왔다. 장종방의 아

지만, 완전히 마음에 드는 곳은 어디에도 없었다. 결국 하느님께 모든 것을 의탁하며, 관리들의 결정에 맡기기로 했다. 이것은 매우 잘한 선택으로, 모든 질투에서 벗어나는 길이자, 신부들이 황제에게 못자리를 간청

───

들 장문달(張問達)은 1622년 1월부터 1623년 10월까지, 이부(吏部)에서 상서(尙書)를 지냈다[cf. N.635, 본서 3권, p.374, 주(註) 946.]. 굳건한 성격으로, 1626년 황제 다음으로 권력을 찬탈하고[구천세(九千歲)], 그해 8월부터 자신의 사당까지 지은 전지전능한 태감 위충현(魏忠賢)에게 분향하기를 거부했다. 1633년경 만주족들로부터 중국을 방어하기 위해 등래순무(登萊巡撫) 손원화(孫元化) 이냐시오[cf. N.971, 본서 p.142, 주(註) 1373.]와 함께 그의 주사(主事)로 산동(山東)에 있었다. 주사로 임명된 지 한 달도 안 되어 등래순무와 함께 불행한 처지에 빠졌으나, 그는 사형선고에서 감형되었다. 1643년, 그는 서안(西安) 시를 점령한 이자성(李自成)의 반란에 함께하자는 걸 거부했다. 1644년, 북경시가 반란군 이자성의 손에 떨어지자, 그는 곡기를 끊고 죽음을 선택했다. 일주일 내내 음식 맛을 느끼고 싶지 않았고, 다음과 같은 비문으로 자기 죽음을 준비했다: "내 죽음은 오직 우리 주님께 드리는 감사일 뿐이옵니다: 欲以一死謝吾主耳."

1626년 1월 28일, 그는 트리고의 책 『서유이목자(西儒耳目資)』에 서문(序文)을 썼고, 그해에 출판했다. 이듬해에는 슈렉(Schreck)을 도와 앞서 언급한 『기기도설(奇器圖說)』(Courant, N.5661)을 출판할 수 있게 했다. 1634년에는 『인회약소조목(仁會約所行條目)』(Courant, N.7348)의 서(序)를 썼다. 1629-1630년에는 서안(西安)에서 매일 아담 샬[역주_ Johann Adam Schall von Bell, 중국명 湯若望, 1591- 1666)이 불러 주는 수도승 성인들의 여러 이야기를 번역했고, 1638년 8월 10일에 자신의 서문(序文)을 추가하여 『숭일당일기수필(崇一堂日記隨筆)』라는 제목으로 출판했다. 여기서 숭일(崇一)은 십계명의 제1계명을 암시하는 것으로, 그 도시에 있는 가톨릭교회를 가리킨다고 하겠다. 그 역시 서른여 권의 책을 쓴 저술가이도 하다. Cf. Väth, pp.70, 73-74, 80-81, 98, 363; Wylie, pp.144-145; *Index*, 24, II, p.66; Havret, II, pp.69, 94; Courant, NN.7095, 7111; *DB*, p.144; *Storia dei Mim*, c.294, f.17b 축만령(祝萬齡): c.248, f.11a 서종치(徐從治); *Annali del distretto di Kingyang* 『건륭경양현지(乾隆涇陽縣志)』, c.7, ff.26-27; Hummel, II, pp.807-809. *Il Bulletin of the National Libraru of Peiping*, 『국립북평도서관 관간(國立北平圖書館 館刊)』, 북평(北平), 1934(VIII), 이 그리스도인 박사의 이름으로 여기에 중국어로 쓴 세 편의 논문이 있다. 진원(陳垣)은 그의 인물에 관해 연구했고(pp.13-15), 장붕일(張鵬一)은 1622년 이 박사의 시험에 관해 논하며(pp.17-19), 향달(向達) 박사는 왕징에 관한 21개 역사적 문서를 발간했다. 같은 맥락에서 이선의(李宣義)와 왕중민(王重民)은 *Bulletin of the Institutum S. Tomae*에서 『상지편역관 관간(上智編譯館 館刊)』, 북경, II, 1947로 같은 박사의 작품에 관해 중국어로 두 개 논문을 발표했다.

했고, 관리들을 통해 그것을 얻었다는 것을 알게 하는 것이 되었다.

979. 판토하가 각로 엽대산과 상서 오도남, 통감 황길사, 그리고 북경의 두 지현과 하급 관리들을 방문하다. 그들이 크게 호의를 베풀어 주다. 원하는 장소를 찾다

일이 오래 걸릴 것으로 짐작하던 중, 예기치 않게 예부의 한 친구한테서 기별이 왔다. 통감과 이야기할 때가 왔다며, 다음 날, 황제의 명령이 도착할 거라고 했다. 신부들은 깜짝 놀랐다. 앞서 말한 그 관리[1465]는 아직 도장을 사용할 허락을 받지 못하고 있다는 걸 알고 있었기 때문이다.

신부는 다시 각로[1466]를 방문하여 우리의 일을 상기시키며, 혹시라도 공무가 많아 우리의 일을 잊었을 수도 있고, 통감에게 말을 좀 잘해 달라고 부탁하기 위해서였다. 신부가 그를 만나러 갔을 때, 그는 신부가 말을 꺼내기도 전에 먼저, "그대의 일을 저는 잊지 않고 있소. 시간이 길어질까 봐 걱정되어, 특명으로 다른 문서들 가운데 이 문서만 도장을 찍지 않은 채로 가져오라고 해서 통감에게 보냈소. 다른 사람의 손이 필요하지도 않아, 내가 직접 일을 부탁했소. 통감은 매우 호의적이고, 그대들을 몹시 존경하고 있더군요. 또 예부에서 일을 직접 담당하고 있는 제 고향 사람에게도 부탁해 두었소이다."[1467] 그가 이 말을 할 때, 그 자리에 있던 사람들과 신부는 매우 놀랐고, 드디어 예기치 않았던 그 일이 어디서 나왔

1465 Cf. N.978.
1466 엽대산(葉臺山)이다. Cf. NN.974, 977.
1467 여기서 말해 두었다고 하는 사람은 임무회(林茂槐)다. Cf. N.975, 본서 p.159, 주(註) 1431.

는지를 알게 되었다. 주님께서 이 자비심 많은 사람에게 당신 빛으로 보답해 주시기를 빈다.[1468]

앞서 말한 예부상서[1469]도 이런 내용의 편지를 한 통 써서 [통감에게] 보내 주었다.

통감은 그렇게 저명한 사람들의 부탁을 받는 것이 싫지 않았다. 그로써 그들이 자기에게 빚을 진 셈이고, 비방하는 사람들로부터 그들의 권위로 방어할 수 있기 때문이다. 실제로 그렇게 했다. 바로 그날, 판토하 신부는 작은 선물을 가지고 그를 방문했는데, 어렵사리 전달할 수 있었다. 다음 날, 통감은 자기 밑에서 민원 업무를 주로 보는 두 명의 지현知縣[1470]에게 명하여 최대한 빨리 묫자리를 알아보고 와서 자기에게 보고하라고 했다.

신부는 이 사람들[지현(知縣)]도 방문했는데, 그들 역시 호의적이었다. 모든 하급 관리들은 상전의 뜻에 맞추기 때문이다.

———

1468 불행하게도 선교사들의 이런 기원은 이루어지지 않았는데, 이유는 앞서 언급한 바 있듯이[cf. N.533, 본서 3권, p.124, 주(註).], 그가 신앙의 빛에 도달하기 전에 사망했기 때문이다.

1469 오도남(吳道南)이다. Cf. N.975, 본서 p.159, 주(註) 1433.

1470 [묫자리에 관한] 규칙이 있는『대명회전(大明會典)』(Fonti R., III, p.6, n.1)과 이 내용에 관련하여 구체적인 사례를 담고 있는 왕옥사(王玉沙)의 장례비문(Fonti R., III, p.16)에서 유추하듯이, 이 두 사람은 완평현(宛平縣)과 대흥현(大興縣)이다. 왕옥사(王玉沙)는 북경의 통감 황길사(黃吉士)가 선교사들에게 말하길 태감의 빌라를 완평현(宛平縣)에게 전달하며 오도남(吳道南)의 문서라고 했다고 분명히 말한다: 宗伯酒移文少京兆黃吉士, 行宛平縣(Fonti R., III, p.16); 쿠버(Couvreur, p.529)에서 이 부분의 번역은 많은 결함이 있다.『1610년 연감』은 계속해서 더 명확하게 말한다. "예부(禮部)는 황길사(黃吉士)가 통감으로 있는 순천부(順天府)에서 땅을 물색하기 시작했고, 지현(知縣)과 이장(里長)도 여기에 힘을 보탰습니다"(N.3534). 그러니까 오도남(吳道南)이 일을 북경의 통감에게 전달했고, 그가 지현(知縣) 중 한 사람에게, 그리고 다시 그가 마을의 이장(里長)에게로 넘긴 것이다.

일을 명령받은 담당관들은 우리 집으로 와서 신부들에게 어떤 자리를 원하는지 의견을 물었다. 실제로 지현으로부터 신부들의 뜻에 최대한 맞추어 주라는 명령이 있었기 때문이다. 사나흘 후에 네 곳을 찾아 우리에게 봐 달라고 했다. 겉으로 보기에 별로 차이가 없어 보였고, 중국인의 풍습대로 도시 밖에 서재書齋로 쓰기에 좋아 보였다. 신부들은 언급한 것 중 가장 마음에 드는 것을 고르기 위해 가 보았다.[1471]

980. 태감 양(楊)의 별장이 '선교사(善敎寺)'로 바뀌다

[신부들이] 고른 장소에는 사당이 하나 있었는데, 황궁의 초대 태감 중 한 사람의 별장이었다.[1472] 어떤 잘못을 저질렀는지는 모르지만, 황제로부터 사형선고를 받고 감옥에 있는데, 형이 언제 집행될지 아직 모르는 상태였다.

[태감은] 황제의 호의를 잃었을 뿐 아니라, 이렇게 궁지에 빠지게 되어 별장마저 압수당할 것을 알고 —실제로 이 나라에서는 태감들의 재산은

1471 "10월 초"에 신부들은 지현과 이장이 불러 그들의 집으로 갔고, 가면서 평즉문(平則門) 밖에 세워진 낡은 사찰을 다섯 개 —네 개는 아님— 보았다(De Ursis, p.63; N.3536). 앞서 진행한 모든 일은 그러니까 이 날짜 이전에 있었던 거다.

1472 이 태감이 정확하게 누구였는지는 알 수가 없다. 데 우르시스(De Ursis, p.64)의 말을 빌리면, 황궁에서 가장 중요한 사람 중 하나였고, 초기에는 황제가 매우 총애했었다고 한다. 바르톨리(Bartoli[1])는 우리에게 전해지지 않은 관련 문건에서, 그의 이름이 양야 (楊爺)였을 거라고 말한다(II, c.279, p.547). 『1610년 연감』은 더 명확하게 "이 태감은 성이 양(楊)이고, 이름이 야(爺)였다"(N.3536)라고 말하며, 야의 마지막에 성조[상성 (上聲)]를 넣었다. 왕옥사(王玉沙)의 비문에 적힌 것처럼, 확실히 그의 성은 양(楊)이다. Cf. Fonti R., III, p.16. 문건들은 무슨 이유 때문인지는 말하지 않고, 그저 별로 중요하지 않은 이유로, 그는 황제의 신임을 잃고 황궁에서 쫓거나 사형선고를 받았다고 말한다. 만약 감옥에서 여전히 살아 있다면, 담당 간수에게 많은 뒷돈을 주었을 것이고, 지금까지도 매일 돈을 주고 있을 것이다(De Ursis, p.65).

먼저 차지하는 사람이 임자다. ─ 별장을 사당으로 바꾸고, 이름을 특색 있게 "좋은 가르침의 사당[선교사(善敎寺)]"이라고 했다.[1473] 법은 개인이 사당을 짓지 못하고 금하고 있지만, 많은 태감은, 특히 힘 있는 태감들은 관리들의 묵인하에 짓는다. 이렇게 지은 사당들은 법적으로 예부에서 담당한다. 별장을 지키기 위한 태감의 계획이 반대로 잃게 되는 원인이 되었다.

신부들이 이 자리를 보러 갔을 때는 그 태감이 아직 살아 있었고, 이런 사실을 알지 못했다. 만약 알았다면, 다른 사람의 자리를 쉽게 선택하지는 않았을 것이다. 그러나 그 사실을 알았을 때는, 이미 다른 것을 선택할 수가 없었다. 이 별장은 우리 신부들에게 매우 적합했고, 이름만 사당이지 교외의 한 별장으로 승려 한 사람만 살고 있었다.

981. 집을 선교사들에게 주는 문제에 대한 어려움

우리는 당연히 그곳을 선호했고, 담당관들은 그것을 지현의 하급 관리

[1473] 태감은 불행이 시작되던 초부터 자신의 이 별장이 국고로 넘어가는 걸 막기 위해 사찰로 만들 생각을 했지만, 사찰은 이름조차 없었다. 그러면 어느 날 은덕을 입고 자유의 몸이 되거나 아니면 적어도 자기 친척들이 별장을 소유할 수 있을 거로 생각했다. 그래서 두 번째 안뜰의 큰 방에 우상 신상들을 세우고, 외벽을 붉은색으로 칠한 다음, 승려 한 명을 불러 관리하도록 했다. 그런 다음 별장의 이름을 지어 들어가는 입구의 문 위에 걸었는데, 세 글자로 "선교사(善?敎寺)"라고 썼다. "좋은 가르침의 사찰"이라는 뜻이다. 사람들은 모두 이 별장이 다른 모든 것과 마찬가지로 사찰이라고 믿었고, 주인이 감옥에 있는 만큼 예부 산하에 있었다. 예부는 리치의 묫자리 문제를 담당하는 것과 같은 부서다. Cf. De Ursis, p.65. 사찰의 이름은 데 우르시스의 말을 근거로 『1610년 연감』(N.3536)을 살펴보면 scian, '선(善)', '착하다, 좋다'는 말은 scem, '성(聖)', 즉 '거룩하다'라고 생각할 수도 있는데, 만약 그렇다면 데 우르시스가 '좋은 교리'라고 번역하기보다는 '거룩한 교리'라고 했을 것이다.

들에게 알렸다.**1474** 하급 관리들 중 하나가 아마도 우리에게 약간의 뒷돈을 받고 싶었는지, 무리하게 담당관 하나를 보내 그곳의 가격을 알아보라고 했고, 그곳 관리인들에게도 가격을 물어 보라고 했다. 그러나 담당관은 황제가 하사하는 선물은 가격을 매길 수가 없고, 그것을 알아보는 것도 이롭지 않다고 대답했다. 만약 별장 주인이 일이 [이렇게] 진행 중인걸 알면 별장을 보존하기 위해 천지天地를 옮겼을 거라고도 했다.**1475** 이런 일은 다른 모든 사당에서도 일어났는데, 그것은 사당들이 관리자나 소유자가 있기 때문이다. 돈을 원했던 그 지현**1476**은 돈을 바랐지 다툼을 바랐던 것은 아니라서, 그 사람에게 시키는 대로 하라고 했다.

그 사람은 그다지 내키지 않은 마음으로 집 가격을 물어 보러 갔다. 바로 그때, 분명 하느님께서 개입하셔서, 그 사람이 어떤 친구 관리의 집 앞을 지나다가 우리 집에서 일하는 하인 하나를 우연히 만난 걸로 생각한다. 서로 아는 사이였다. 그래서 그는 하인에게 다가가 자기가 지금 어디를 가고 있고, 무엇을 하려는지, 얼마나 마음이 내키지 않는지를 이야기했다. 마침 일을 맡은 신부가 그곳에 있었기 때문에,**1477** 하인은 그 사람에게 잠시 기다리라고 하고, 들어와 모든 것을 알렸다.**1478** 신부와 [그 자리에 있던 신부의] 친구는 깜짝 놀랐고, 바로 뒷돈을 원한다는 것을 직감

1474 완평현(宛平縣)과 대홍현(大興縣)의 지현(知縣)에 관해서는 앞서 Cf. N.979, 본서 p.174, 주(註) 1470.에서 말했다.
1475 **역주**_ 온 힘을 다해 별장을 빼앗기지 않으려고 했을 거라는 의미다.
1476 두 지현 중 한 사람에 대한 것으로 바로 위 각주 1474)에서 언급했다.
1477 당연히 판토하(Pantoja) 신부다.
1478 하인이 신부에게 전한 것은 자기가 신부의 친구인 한 고관의 집 대문 앞에서 만난 사람이 [누군가] 그를 보냈다는 것이다.

했다. [신부와 함께 있던] 친구는 [그 하급 관리보다] 지위가 훨씬 높은 관리로 집값을 물어 보러 가던 사람에게 기다리라고 명하고, 그 사이에 우리 일을 제 일처럼 도와주고 있던 지현[1479]에게 편지를 써서 이런 일이 있다는 것을 알렸다. 그리고 [그것을 명한] 하급 관리에게 구두로 가격 문제를 거론하지 말라며, 그것은 통감이 알아서 할 일이라고 했다.[1480] 덧붙여 하급 관리는 장소를 물색하라는 명령만 이행할 일이지, 다른 일에는 관여하지 말라고도 했다. [이 말을 들은] 하급 관리는 즉시 복종하며 지시에 따르겠다고 했다.[1481] [신부의] 친구는 그것을 신부에게 알려 주었다. 그리고 통감에게도 이런 사실을 알렸다. 통감은 그 자리에서 이렇게 지시했다. "신부들이 사형선고를 받은 태감의 선교사善教寺를 살 필요는 없다. 사당 안에 있는 승려는 곧장 나가야 하고, 사당은 즉시 판토하와 그의 동료들에게 양도한다."

지금까지 진행된 모든 일은 최대한 비밀리에 해 왔다. 그러나 [통감이] 최종 결정을 내리기 전에 직원 중 하나가 태감의 친척들에게 알려, 황제의 명으로 대大 서국西國의 외국인들에게 태감의 사당을 넘기게 되었다고 했다. 그들[친척들]은 믿고 싶지 않았지만, 통감의 이 마지막 결정이 있기까지는 아무것도 하지 않았다.[1482]

1479 앞서 말한 두 사람 중 한 사람이다.
1480 북경의 통감은 황길사(黃吉士)다.
1481 그 사이 판토하 신부는 거기에 없었고, 돌아오자마자 그의 친구는 마침 통감의 두 하급 관리 중 한 사람에게서 받은 답변서를 전해 주었다.
1482 호부상서(戶部尙書)도 개입한 걸로 보인다. Cf. *Fonti R.*, III, p.16, n.4.

982. 사당의 승려 하나를 황길사가 쫓아내다

이런 결정이 내려지자, 우리는 하느님께 무한한 감사를 드렸고, 이제 모든 것이 확실해졌다고 믿었다. 하지만 아직도 극복해야 할 어려움이 수없이 있다는 것을 그때는 몰랐다. 신부는 통감에게 감사했고, 사당을 지키고 있는 승려를 나가게 해 달라고 요청했다. 통감은 즉시 두 위병衛兵에게 명하여 다음 날 승려를 통감의 관저로 데려오라고 했다. 위병들은 영장이 적힌 나무패를 들고 그를 데리러 갔다. 그들이 가는 도중에 길에서 바로 그 승려를 만났고, 영문을 모르는 승려는 그 길로 통감에게 소환되었다. 다음 날까지 통감의 관저에서 기다리며 무슨 일인지 몰라 당혹스러워했다. 얼마 후에 통감 앞으로 나가 무릎을 꿇었고, 통감은 그에게 즉시 사당을 비우고 다른 곳으로 옮기라고 명령했다. 사당은 황제가 판토하와 그의 동료들에게 주었다고 했다. "그들의 종교는 그대의 것과 크게 달라서, 그대는 그들과 결코 함께 살 수 없소"라고 했다. 승려는 아무 말도 하지 않고 통감의 관저를 떠났고, 곤장을 맞지 않고, 더 큰 죄를 묻지 않고 나온 것만으로도 다행이라고 생각했다. 사당에서 자기의 짐을 챙겨 그날 바로 떠났다.

983. 신부들이 1610년 10월 19일에 그 집으로 입주하다

같은 날, 우리는 새 교우들과 함께[1483] 그곳으로 들어갔다. 이것이 [감

[1483] 태감의 별장 소유가 신부들에게로 넘어간 것은 데 우르시스가 말하는 것처럼, 1610년 10월 19일이었다. "우리는 그해, 1610년 10월 19일에 그것을 소유했습니다"(p.66). 『1610년 연감』에서도 "10월 19일에 우리는 그 별장의 소유권을 인수했습니다" (N.3538)라고 말한다. 거기에 수사 한 명, 아마도 종명례(鍾鳴禮) 조반니[cf. N.984, 본서 p.181, 주(註) 1489.]와 그리스도인 이 루카와 몇 명의 하인들을 묵게 했다.

옥에 있는) 태감과 그의 친척들에게는 얼마나 큰 충격이 되었을지 쉽게 상상할 수 있다.[1484] 몇 사람이 즉시 별장으로 왔고, 신부들[1485]은 그들에게 말했다. 황제에게 동료가 죽어 묻을 곳을 요청했더니 관리들이 자발적으로 나서서 이 땅을 우리에게 주었지, 신부가 나서서 이 땅을 골라 요청한 적은 없다고 했다. 그들은 황제와 관리들을 거론하자 [아무 말 못 하고] 물러가며, 이런 경우, 어떻게 해야 할지 몰라 크게 절망했다. 왜냐하면 잘못 건드렸다가는 감옥에 있는 태감에게 더 해로울 수가 있기 때문이다.

984. 태감들이 신부들에게 몰려와 소동을 피우다. 그들이 아무런 상관없는 우상들에게 행한 무례한 언동

이 일은 다른 태감으로 인해 더 분명해졌다. [어느 날] 한 태감이 신부에게 와서 그대들이 별장을 차지한 것은 관청에서 그렇게 하라고 한 것임을 믿는다며, 자기들도 이렇게 와서 말할 권리가 있으니 오해는 말라고 했다. 그러면서 신부더러 불쾌하게 생각하지 말아 달라고 했다. 신부는 전혀 문제가 없다며, 논리적으로 한계를 넘지는 말라고 했다. 그러나 시간과 상실감은 그들에게 모든 두려움을 없애 주었다.

어느 날, 두 신부가 부재중인 틈을 나서[1486] 젊은 태감 몇이 별장으로 난입했다. 신부들이 자리를 지키라고 명한 우리 집 수사 한 명과 몇몇 새 교우들을 보자, 그들이 황제 앞에서 항상 하듯이,[1487] 무릎을 꿇고 앉아

1484 태감의 친척들은 그곳을 관리하던 승려한테서 정보를 들었다.
1485 그곳에 온 것은, 신부들이 아니다. 이 루카가 그들을 설득하러 왔고, 그날 그들을 설득하는 데 성공했다(N.3538).
1486 디에고 판토하(Diego Pantoja)와 사바티노 데 우르시스(Sabatino De Ursis)다.
1487 Cf. NN.130, 609.

서 땅 주인이 된 부재중인 외국인들에게 [비꼬듯] 인사했다. "이 나라에서
이제 무엇이 더 필요하십니까?"라고 말하며, 신부들을 향해 "태감들의
재산을 차지할 수 있을 만큼 그렇게 힘이 있으십니까?"라고 했다. 그런
다음, 황제와 관리들이 사당만 주었지, 사당에 있는 가구들까지 준 것은
아니라고 했다. 그리고 그 자리에 있는 사람들이 어떻게 하든 상관하지
않고 물건들을 가져갔다. 그중에는 중국인들이 매우 귀하게 여기는 정원
장식용 가산假山이라는 것도 있었다.[1488] 많은 사람이 물건을 가지고 사
라졌다.[1489]

그 외 사람들은 자리에 앉아서 우리 수사와 새 교우들과 이야기를 나
누었다. "말씀해 주십시오." 그중 한 사람이 우리 수사에게 말했다. "그
대들의 이 스승은 무슨 마술을 부려 관리들의 마음을 이렇게 얻었습니

1488 인조 바위들로 중국의 예술적인 정원에서는 없어서는 안 되는 것들이다. Cf. N.547.
1489 『1610년 연감』은 트리고가 했거나, 그를 위해 다른 누군가가 한 일을 두고 상반되게
말한다. 10월 21일에 일어난 일은 11월 초에 일어난 것과 다르고, 개입된 사람들의 이
름이 정확하여 다른 상황이라는 걸 말해 준다. "우리가 별장 소유권을 넘겨받은 지 사
흘째 되던 날, 8명의 태감과 40여 명의 사람이 별장에 있는 물건들을 가지러 왔다. 그
곳에 있던 수사는 막지 못했고, 그들은 제단에 있던 종 두 개와 정원에 있던 돌로 된 세
면대, 냄비와 돌무더기 등 값나가는 물건들은 모두 집어갔다"(N.3539). 이 일은 10월
21일에 있었다. 열흘 혹은 그보다 더 지나서, "11월 초, 별장에 사바티노 데 우르시스
신부와 조반니 페르난데즈 수사가 있을 때, 두 명의 태감과 [옥에 갇힌 태감의] 친척들
이 와서 술에 취해 난동을 부렸는데, 몇 명은 무기까지 들고 있었다. 그들은 정원에 있
는 신부를 발견하고는, 그 앞에 가서 무릎을 꿇고 황제에게 하듯이[cf. N.130; cfr.
N.547, 본서 3권, p.168, 주(註) 381.] 만세, 만세[萬歲, 萬歲]라고 외치며 우리가 그곳
을 달라고 했다는 것이다. 신부가 한 태감에게 말하고 싶다며 그의 손을 잡고 가려고
하자, 태감의 조카가 옷을 벗고, 무기를 들고 조반 페르난데즈 수사에게 살살[殺殺, 즉,
죽입시다, 죽입시다] 하고 소리쳤다. 수사가 외국인들에게 조언해 주고 있기 때문이라
는 것이다. 수사는 즉시 도망쳤다. 그들의 의도는 우리가 다른 장소를 물색해서 갈 때
까지 조용히 있지 않겠다는 것이었다"(N.3541).

까?" 그가 대답하기를, "제 스승[師傅]" —당시 우리 수사들은 신부들을 이렇게 불렀다.[1490]— 은 "덕德과 학문이 있고, 책을 항상 가까이하며, 말씀에 숭고한 가르침이 있습니다. 고관들의 마음을 얻는 데는 이보다 더 유효한 처방은 없습니다"라고 했다. "그렇다면 왜 당신들은 그의 제자면서, 이보다 더 크고 좋은 다른 사당을 관리들에게 요구하지 않으셨소?" "그 말은 당신네에게나 해당하는 거요"라며 수사는 "[우리 스승은] 겸손하셔서 더 크고 더 좋은 것을 요구할 줄 모릅니다. 그분은 황제와 관리들이 하사한 것이 최고로 좋은 거라고만 생각합니다."

우리 수사의 이런 신중한 답변과 그 자리에 있던 새 교우 중 한 사람과 가진 긴 대화로 안정을 찾은 태감들은 조용히 물러갔다. 그들은 나가면서 마루에 있는 제단 위 신상들을 보고는 그중 한 신상 앞에 무릎을 꿇고 대표 신神에게 이렇게 말했다. "안녕히 계십시오. 마지막으로 드리는 인사입니다. 앞으로는 예전처럼 제 발로 이곳에 들어오지는 않을 것입니다." 그러나 다른 태감 하나는 몹시 화가 나서, 가장 사실에 가까운 말을 쏟아냈다. 같은 신상을 향해, "똥과 진흙 덩어리야." —실제로 그것은 진흙으로 만들어 도금했다.— "네가 자신도 못 지키고 네 사당도 지키지 못하는데, 내가 너한테서 무엇을 바라겠느냐? 너는 존경받을 가치도 없으니, 네게는 어떤 인사도 하지 않겠다"라고 했다. 또 다른 태감들은 "이것은 과거 다른 우상의 이름이었지. 그 이름을 바꾸어 다른 신의 이름으로

1490 그러니까 1610년까지도 신부들을 공식적으로 "영적인 아버지, 신부(神父)"라고 부르지 않고, 여전히 적어도 비교인들이나 그들 앞에서 "스승, 사전(師傅)"이라고 불렀다. Cf. N.429, 본서 2권, p.410, 주(註) 304: N.431, 본서 2권, p.415, 주(註) 313; N.763, 본서 4권, p.192, 주(註) 372.

사용해서 이전 신이 [자기] 이름을 횡령했다고 보복하는 거지"라고 했다. 신상들을 향한 이런 말과 여러 무례한 언동들을 한바탕 한 다음, 그들은 한때 자기네 사당이었던 그곳을 떠났다.[1491]

985. 황태후의 부탁으로 한 태감이 집을 허위로 팔아넘긴 사실을 판토하가 밝혀내다

태감들의 지루한 언동은 여기서 끝나지 않았다. 감옥에 갇힌 태감은 더는 빠져나갈 방도가 없다고 생각하고 자기 이름으로는 아무것도 할 수가 없어 [사형의] 위험이 없는 다른 사람의 이름으로 시도했다. 황태후로부터 예외적인 총애를 받고 있던 더 높은 태감 중 하나에게 별장을 양도하여 어떻게든 우리에게 넘어오는 것을 막으려고 했다. 그 태감은 모든 방법을 동원했다. 겁먹으라고 소란을 피우기 시작하더니 협박을 하는가 하면, 우리가 없는 틈에 별장으로 젊은 태감들과 자기 종들을 보내 위협하며 집으로 난입한 다음에는 중국에서 흔히 보듯이, 그냥 물러갔다.

신부는 이 일을 묻어 두면 비슷한 괴롭힘이 계속해서 반복될까 두려워 별장을 양도받았다는 태감을 찾아갔다. 태감은 신부의 방문 소식에 깜짝 놀랐다. 신부는 한편으로는 정당함에서 오는 엄격함으로, 다른 한편으로는 그의 힘과 협박에 전혀 신경 쓰지 않는다는 것을 보여 주기 위해 강경한 태도로 그의 기를 꺾었다. 태감은 신부가 태감들의 이런 행패에 지쳐 이제 고국으로 돌아가겠다는 귀환 요청 탄원서를 황제에게 올리겠다고 하자 몹시 당황하여 어쩔 줄을 몰랐다. 이렇게 말을 한 것은 모든 태감이

1491 신상들을 향한 이런 모독은 10월 21일 이후에 일어난 것은 아니다(N.3540).

황제가 우리 신부들의 중국 체류를 강하게 원한다는 것을 알고 있고, 그래서 신부들을 귀찮게 구는 사람을 가만두지 않을 것이기 때문이다. 갑자기 온순해진 태감은 신부에게 애교를 부리며 통감에게 청하여 다른 곳을 달라고 해 보라고 했다. 이에 신부는 "그럴 수 없습니다", "하지만 저더러 다른 곳으로 가라고 하면, 즉시 가겠습니다"라고 대답했다. 그가 물었다. "누구의 명령이면 되겠습니까?". 신부가 "황제입니다"라고 대답하고, "그런 다음에는 예부상서와 통감입니다. 아무도 제게 황제의 선물을 포기하라고 할 수 없습니다." 태감이 "그대들은 정말 고집이 셉니다그려"라고 말하고는 "어떤 서국西國의 사람도 내게 이렇게 말한 적이 없었고, 이렇게 큰 힘을 가진 적이 없었습니다. 저는" 그리고 계속해서 "황궁에서 가장 낮은 태감이 아닙니다. 제가 여러 번 통감을 방문했지만, 한 번도 본 적이 없고 말을 한 적도 없습니다. 하지만 황궁의 모든 문이 그대들에게 열리는 것처럼, 자주 통감을 방문한다는 것을 잘 압니다. 그대들은 어찌하여 통감과 교분을 쌓고, 그와 식사하게 되었소이까?" 두 시간, 혹은 그보다 더 길게 대화한 뒤, 그는 투덜대며 "내가 원하는 대로 일을 마무리할 수 없다니, 나는 진흙과 먼지로 만든 별장보다도 못하구려"라며 물러갔다.

986. 북경의 통감이 집을 허위로 팔아넘긴 태감에 반대하는 선교사들을 보호하다

이 태감과의 만남은 별장의 소유와 관련하여, 모든 논쟁을 멈추게 하려면, 이런 사기꾼들의 무례함을 중단시켜야 한다는 것을 일깨워 주었다. 며칠 후, [통감은] 마침 별장을 지나는 길에 우리가 태감 쪽 사람들로부터 괴롭힘을 당하는 것을 보고, 그들을 용납하지 않는 것은 물론 그들을 저지하기 시작했다.

이제는 법적인 단계를 모색해야 할 때가 되었다는 걸 알았고, 우선 몇몇 고관들이 통감에게 공문을 보내, 황제의 답서와 예부상서의 통지를 보여 주고 그들의 입을 막는 것이 필요했다.[1492] [태감은] 일이 효과를 얻지 못하자, 통감에게 직접 세련된 문장의 청원서를 작성하여 보내려고 했다. 청원서에서 그는 중국인들의 재산을 외국인들에게 주려고 한다며 길게 불평을 늘어놓았고, 그래서 이 나라의 신들이 제단에서 쫓겨나 불이나 물속에 던져져 파괴되었다고 했다. 청원서는 일부 하급 태감들 이름으로 전해졌는데, 거기에는 우리를 "마호메트[회회(回回)]인들"[1493]로 부르며 비웃는 내용이 담겨 있었다. 유럽인들의 얼굴이 그들과 크게 다르지 않다며 마호메트인들처럼 우리가 무식하다는 것이다. 그러자 통감은 그들에게 그만하라며, 공개적으로 우리를 길게 칭송했다. 지금까지 중국에 온 그런 종류의 외국인이나 야만족들과 신부들을 비교해서는 안 된다고 했다.[1494] 청원서도 절대 받지 않겠다고 했다. 결국 그들은 아무런 결론 없이 돌아가야 했다. [통감은] 즉시 우리 집에 사람을 보내, 폭풍이 잠들기 전까지 [거기 있는] 신상들을 없애지 말 것이며,[1495] 특히 금으

1492 옥에 갇힌 태감의 친척들은 두 도리(道吏) 혹은 안찰사(按察司)의 주사(主事)가 북경 통감에게 서신을 한 통 쓰게 했고, 돌아온 답변은 그 시기에 그들이 받아본 예부(禮部) 문서(文書)에 있는 것처럼, 일은 황제의 명에 따라서 하는 거라고 했다. 그런데도 N.988에서 보듯이, 사례감(司禮監) 또는 제독태감(提督太監)을 통해 [다시] 시도했고, 황제의 칙령에 따른 거라는 답이 돌아왔다. Cf. N.3538.
1493 리치가 벌써 주목한바, "중국인들은 이 모든 외래종교를 회회(回回)라고 부른다"(N.174).
1494 Cf. NN.605-607, 837.
1495 책란(柵欄)에서 처음 신상들이 제거된 건 10월 21일이었고, 그곳은 책란 지도에서도 볼 수 있듯이, 후에 성모 마리아 대성당(S. Maria Maggiore)의 마리아 경당이 되었다.

로 황제의 이름을 적어서 제단 위에 올려 둔 신주神主를 치우지 말라고
당부했다.

987. 선교사들의 요청으로 통감과 예부상서가 공문을 작성하다

이후 통감과 예부상서는 각각 고시告示를 하나 공표하여 집 대문에 붙
이도록 했다.

통감의 고시는 다음과 같은 톤이다. "황제의 지극한 자비가 멀리 외국
에까지 미쳐 이 자리를 리치의 무덤과 그 동료들의 영구한 주거지로 새
로운 자유를 부여하노니, 이는 신부들을 진정한 시민으로 대우하여 과거
수년 동안 베풀어 준 은혜에 이은 것임을 천명하노라. 이곳에서 그들 종
교의 의식에 따라 황제와 태후의 장수와 건강을 위해, 이 나라의 평화와
안녕을 위해 하느님께 기도하도록 하라. 그러나 혹자가 들어와 소란을
피우는 것을 염려하여, 누구든지 신부들의 허락 없이 별장으로 들어가는
걸 금하며, 이를 어길 시 순회 경찰이 가차 없이 연행한 후 해당 관청으
로 인계하여 엄중히 처벌할 것이니라"라고 했다.

예부상서의 고시도 거의 같은 톤이었다.

이 두 개의 고시는 무례한 사람들의 방자함을 멈추게 한 것만이 아니
라, 우리를 괴롭히던 태감들의 거의 모든 기대를 접게 했다.

그러나 이런 지위를 확보하기 위해서는 다른 마지막 두 개의 장애를
더 극복해야 했다.

———

Cf. 그림 45.

988. 제독태감(提督太監)이 방해꾼에서 신부들을 도와주는 사람으로 바뀌다

먼저, 태감들의 수장(首長)[제독태감(提督太監)]이 [감옥에 갇힌 태감에게] 한 호의였다. 이 시기에 황제는 아무도 대면을 허락하지 않았고,[1496] 국사國事가 거의 태감들의 손에서 이루어지고 있었다. 그런 태감들 가운데 황제와 가장 가까이 있던 사람은 사례감司禮監[1497]이었는데, 거의 또 다른 황제라고 할 정도였다. 우리를 반대하던 태감들은 그에게 청하여 통감에게 편지를 한 통 쓰게 했는데, 오만하고 폭력적인 내용에다 통감의 가장 큰 잘못의 하나는 이렇게 아름다운 별장을 태감들한테서 빼앗아 우리에게 준 것이라며, 질책해 달라고 했다. 누가 봐도 이런 편지를 받으면 충격을 받을 텐데, 통감은 매우 중요한 직책을 맡은 품격 있는 마음의 소유자였다. 그런데도 불쾌감을 감추지 못하고 화를 내며 편지를 가지고 온 사람에게 "이게 무슨 글이냐? 황제도 나를 탓할 수는 없어"라고 했다. 그리고는 편지를 한쪽에 밀쳐 두고 태감에게 아무런 답변조차 하지 않았다. 황제의 답변서와 예부의 결정문을 한 통씩 베껴 쓰라고만 명령했다. 다음 날 태감은 또 다른 편지 한 통을 보내 황제의 명령인지 몰랐다며 사죄했다. 통감이 직접 우리에게 이런 사실을 알려 주었다.

[1496] Cf. N.98, 본서 1권, p.350, 주(註) 267: N.130, 본서 1권, p.382, 주(註) 367: cfr. N.893, 본서 4권, p.418, 주(註) 1058.

[1497] 이 직무에 관해서는 cf. *Storia dei Mim*, c.74, f.17a를 보라. 제독태감(提督太監)은 소위 황성(皇城)의 통감이라고 할 수 있고, 따라서 아주 중대한 인물이다. 1607년 진구(陳矩)가 죽은 때부터 1620년 만력(萬曆)이 죽은 때까지, 제독태감 자리는 공석이 된 것 같았고, 그때 어떤 상운독(常雲獨)이 그 자리를 대신했다. Cf. *Storia dei Mim*, c.305 sotto 진구(陳矩), f.12a. 여기서 언급하는 사람은 이 인사로 추정된다.

그리고 얼마 지나지 않아서 바로 그 태감[사례감이며 제독태감]이 우리
가 그때까지 중국어로 편찬한 모든 책, 곧 그리스도교 관련 서적이건, 도
덕에 관한 것이건, 과학에 관한 것이건 모두 가져다 달라고 요청했다. 책
들은 다음 날 두 신부[1498]가 예쁜 성모 성화 한 점과 바늘을 상아로 만든
해시게 하나와 다른 몇 가지 물건과 함께 갖다주었다. [궁에 들어가] 사례
감을 기다리는 동안 다른 태감들이 신부를 에워싸고 호기심 어린 눈으로
선물을 보려고 했고, 신부는 그들에게 선물들을 보여 주었다. 선물들에
모두 감탄했고, 특히 성모 성화에 큰 관심을 보였다. 우리의 신앙에 대해
말할 좋은 기회였다. 한참을 기다린 끝에 태감은 접견할 수 없다고 알리
며, 그들이 온 이유를 서면으로 남기라고 했다. 그러자 신부들은 그를 만
나기 위해 멀리서 온 외국인을 내치지 말아 달라고 부탁했다. 이 말을 듣
고, 신부들을 중국인 문인 복장 차림으로 받아 주며, 통상 사람들을 접견
할 때 하는 것처럼 자기는 의자에 앉고 상대방에게는 무릎을 꿇도록 했
다. 그러나 신부들은 태감을 다른 고관들과 다르지 않다고 생각했기 때
문에, 꿈쩍도 하지 않았다.[1499] [상황을] 파악한 태감은 이 일로 실랑이하
고 싶지 않아서, 자기가 일어나 중국의 풍습대로 평등하게 신부들을 맞
아 주었다. 신부들은 일부 태감들 때문에, 황제께서 하사해 주고 관리들
이 확인해 준 선물을 평화롭게 누리지 못하고 있다며 불만을 표했다. 그
러면서 태감의 직권으로 이를 막아 달라고 요청했다. 그러자 태감은 먼

1498 디에고 판토하(Diego Pantoja)와 사바티노 데 우르시스(Sabatino De Ursis)가 이 모든
    일의 주인공들이다.
1499 예법에 대한 이런 비슷한 어려움을 1600년 초에 리치도 겪었다. 남경(南京)의 수비(守
    備) 태감 빙보(馮保)가 그랬다. Cf. N.549.

저 자기가 통감에게 편지를 쓸 때 황제의 뜻이었는지 몰랐다고 해명하며, 이후론 아무도 귀찮게 하지 않도록 하겠다고 했다. 특히 황제께서 하사하고 관청들에서 확증한 것을 의심하는 것은 이롭지 않기 때문이다. 이제 그 집에서 편히 살 수 있고, 동료를 매장할 수 있으며, 황제의 은혜를 누릴 수 있도록 보장해 주겠다고 했다. 신부들은 그에게 감사했고, 가지고 간 선물을 주려고 했으나, 그는 받지 않으려고 했다. 선물들을 모두 들여다보고 칭송을 아끼지 않았다. 특히 성모 성화에 감탄했다. 하지만 앞서 말했듯이 그는 받지 않았다.[1500] 중국에서 이런 거절은 예의에 벗어나는 것이 아니다.[1501]

989. 황태후가 아끼던 태감 중 하나가 신부들을 상대로 선동하려고 하자 그것을 누르다

반대자들의 또 다른 전쟁 무기는 황제의 모친[황태후][1502]이었다. 모든 것을 잃었을 때 사용하려고 마지막 카드로 남겨 둔 것이었다. 이 연차편지 서두에서 이미 언급했듯이[1503] 황태후는 나이가 많은 독실한 불자였

1500 『1610년 연감』이 전하는바, 태감의 친척들이 별장 앞에 있는 밭을 갖겠다고 고집하자, 도시의 통감[황길사]은 신부들에게 조언하기를, 제독태감(提督太監)을 찾아가 이 일을 변호해 달라고 청하라고 했다. 매우 어려운 일이었다. 이 루카와 왕징 필립보가 나서서 일을 주선했고, 11월 29일 제독태감을 알현했다. 그는 매우 친절했고, 이미 양도한 걸 취소하는 일은 없을 거라고 장담했다. 그리고 신부들이 선물로 가져간 〈구세주 성화〉도 〈성모 성화〉도 받지 않으려고 했다. "우리가 이 태감과 이야기했다는 소문만으로도 모든 일이 잠잠해졌다"(N.3543).

1501 리치도 벌써 "보낸 선물을 받지 않거나 그것을 그대로 직접 도로 가지고 오는 것을 결례라고 생각하지도 않는다"(N.124)라고 주목했다.

1502 만력 황제의 모친, 황태후에 대해서는 N.593, 본서 3권, p.276, 주(註) 682.를 보라.

1503 연차편지 서두에서 트리고는 이렇게 썼다. "황제는 우상을 숭배하지 않거나 신들을 알

고, 실타래를 잡아 주던 태감은 그녀가 아끼던 태감이었다. 어느 날, 태감이 황태후를 만나러 가서, 엄청난 값어치가 나가는 사찰을 자기한테서 빼앗아 어떤 외국인들에게 주려고 한다며 불평했다. 그러면서 '외국인들이 신상들을 공경하지 않고, 곧 물이나 불 속에 던져 부수고 말 것'이라고 했다. '그러니 태후께서 황제에게 말씀 한마디 해 달라'고 청했다. 이에 태후는 "사찰이 그대가 말한 것 이상의 값어치가 있다고 해도, 그것이 황제의 은혜에 비하겠는가? 황제께 말하지 않는 것이 낫소. 그대가 말하는 외국인이 감옥에 갇힌 태감에 대해 황제께 탄원하여 불만을 이야기한다면, 그는 살아남지 못할 것이야"라고 했다. 태감은 입을 다물었고, 더는 고집을 부리지도 않았다. 이렇게 태감들은 모든 희망을 잃었고, 일은 종결되었다.

지 못하거나, 혹은 조상의 발자취를 따랐을 것입니다. 그는 하늘의 주인이시며 만물의 으뜸이신 분[天主上帝]을 부인(否認)하지도 않습니다. 그의 나이 든 모친이 지옥에 더 가까이 있었고, 거짓 신상들에 큰 믿음을 갖고 있었습니다. 그 바람에 그녀는 여러 곳에 사당을 짓거나 수리하고, 사당의 제관들을 먹여 살렸는데 그 비용이 한 곳에서 천 냥이 넘었습니다. [그녀의] 큰 거실에는 천박한 모든 종류의 신상으로 채워져 장엄하게 보이게 했습니다. 그곳을 두고 일반 사람들은 '황도에는 속된 제관들이 존경받고 관리들은 밖에 있다'라고 합니다"(ARSI, Jap.-Sin., 113, ff.150b-151a). 연차편지를 더 읽어 내려가다 보면, 트리고가 다음의 대목을 상기하며, 이 연감(horum Annalium)을 언급한 걸 빼먹고, "서두에서 말한 것처럼, 우상들을 깊이 섬기는 노인"이라고 말하고 있다. 하지만 여기 이 텍스트에서는 리치의 필사본에 자기가 첨가한 만큼, 이 연차편지(questa lettera annia)의 서두에서 말했듯이, "이 연감의 서두에서 말했듯이"라고 굳이 말할 필요는 없다. 그런데도 말하는 건 '연차편지'를 말하는 게 아니라, '그리스도교의 중국 진출의 역사(Storia dell'Introduzione del Cristianesimo in Cina)'에 대해 말하고, 그것도 자기가 쓴 게 아니라 리치가 쓴 것이기 때문일 거다. 여기서 우리는 이 필사본에 연감의 언급이 굳이 필요하지 않다는 또 다른 사례가 있다. 리치도 이 황후가 불교를 신봉했다며, "우상 신들을 깊이 신봉하고 있던"(N.593)이라며, 두 명의 유명한 승려 달관(達觀)과 감산(憨山)(N.637)의 제자라고 한 바 있다. Cf. N.733.

한편, 우리도 조금 양보함으로써 그들을 다독였다. 그들이 별장과는
별도로 중간 도로에서 분리된 작은 땅만이라도 달라고 불평하자 우리는
통감의 조언에 따라, 너무 집착한다는 인상을 주지 않기 위해 바로 그 자
리에서 그것을 양도했다.[1504]

990. 호부의 한 관리가 선교사들을 방해하는 공문을 작성하여
세금을 물리자, 이를 중단시키다

마귀는 이 일을 방해하기 위해 무엇을 해야 하는지를 잘 알고 있었고,
태감들만 이용한 것이 아니다. 일을 시작할 때, 초기에 언급한 바 있듯
이, 호부戶部로 보냈다가, 후에 우리가 나서서 청하는 바람에 예부禮部로
보내졌다.[1505] 모든 일이 순탄하게 진행되는가 했더니 큰 걱정 —큰 걱정
이라고 말하는 게 맞다. — 이 터졌다. 걱정 외 다른 것일 수가 없다.

이제 모든 일은 마무리 단계에 접어들었고, 그 집이 황제의 선물인 만
큼 세금이 면제되어야 하는데, 그러려면 다시 호부로 이양되어야 했다.
예부에서는 그것이 황제의 선물임을 호부에 알리고 미래에도 세금을 면
제하는 것이 마땅하며 세무 기록에서도 삭제해 달라고 통지했다.

일은 앗아 갔던 사람의 손으로 돌아온 셈이다.[1506] 우리를 벼르고 있었

1504 1610년 10월 21일 이전에 신부들은 별장의 남쪽 땅에 있던 무덤을 양도했고(N.3540),
　　 이듬해 2월 초, 북경 통감의 조언에 따라 여기서 말하는 밭도 양도했다(N.3766).
1505 Cf. NN.974-975.
1506 이 사람이 호부상서(戶部尚書) 조세경(趙世卿)일 수는 없다(cfr. N.582, 본서 3권,
　　 p.246, 주(註) 584.; *Storia dei Mim*, c.220, ff.15a-17b; *Index*, 14, II, p.106; *Fonti*
　　 Ricciane, III, p.16, n.4]. 왜냐하면 그는 1610년 10월 17일과 11월 15일 사이에 퇴직했
　　 고, 이듬해 7월까지 후임자가 없었기 때문이다. 그러니까 언급한 호부의 한 관리였을
　　 거다.

던 사람처럼 —여기저기서 이런 소리가 들렸다.— 그래서 일을 망치려고 했던 것 같다. 장소를 찾아보라고 명령한 지현知縣에게[1507] 호부의 직인이 들어간 공문[文書]을 한 통 보내, 왜 우리에게 이렇게 좋은 집을 주게 되었느냐고 물었다.[1508] 공문을 받은 지현 측에서 놀라, 신부에게 공문의 사본과 함께 사람을 보내 뭐라고 대답해 주면 좋겠느냐고 했다. 신부는 입을 다무는 것이 좋겠지만, 질문에 대답만 할 것이 아니라 그가 명령을 철회하지 않을 수 없게 태도를 확실하게 하는 것이 좋겠다고 답했다.

따라서 일을 해결하기 위해 신부는 공문을 최고 통감에게 가지고 갔다.[1509] 공문을 전하며, 어디서 작성했는지는 알 수 없으나, 작성자를 불쾌하게 했다면 대단히 유감이라고 전했다. 신부는 통감의 조언을 듣고, 공문 작성자에게 갔다.[1510] 그리고 황제가 우리에게 준 것은 묘지뿐 아니라 [신부들이] 거주할 집까지 준 거라고 설명했다. 그것이 화려하다면, 그것은 우리가 대단해서가 아니라 황제가 그에 합당하기 때문이니, 그 명령을 거두어 달라고 요청했다. 공문 작성자는 신부의 솔직함에 적잖이 놀라며, 호부에 할 말이 있으면 탄원서를 작성하여 다음 날 관청으로 오라고 대답했다.

신부는 호부에서 일하는 우리의 친구에게 공문을 들고 가서, 경위를 설명하고, 이미 마무리된 일을 두고 반대하는 관리가 그 친구 하나는 아닐 것이므로 친구에게 말을 좀 해 달라고 부탁했다. 그렇게 하는 게 아무

1507 Cf. N.981.
1508 이 공문은 11월 10일 자로 되어 있었다. Cf. N.3542.
1509 북경의 통감은 황길사(黃吉士)다.
1510 앞서 말한 호부(戶部)의 한 관리다.

런 이득이 되지 않을 거라고 했다. 오히려 적지 않은 해를 입을 수도 있다고 했다. 그는 요청을 매우 잘 받아들였고, 다음 날, 호부의 그 직원은 신부에게 매우 정중하게 편지를 한 통 썼는데, 거기에는 그[신부]의 모든 바람이 이루어지도록 처리하겠다고 적었다. 신부는 답장과 함께 몇 가지 물건을 보냈다. 모든 일은 마치 그렇게 해야 하는 것처럼, 잘 정리되었다. 며칠 후 호부의 공문은 철회되고, 우리 집은 영구적으로 토지세가 면제되었다.

일은 이렇게 마무리되었다. 우리가 바랐던 것처럼, 언젠가는 하느님께 큰 영광이 돌아갈 것이다.

991. 세 개 부서에서 호의적인 공문을 발급해 주다

소유권이 순리대로 넘어오자, 우리는 예를 갖추어 황제에게 감사 인사를 하러 갔다. 이것은 신부들이 북경에 자리를 잡게 되었을 때 황제에게 인사하러 간 것과 똑같은 방식이었다.[1511] 따라서 그것을 다시 반복할 필요는 없을 것 같다. 사실 지금까지 쓴 『그리스도교의 중국 진출의 역사』[1512]와 이 『연차편지』는 유럽에서 발간되거나,[1513] 발간을 희망하고

1511 Cf. N.609.
1512 이 역사서(Historia)는 지금 이 책 『그리스도교의 중국 진출의 역사(Storia dell' Introduzione del Cristianesmo in Cina)』[역주_ 역자는 이 책의 제목을 "그리스도교의 중국 진출기"로 표기했다]를 말하는데, 1608-1610년, 리치(Ricci)가 북경에서 이탈리아어로 썼고, 그것을 트리고(Trigault)가 1613-1614년에 라틴어로 번역하여 로마로 가져갔다. 라틴어 번역의 제목은 *De Christiana Expeditione apud Sinas*이다. 라틴어 번역본은 1615년 아우크스부르크에서 인쇄했다. 본서 1권, pp.231-232. 참조.
1513 연감(Annales)이라는 용어로 여기서 의미하는 건, 앞서 주목한 바 있듯이[cf. N.971, 본서 p.139, 주(註) 1366.], 1611년도 연차편지[역주_『연차 보고서』 성격의 편지다. 그래서 이 책에서는 모두 "연차편지"로 번역했다] 이 장(章)은 그것을 단지 함축한 것

있기 때문이다.

이런 조용한 상태를 더 안전하고 확실하게 해 준 것은, 마침내 [우리에 게] 도달한 세 부서에서 발행해 준 세 개의 문서다.

하나는 예부에서 발행해 준 것이고, 다른 것은 각기 다른 두 부서에서 발행해 준 것인데, 이 부서의 이름은 밝히지 않겠다. 유럽에는 이런 이름 이 없기 때문이다.[1514] 중요한 것은, 문서를 발급해 준 부서들이 다른 부 서들에 비해 가장 엄격하고 무서운 부서라는 점이다.

992. 북경의 통감이 리치를 자랑스럽게 생각하여 그의 이름을 적다[扁額]

북경의 통감은 우리에게 이렇게 많은 도움을 주고도 만족스럽지 않다 며, 그 자리에서 리치 신부와 그를 통해 우리까지 명예롭게 하고자 했다. 중국의 관습에 따라, 이 연차편지에서 남경에 대해 다루면서 길게 이야 기한 바 있다.[1515] 통감이 많은 군중을 대동한 채, 북을 치고 피리를 불며

에 불과하다. 만약 이것이 조판되고 ─뒤이어 "희망(ut spero)" 사항이라고 표기─ 연 감을 대신한다면, 이 문장이 리치의 역사서(Storia) 이 장을 구성하기 위해 연차편지에 서 따로 떼어 낸 것과 같다는 말을 굳이 쓸 필요가 없었을 것이다.

1514 『1610년 연감』에서 말하는바(N.3544), 이 공문들은 11월 29일 이후, 먼저 예부(禮部) 에서 시랑(侍郎) 겸 서(署)로 있던 옹정춘(翁正春)에 의해 공포되었고(*Index*, 24, II, p.147), 두 번째는 확인하지 못한 *SI chim*(?)이라는 사람이, 세 번째는 찰원(察院), 즉, 우검도어사(右檢都御史)가 했는데, 당시 찰원의 성은 서(徐)가 아니라 허(許)라고 하 는데, 허홍강(許弘綱)을 말하는 걸로 추정된다(cf. *Index*, 24, III, p.54). 그러나 1611 년에 그는 이 직책에 있지 않았다. Cf. *Storia dei Mim*, c.112, f.21a.

1515 그 자리에서 써 준 이런 예상하지 않은 것에 관해, 앞에서도 똑같이 주목한 적이 있다 [cfr. N.991, 본서 p.193, 주(註) 1513.]. 여기서도 마찬가지다. 이 장에서 남경(南京) 수도원에 관해선 전혀 말하지 않았던 사실로, 연감에서만 말한다. 즉, 트리고가 어필 하는 것은, 먼저 1611년에 있은 한 개종자에 관한 것이다. 그는 남경의 도리(道吏)로

성대하게 우리 집으로 행차하여, 도시의 중심도로를 거쳐 거창하게 편액
扁額을 증정하는 의식을 가졌다. 리치의 무덤을 위해 입체적으로 쓴 이
편액은 리치와의 영원한 우정을 증명하고 너무도 저명한 사람[리치]에게
명예를 드리기 위함이었다.

   내용은 편액에서 흔히 사용하는 일반적인 것으로, 네 글자로 아래와
같이 적었다.

―――

광주(廣州) 시(市) 출신이고, 성이 진(陳)이다. 세례명은 토마스라고 지었다. 그의 개
종은 북경에서 리치와 나눈 대화에서부터 시작되었다. "그는 남경 도성에 있는 고관
중 한 사람으로, 우리는 그를 중국식으로 도리[道吏]라고 불렀다. … 그는 한때 북경 도
성에 있었고, 거기서 마태오 리치 신부와 다른 여러 사람과 아주 좋은 관계를 맺었
다"(ARSI, Jap.-Sin., 113, f.173). 후에 그가 와서 두 개의 문패에 대해 말하던 중, 그것
을 중국어로 편(扁) 혹은 편액(扁額)이라고 하는데, 얼마 전에 바뇨니가 세운 남경 성
당과 남경 수도원으로 그가 그것을 만들어서 보낸 것이다. 트리고는 덧붙여, "그래서
유럽에서는 가문의 문장을 붙인 군주들이 군사를 앞세워 국가의 지원을 받는 친구들
의 마을과 집과 숲을 지킨다. 우리의 새 신자 토마스는 이것으로 우리에게 두 가지 명
예를 안겨 주었는데, 성당이 완공되자 관례대로 두 개의 편액을 보내 준 것이다. 하나
는 성당 것이고, 하나는 수도원 것이다. 편액은 각기 나무판에 정성껏 색을 칠하고, 거
기에 이름난 사람의 필체로 중국 글자를 새겼다. 성당에는 사천당[事天堂]이라고 썼는
데, '하느님께 봉사하는 데 사용하는 집'이라는 뜻이다. 수도원에는 태대서유사[泰大西
儒舍]라고 썼다. '위대한 서방 학자가 거처하는 곳'이라는 뜻이다. 두 개의 문패는 각
건물 입구 대문 위에 붙여 사람들의 눈에 금세 띄게 했는데, 각기 나름의 매력이 있었
다"(ARSI, Jap.-Sin., 113, f.181v). 초창기의 문패들은 조경(肇慶)의 지부(知府) 왕반
(王泮)이 리치와 루지에리 신부에게 1584년에 써 주었다. Cf. N.254와 그림 15(본서 2
권, p.165). 여기 텍스트에서 말하는 문패(편액)는 1610년 11월 29일, 제독태감(提督
太監)의 알현을 마친 직후, 신부들에게 해 준 것이었다. Cf. N.3544.

모의입언(慕義立言)[1516]

이 네 음절은 짧지만, 너무도 많은 의미를 담고 있다. 그 의미는 이렇다.

의를 숭모하고 저술로써 말씀을 세우신 분

그리고 더 아래에는 더 작은 글자로 이렇게 썼다.

대(大) 서국(西國)의 마태오 리치께

황길사(黃吉士)

성과 이름을 이『연차 보고서』에 넣는 것이 옳다.

북경 수도의 통감 바침

1516 트리고는『연차편지』의 이 부분을 백지로 두었는데, 아마도 이 네 글자가 생각나지 않았던 걸로 보인다. 그러면서 로마자로 음성화한 것만 실었다. 그것을 다시 텍스트화했다. 여기에는 세 번째 음절[입(立)]을 liĕ, 마지막 자 위에 성조 표시를 했는데, 이것은 이『역사서』의 초판본(Tacchi Venturi, I, p.644)에서 마지막 모음 생략 표시를 잘못한 것으로 추정된다. 같은 맥락에서 북경 통감의 이름 첫음절[길(吉)]도 자세히 들여다보면 Kiĕ를 Kien으로 잘못 표기했다. Cf. N.947. 여하튼 트리고 텍스트의 정확한 표기는 황길사의 편액이 온전히 있어 수정하여 기록하기는 어렵지 않다.

여기에 편액의 내용을 옮긴다.

慕義立言	
黃 少	泰
吉 京	西
士 兆	利
立	瑪
	竇

이것을 현대 이탈리아어로 음성화하면 이렇게 읽는다.

MU I LI IEN	
Hoam Sciao	Ttae
chi Chim	si
sce Ciao	Li
li	Ma
	tteu

이탈리아어로 번역하면 아래와 같은 톤이다.

> 의(義)를 사랑하고 많은 책을 쓴 분
> 대(大) 서국(西國)의 마태오 리치에게
> 북경 통감 황길사 바침

맨 앞에 있는 모의(慕義)라는 표현은 전한서(前漢書)[열전(列傳), c.3, 傳第三, 끝]에서 반고(班固)가 쓴 텍스트에서 가져온 것이다. 거기에 이런 말이 있다. "오랑캐[외국인]가 의를 숭배하는 것, 그것이 하물며 [중국으로부터] 자립할 능력이 없는데도 그리한다면, 이것이야말로 하늘의 일이 아니겠는가? 賓客慕義, 猶不能自立, 豈非天庨". 여기에서 한 세기가 더 지나 첫 번째 불교 호교론인 모자(牟子, 서기 165-170년경 탄생)의 저서들에서 다시 찾아볼 수 있다. 그의 저서 『모자이혹(牟子理惑)』(f.10a)에서 중국에 불교가 전래된 것을 언급한 후, 불교가 가져다주었을 안녕과 평화를 말하며, "먼 데 사는 야만족들이 [중국의] 의를 사랑하여, 원이모의(遠夷慕義)"라고 적고 있다. 이 표현은 리치가 중국에 온 것과 관련하여 공식문서에서 자주 사용되었다. Cf. *Fonti Ricciane*, III, Appendice I e II.

한편, 입언(立言)이라는 표현은 좌전(左傳)이 공자(孔子) 학파의 책을 주석한 데서 유래했다. 기원전 548년도 『춘추편년(春秋編年)』(IX, 241)에 이런 말이 있다. "제가 듣기에 '크고 최고의 것은 덕을 세우는 일이며(立德), 그다음은 공을 세우는 일이고(立功, 타인을 돕는 일), 다음 것은 말을 세우는 일(立言, 책을 쓰는 일)이며, 덕과 공과 말이 오랜 세월을 견뎌 사라지지 않을 때, 그것을 일러 불후라고 합니다. 豹聞之, 大上有立德, 其次有立功, 其次有立言." Cf. Couvreur, Tch'oen Ts'iou, Hokienfu, 1914, II, p.408; **역주** 《춘추좌씨전(春秋左氏傳) 양공(襄公) 24년》. 주석자들은 각 단계에서 사례를 드는 것도 잊지 않았다. 첫째 단계에는 전설이건 반-전설이건, 처음 다섯 명의 왕 복희(伏羲), 신농(神農), 황제(黃帝), 요(堯), 순(舜)을 사례로 들었다. 둘째 단계에서는 대우(大禹)를, 셋째 단계에서는 노자(老子), 장자(莊子), 순자(荀子), 맹자(孟子), 묵적(墨翟) 등의 저술가며 철학자들을 들었는데, 그들은 직접 쓴 철학, 역사, 문학 등의 저작들로 유명하다. 그러니까 우리의 편액에서 리치를 이 세 번째 단계의 사람들에 비유한 것이다.

993. 책란(柵欄) 정원에 대한 묘사

못자리에 대한 지형적인 스케치도 바람직해 보인다. 하지만 읽을거리로 묘사하는 것보다는 볼 만한 단면도를 제시하는 게 나아 여기에 첨부한다.[1517]

[책란] 정원[1518]은 도시 성문 중 하나인 부성문阜城門에서 약 1㎞ 정도 떨

[1517] Cf. 그림 41. 연차편지는 "그곳에 관해 신부 중 한 명이 잘 묘사"했다고 말한다. 하지만 여기서 중국 최초의 그리스도인 공동묘지 지도의 저자를 말하는 건 빼먹었다. 판토하 아니면 데 우르시스, 두 신부 중 한 명일 텐데, 데 우르시스일 확률이 높다. 리치의 생각에 의하면, 그는 중국의 수학자가 될 운명이었다. 이어지는 주(註)에서 보겠지만, 우리에게 그곳에 대한 세밀한 묘사를 남겨 주었다.

[1518] 황제가 선교사들에게 증여해 준 땅은 리치의 무덤과 선교사들의 거주지로 "이리구(二里溝)"라고 하는 마을에 있었다. 지금도 부성문(阜城門) 밖에 있다. 부성문은 예전에 평즉문(平則門)이라고도 불렸다. 증여해 준 땅에는 집 한 채가 딸려 있었고, 거기에 방이 38개, 아니 중국식으로 간(間)(천장 혹은 지붕의 두 대들보 사이 공간을 나눈 걸 말한다)이 38개, 땅이 20무(畝), **역주_** 땅의 면적 단위로, 1이랑(畝)은 30평(坪), 100보(步)가량 된다. 그러니까 증여받은 땅은 600평, 193,847㎡ 가량이다다. 집은 앞서 말한 양 태감이 1582년에 지었다. 그러나 그 이전에는 또 다른 태감이 주인이었는데, 이름이 등(滕)이어서, 중국식으로는 "등공책란(滕公柵欄)"이라고 불렸다. 후에 그냥 책란(柵欄)이라고 부르다가 그 사람보다 더 앞에 사람으로 인해 석란(石欄) 또는 석란아(石欄兒), 즉, 돌담(Recinto di pietra)이라고 했다. 책란(柵欄)이 된 뒤, 중국 그리스도인의 첫 번째 공동묘지의 이름이 되었다. 이 장소에 대해 우리에게 처음으로 묘사해 준 사람은 데 우르시스다. 그는 1611년 초에 직접 보았다. "그곳은 원래 사찰이 아니라, 황궁에서 황제의 신임을 크게 받던 고위 태감의 것이었다. 그래서 도성에서 가장 좋은 자리에 가장 시원하고 아름다운 곳에 호화로운 집을 지었다. 많은, 거의 모든 태감과 고관들이 부러워했다. 담은 모두 돌과 석회로 두 팔 높이(2m가량)로 쌓았는데, 매우 강하고 단단할 뿐 아니라 화려하기까지 했다. 돌이 거칠어서 많은 장인이 모두 잘 배치되어야 했다. 석회는 다른 데서 가져온 것으로 보인다. 후에 이 태감은 담 안에 문을 하나 크게 만들고[그림 41, 4], 안뜰[6]을 만든 다음, 양쪽에 6개[정확하게는 7개]의 큰 방[7]을 만들었다. 양쪽에 3개의 방은 거의 길이가 비슷하다. 그런 다음 또 다른 문을 하나 더 만들고[8] 대리석과 벽돌로 공을 들여 담을 쌓아 첫 번째 뜰과 두 번째 뜰을 구분했다. 그런 다음 양쪽에 8개의 방[11, 12]을 만들었는데, 뜰의 크기가 앞엣것과 거의 같아서 방도 충분히 컸다. 이 두 번째 칸 다음에는 처음 것처럼 담도 문도 없다. 그러나 매우 아름답게 만든 거실로[13], 크기가 대들보와 같고, 대리석과 벽돌로 기둥을 세

어진 곳에 있는데, 원래 이 지역은 태감들이 별장과 묘지로 많이 쓰던 곳
이다. 건물은 벽돌로 매우 아름답고 튼튼하게 잘 지었다. 돌기둥을 선호
하지 않는 중국인들의 취향에 맞추어 모든 기둥은 나무로 만들었다. 중
국인들은 황궁이나 고관들의 관저에도 돌기둥을 쓰지 않는다. 건물은
30년 전에 지어져 아직도 오랫동안 사용할 만했다. 개별적인 것들을 묘

———

위 지붕을 덮었다. 그런 다음 양쪽에 두 개의 발코니를 냈는데, 하나는 겨울용으로 남
쪽으로 내고[14a], 다른 하나는 여름용으로 북쪽으로 냈다[14b]. 그 폭은 뜰의 폭과 같
고, 옆에 있는 작은 방들[12]과 나란히 있으며 두 번째 뜰을 닫는 역할을 한다. 발코니
를 포함한 길이는 각 측면이 팔 여섯 개가 넘는다. 이 큰 거실에는 6개의 방[15, 16]이
있는데, 두 번째 뜰 양쪽에 있는 방들[11, 12]과 일치한다. 그리고 세 번째 뜰을 지나면
양쪽에 6개의 매우 큰 방[18, 19]이 있고, 다른 9개 방이 머리 위치에 더 있다[20-25]. 이
공간은 세 번째 뜰과 뒤쪽의 비교적 큰 정원[26]을 구분하는 역할을 한다. 거기에는 나
무가 많고[측백나무 4그루, 30], 우물 하나[35], 돌무더기[29]와 다른 여러 가지 집과 정
원을 꾸미는 데 흔히 쓰는 것들이 있다. 이 별장은 태감이 황제의 총애를 받던 시절에
만들었다는 걸 알 수 있다"(De Ursis, pp.64-65). 이런 묘사에 더해, 통사(通事) 조반니
로드리게스(Giovanni Rodriques)가 1612년 1월 25일 광주에서 쓴 편지는 북경의 신부
들한테서 들은 내용을 적고 있다. "[책란의] 그 집에 있는 신부들에 대해 말하자면, 그
곳은 도시에서 조금 떨어진 매우 아름다운 곳으로, 담으로 둘러 있고, 그 안에는 31개
의 거실 혹은 방이 있습니다. 신부 한 명이 세 개의 뜰을 관리하고, 자매 한 명이 큰 정
원을 관리합니다. 우리 주님께서 원하신다면, 모든 것이 콜레지움과 신학교 한 개 정
도는 충분히 유지할 만합니다"(ARSI, Jap.-Sin., 15, f.99r; N.3783). Cf. N.995.

시간이 흐르면서 정원이 있던 자리에는 모두 88개의 묘지가 만들어졌다. 리치의 묘
도 어느 순간 동쪽으로 살짝 옮긴 걸로 짐작된다. 물론 여전히 존중의 의미로(honoris
causa) 약간의 거리는 두었다. Cordier, BS, cc.1029-1030에서 그곳에 묻힌 선교사들
의 이름과 함께 공동묘지 지도를 보라. 황제가 하사한 땅은 "오늘날 1900년의 순교자
납골당 동쪽에 있는 좁은 땅이 되었고, 거기서 신학생들의 공동묘지 슬레이트 벽까지,
그리고 남쪽에 있는 도로까지 확장되었다"(Planchet, p.12). 1900년 이전의 공동묘지
에 대해 알면, 같은 책(Planchet) 표지면 p.1을 보고, 1900년 이전 리치의 묘를 보려
면 Bernard[4], p.50과 p.49 이전을 보면 된다. 뒤이어 동쪽과 남쪽이 매우 확장되면서
성당, 학교와 신학교가 들어섰고, 그곳은 중국의 그리스도인에게 가장 거룩한 장소가
되었다. 알다시피 많은 위대한 영웅적인 선교사들이 부활을 기다리며 잠들어 있기 때
문이다.

사할 필요는 없을 것 같다. 소문에 의하면, 집을 지을 때 금화 1만 4천 냥이 들었다는데, 그것만으로도 규모를 충분히 짐작할 수 있다.[1519] 이 금액이 유럽에서는 시시할 수 있겠으나, 중국에서는 큰 값어치다. 이곳은 또 공부하기에 아주 좋다. 우리에게 이곳을 찾아 준 관리들도 우리 중 몇 사람은 도시의 소음에서 멀리 떨어져 이곳에 머물며 유럽의 책들을 중국어로 번역해 주기를 바랐던 것 같다. 이것은 모든 사람의 오랜 염원이기도 하다.[1520] 차단된 장소에서 공부를 목적으로 자신을 격려하는 풍습은 유럽보다 중국에서 더 흔하다.

[1519] 이와 관련하여, 중국선교를 위해 유럽의 여러 군주와 주요 인사들로부터 받은 선물에 관해, 트리고는 1617년 1월 2일 자 편지에서 묘사하고, 라말(Lamalle) 신부는 그것을 부각하여, "중국 황제에게 보낸 선물에 관한 연구는 … (트리고의 보고서에 따르면) 그 분량이 너무 많아서 현대의 독자들을 지치게 하고 말 것이다. 트리고가 수집한 모든 종류의 시계에 관한 묘사만 해도 그렇다. 내각에서는 받은 선물의 시장 가치를 즉시 평가하려는 방식도 불편하기는 마찬가지다"(*AHSI*, 1940, IX, p.75)라고 말한다. Cf. NN.3546, 3754.

[1520] 데 우르시스(De Ursis, p.63)는 어느 날 북경 통감 황길사(黃吉士)가 신부들이 있는 수도원으로 와서 그들에게 리치의 모범을 따라 달라고 당부했다고 전한다. 리치는 문학 작품들을 잘 알고 있었고, 일반 백성이 착하게 살 수 있도록 도덕에 관한 책들을 중국어로 번역했다고 했다. 이에 신부들은 그것이야말로 신부들도 바라는 바라고 했다. 그동안 그렇게 하지 못했던 것은, 계속해서 많은 사람이 수도원으로 찾아와 선교사들에게 이것저것 물어보는 바람에 그것을 실행할 수가 없었다고 했다. "그래서 집이 딸린 좋은 장소를 주기를 바랐고, 이제 점차 그곳으로 가서 살며, 우리의 책을 옮기려고 합니다. 그곳에서 더 조용하고 편안하게 우리의 일을 할 것입니다." Cf. NN.993, 3537.

[그림 45]

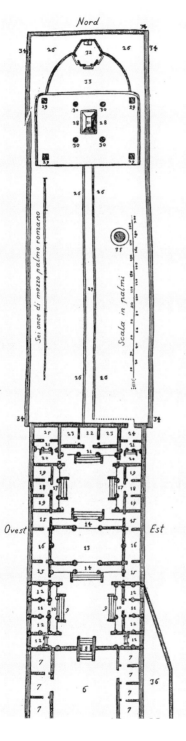

Nord

Ovest ... **Est**

Sei once di mezzo palmo romano

Scala in palmi

SPIEGAZIONE DELLE SINGOLE PARTI:

1. Due sedili di marmo che servono per montare a cavallo.

2. Un muro della statura di un uomo davanti all'ingresso della villa.

3. Vicolo cieco.

4. Porta principale.

5. Cinque camere con ingresso sul vicolo cieco.

6. Primo atrio.

7. Sette camere del primo atrio.

8. Porta e gradini per accedere al secondo atrid.

9. Gradini che mettono agli appartamenti laterali.

10. Portici davanti alle camere.

11. Due piccole sale.

12. Sei camere.

13. Grande sala, antica pagoda trasformata in chiesa del Salvatore, dedicata, con quadro omonimo circondato dagli Angeli e dagli Apostoli, il 1° novembre 1611, in mezzo a un gran concorso di fedeli.

14. Due portici con gradini davanti alla chiesa.

15. Quattro piccoli atri scoperti, che mettono in comunicazione le camere del secondo e del terzo atrio.

16. Due stanze grandi.

17-18-19. Scalinate, portici, sale e camere del terzo atrio.

20. Due piccoli atri scoperti.

21. Tre portici aperti con le loro scale.

22. Piccola sala una volta ripiena di idoli.

23. Due camere.

24. Vestibolo e passaggio al giardino.

25. Nuova cappella della Madonna di S. Maria Maggiore.

26. Giardino.

27. Viale di mattoni nel mezzo del giardino.

28. Cimitero cinto intorno da un muro di mattoni più alto della statura di un uomo.

29. Quattro piedestalli con piramidi.

30. Quattro vecchi cipressi molto alti.

31. Sepolcro del P. Matteo Ricci in cui fu tumulata la sua salma il 1° novembre 1611.

32. Nuova cappella cimiteriale con volta elegantemente decorata.

33. Spazio dinanzi alla cappella, con pavimento di mattoni, di un giardino più alto del cimitero.

34. Muro del giardino di pietra squadrata, alto di 10 palmi.

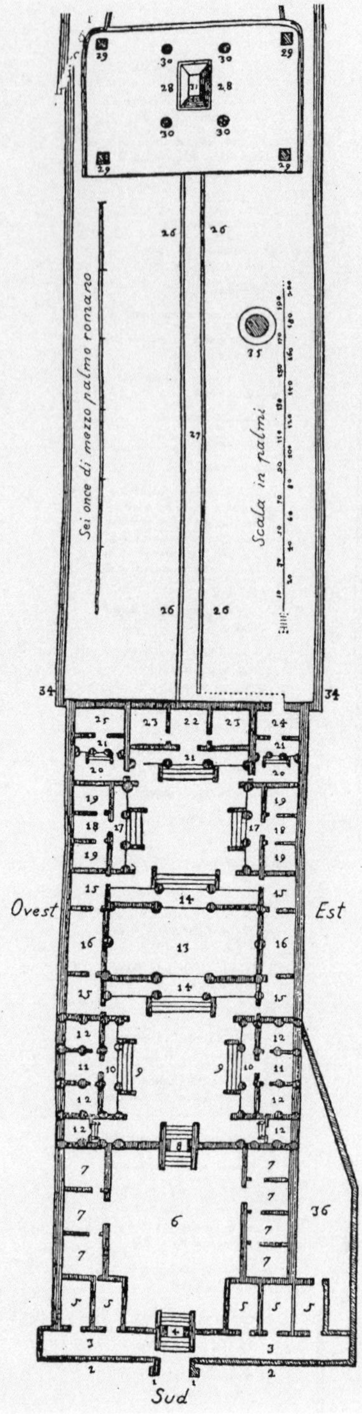

uomo davanti all'ingresso della villa.

3. Vicolo cieco.

4. Porta principale.

5. Cinque camere con ingresso sul vicolo cieco.

6. Primo atrio.

7. Sette camere del primo atrio.

8. Porta e gradini per accedere al secondo atrio.

9. Gradini che mettono agli appartamenti laterali.

10. Portici davanti alle camere.

11. Due piccole sale.

12. Sei camere.

13. Grande sala, antica pagoda trasformata in chiesa del Salvatore, dedicata, con quadro omonimo circondato dagli Angeli e dagli Apostoli, il 1° novembre 1611, in mezzo a un gran concorso di fedeli.

14. Due portici con gradini davanti alla chiesa.

15. Quattro piccoli atri scoperti, che mettono in comunicazione le camere del secondo e del terzo atrio.

16. Due stanze grandi.

17-18-19. Scalinate, portici, sale e camere del terzo atrio.

20. Due piccoli atri scoperti.

21. Tre portici aperti con le loro scale.

22. Piccola sala una volta ripiena di idoli.

23. Due camere.

24. Vestibolo e passaggio al giardino.

25. Nuova cappella *della Madonna* di S. Maria Maggiore.

26. Giardino.

27. Viale di mattoni nel mezzo del giardino.

28. Cimitero cinto intorno da un muro di mattoni più alto della statura di un uomo.

29. Quattro piedestalli con piramidi.

30. Quattro vecchi cipressi molto alti.

31. Sepolcro del P. Matteo Ricci in cui fu tumulata la sua salma il 1° novembre 1611.

32. Nuova cappella cimiteriale con volta elegantemente decorata.

33. Spazio dinanzi alla cappella, con pavimento di mattoni, di un gradino più alto del cimitero.

34. Muro del giardino di pietra squadrata, alto di 20 palmi.

35. Pozzo.

36. Fossa e semenzaio di piante.

• 책란(柵欄) 공동묘지 지도. (Cf. N.993)

니콜라 트리고(Nicola Trigault), *De Christiana Expeditione apud Sinas*, 1615.

994. 1611년 4월 22일, 북경에서 책란으로 리치의 시신을 이장하다

드디어 리치 신부의 묘지로 가 보기로 하자. 중국인들은 시신을 관에 넣은 뒤, 묫자리를 찾거나 매장을 준비하는 동안, 때로는 몇 년까지도 집에 보관한다. 관은 중국식 역청을 발라 악취가 전혀 나지 않는다.[1521] 리치 신부의 시신이 든 관은 그가 사망한 이래, 거의 1년간 우리 집 소성당의 제단 옆에 보관했다. 우리 집에서도 더는 아무도 반대하지 않았고, 별장을 소유한 뒤에는 이곳으로 옮겨, 교회 의식에 따라 묘지를 조성하는 동안 보관했다. 이곳에 소성당도 지었다. 이장할 때는 중국인들이 흔히 하는 장례 행렬은 하지 않았다. 그런 거창한 행렬은 승전행렬에 가깝지, 장례에는 어울리지 않기 때문이다. 또 우리의 청빈서원에도 종교적인 검소함에도 맞지 않는다.[1522] 아침 시간에 많은 새 교우들이 동행한 가운데 이장했다. 그중 어떤 사람은 휘장으로 화려하게 장식한 십자가[1523]를 손에 들고 따라가는 사람도 있었다. 관은 소성당 옆에 있는 방으로 옮겼다.

1521 앞에서(N.965)도 이미 주목한 바 있다. Cf. NN.33, 133.
1522 북경에서 책란(柵欄)까지 리치의 시신을 옮긴 것은, 1611년 4월 22일이었다. 신부들은 황길사(黃吉土)가 북경 통감 자리에서 물러나는 날로 잡았다. 묘지가 아직 만들어지지 않은 상태에서 그의 후임자가 모든 걸 문제 삼을까 두려웠고, 론고바르도를 더는 기다릴 수도 없었으며, 소박하지만 엄숙하게 이장 식을 해야 했기 때문이다. "흰옷[상복]을 입은 24명의 고관이 그의 관을 운반했습니다. 십자가를 든 사람이 앞장서고, 그 뒤에 향로와 촛불을 든 사람, 성모회가 주관한 군중이 그 뒤를 따랐습니다. 교우들은 모두 흰옷을 입고 묘지까지 동행했습니다. 그곳에서 미사를 봉헌한 뒤, 무덤을 만들 때까지 관은 안전한 곳에서 쉬게 될 것입니다"(N.3767).
1523 노출한 십자가를 앞세운 장례 행렬이 1611년 4월 북경 거리를 통과했다는 것은, 예수회가 초기 중국선교에서 구세주의 수난과 죽음에 대한 신비를 설교하지 않았다는 후대의 공격에 상반되는 증거라고 할 수 있다.

[그림 46]

• 북경에 있는 선무문(宣武門)(남쪽 면). 관객의 우측에서 몇 미터 떨어지지 않은 거리에 17세기 첫 수도원과 성당이 세워졌다.

그래야 중국인들의 풍습대로 망자에게 예를 드리러 오는 사람들을 편하게 맞이할 수 있기 때문이다.

995. 5월 3일, 론고바르도가 북경에 도착하다. 묘지에 대한 개략적인 묘사

얼마 지나지 않아, 중국선교의 총책임자 니콜로 론고바르도 신부[1524]가 북경에 도착했다. 동료들은 [리치] 신부의 장례를 주례할 론고바르도 신부를 기다렸다. 그의 권한에 따라 중국 첫 [선교사] 묘지가 신속하게 설계되었다.

정원의 한쪽 끝에는 벽돌로 육각형의 소성당을 지었다. 천장은 양쪽 벽으로 뻗어 거의 반원형을 이루며 팔을 벌린 모양을 하고 그 안쪽 공간에는 미래 선교사들의 묘를 조성했다.[1525] 정원 중앙에는 측백나무가 네 그루 있었다. 측백나무는 중국에서도 애도를 의미한다. 위치가 너무 좋아 리치의 무덤을 조성할 줄 알고 누군가 얼마 전에 심은 것 같았다. 땅을 판 다음, 시신을 안장할 묘혈을 벽돌로 만들었다.[1526] 하느님께서는 평생 우상을 공격한 사람에게 그의 죽음을 통해 그것들을 그와 함께 묻히게 하셨다. 무덤 건설에 사용한 모든 시멘트가 그 자리에 묻혀 있던 큰 신상을 갈아서 만들었기 때문이다. 뒤에서 바로 이야기하겠다.

1524 "5월 3일에 니콜로 론고바르도(Nicolao Longobardo) 신부님과 펠리챠노 다 실바(Feliciano da Sylva) 신부님이 도착했습니다"(N.3768).
1525 Cf. 그림 45, 30.
1526 Cf. 그림 45, 31.

996. 사당과 지장왕의 최후에 대한 묘사

못자리를 준비하는 동안 사당이 있던 자리[1527]에 구세주께 봉헌하는 성당으로 만들기 위해 지저분한 것들을 치우고 정화해야 했다. 사당 한복판에 돌과 벽돌로 지은 아름다운 큰 제단이 있었다. 제단은 붉은색으로 둘렀는데,[1528] 사찰에서 주로 사용하는 색으로, 개인 가정집에서는 사용하지 않는다. 제단 한가운데는 점토로 만든 큰 괴물이 하나 서서 공간을 압도하고 있는데, 무서운 크기에 머리끝에서 발끝까지 도금했다. 중국인들은 이것을 지장왕地藏王이라고 한다. 왜냐하면 땅과 보물을 관장하기 때문이다.[1529] 하계下界를 다스리는 우리의 플루토네Plutone에 해당한

1527 Cf. 그림 45, 13.

1528 오늘날에도 사찰은 외벽이 붉은색으로 칠해져 있어 알아보기가 쉽다.

1529 여기에서 불교의 지옥에 관한 완전한 묘사가 시작된다. 원래 포르투갈인인 트리고 (Nicolas Trigault)[역주_ 여기서는 델리야 신부가 혼동하는 것 같다. 트리고는 포르투갈인이 아니라 벨기에 사람이다. 이 "역사서" 서두에 나온다]는 지장왕(地藏王)을 *Ti çlzlam*이라고 쓰고, c라는 글자 아래에 꼬리가 붙는 ç라고 쓴다. 하지만 연차편지에서는 꼬리를 빼고 언급하여 우상의 이름을 더 알아볼 수 없게 한다. 그런데도 의심할 수 없이 '지옥의 왕'에 대해 말하고, 인도의 크시티가르바(산스크리트어: क्षितिगर्भ, Ksitigarbha)와 동일시된다. 여기서 크시티(Ksiti)는 '땅'이라는 뜻이고, 가르바(garbha)는 보물과 모태를 의미한다. 이것을 중국어로 번역하면 땅의 태 혹은 품으로 '지장(地藏)'이다. Cf. Soothill-Hoddus, p.208; *JA*, 1911, II, p.549, n.5; Werner², pp.497-501.

그러니까 지신들의 최고 왕으로서 지장(地藏)이다. 전설에 따르면, 중국인들이 목련 (目連)이라고 부르는 승려 만갈랴야나(Mandgalyāyana)가 지옥에서 어머니를 건져 낸 뒤, 인도에서 중국으로 왔다. 중국어로 우란분(盂蘭盆)(Wieger, *HC*, pp.411-412)이라고 하는 울람바나(ullambana, Frank¹, III, pp.408-409)의 이름으로 알려진 향연을 통해 그는 죽은 뒤에 지장왕(地藏王)이 되었다. 그는 통상 왕관을 쓰고 옥좌에 근엄하게 앉아 있는 모습으로 소개된다. 사찰에서 그는 때로 양쪽에 다른 관음(觀音)(NN.646, 673)상과 함께 있는데, 이는 관음[역주_ 흔히 여성으로 묘사되어서 그런지 트리고도 여기서 여성형 대명사 costei라고 쓰고 있다]이 지옥에 떨어진 모든 사람을 건져 내기 위해 지옥을 통과한 것을 상기하기 위해서다. 어떤 사찰에서는 이 관음상들을 왼쪽에 풍도대제(酆都大帝), 오른쪽에 사죄대제(赦罪大帝)로 세우기도 한다.

다. 우리의 임금들처럼 손에는 홀笏을 쥐고 머리에는 왕관을 썼다. 그의 양쪽에는 네 명의 보조 신들이 있는데 같은 재료[진흙]로 만들었다. 이쪽 과 저쪽, 양쪽에는 두 개의 큰 탁자가 있고, 그 위에는 각기 저승의 다섯 판관이 있다.

양쪽 벽에는 같은 판관이 재판석에 앉아서 죄인들을 단죄하여 지옥으 로 내려보내는 그림이 있다. 그들 앞에는 수많은 마귀가 있는데, 우리가 그리는 것보다 그들의 외모와 고문 도구가 더 무섭다. 살아 있는 사람들에 게 그렇게 표현하여 가르치는 것에 깜짝 놀랐다. 지옥의 형벌은 불쌍한 죄 인들을 너무도 가혹하게 하여, 살아 있는 사람들에게 공포를 느끼게 했다. 어떤 사람은 철판에 구워지고, 어떤 사람은 끓는 기름 솥에 튀겨지고, 어

지장(地藏)에게 왕관을 씌워 주는 지옥의 왕은 열 명으로, 각자 주관하는 심판 전이 있다. 제1전은 지옥의 현관이고 마지막은 윤회의 심판 전이다. 제1전, 주관하는 신은 선과 악이라고 써진 상 앞에 앉아 있다. 그 오른쪽에 얼경대(孽鏡臺)가 있어, 죄인은 거기에 올라가 거울 앞에서 자기를 들여다봐야 한다. 자기가 저지른 잘못을 보고 준비 된 벌을 받기 위해 죄인은 심판 전으로 끌려 나와 죄에 합당한 벌을 받는다. 제2전, 죄 인들은 개와 호랑이에게 뜯기지 않으면, 얼어붙은 연못에 박히는 벌을 받거나, 불타는 기둥에 묶여 있어야 한다. 제3전, 뼈를 깎고, 눈을 뽑고, 머리를 밑으로 거꾸로 매달려 있다. 제4전, 악인들은 피의 호수에 던져지거나, 끝이 뾰족한 판 위에서 끌려다니거나, 눈을 핀으로 찌르는 형을 받는다. 제5전, 자신의 심장이 찢어발겨지지 않으면 몸이 여 러 조각 혹은 두 조각으로 잘린다. 제6전, 피로 얻어맞거나 두 조각으로 톱질을 당하거 나, 불붙은 횃불로 입을 태우게 내버려 둬야 한다. 제7전, 끓는 물속에 던져지거나, 온 몸이 서서히 불태워지거나 내장이 찢어발겨지게 내버려 둬야 한다. 제8전, 온몸이 잘 리거나 혀와 팔과 다리가 잘리거나, 그렇지 않으면 머리에 못을 박는다. 제9전, 뱀에게 괴로움을 당하거나 연자 맷돌에 짓눌리거나 자살의 성읍에 던져진다. 제10전, 여기서 죄인들은 급류 속으로 빠지게 될 다리[내하교(奈河橋)]를 건너야 하고, 그곳에서 다른 상태로 환생한다. 지장(地藏)과 열 명의 지옥 왕들(十王)에 대해서는 Dore[1], VI, pp.157-166, 167-196을 보라. 같은 책 figg. 41, 43-53에는 지장과 다른 신들에 관한 대 표적인 그림이 있어, 여기 텍스트에서 트리고가 말하는 벽화[지장시왕도(地藏十王圖)] 에 대한 명확한 생각을 제시한다. Cf. Wieger, HC, pp.355-365.

떤 사람은 갈기갈기 찢기고, 어떤 사람은 톱으로 두 동강이 났다. 어떤 사람은 개에 물려 뜯기고, 포탄에 산산조각이 나고, 어떤 사람은 다른 사람의 고통으로 괴로워하기도 한다. 첫째 판관은 죄를 심판한다. 앞에 놓인 거울에 비추어 죄의 경중에 따라 죄인들을 다른 판관들의 법정으로 보내는 일을 한다. 이 판관 중 하나는 죄인들을 윤회로 벌주는 일을 한다. 잔인한 사람은 호랑이로 환생하고, 부정한 사람은 돼지로 환생하는 등 지은 죄에 걸맞게 벌을 받는다. 그리고 적지 않은 사람이 가난한 사람이 되고 하층민이 된다. 피타고라스의 윤회설이 중국에서 놀랍게 인정되고 있다.

한편 마귀는 이런 모든 방식으로 공포의 대상들을 만들어 악행을 만류하는 것뿐 아니라, 오히려 악행을 저지르게 자극한다. 무섭게 그림을 그려 쉽게 죄를 피하게 할 수 있다고 믿지만, 다른 훨씬 더 큰, 우상숭배라는 죄를 더하기 때문이다. 크기를 잴 수 없을 만큼 큰 접시에는 하나에는 [자기가 저지른] 죄를 짊어진 사람이 있고, 다른 하나에는 불교 경문이 적힌 소책자가 있는데, 이 모든 죄인보다도 무게가 더 나간다. 그러니까 누구든지 경문으로 기도만 하면 벌을 면제받을 수가 있다는 것이다. 들판 중앙에는 무서운 색깔의 강이 하나 흐르고, 수많은 사람이 거기에 휩쓸려 간다. 강물 위에는 두 개의 다리가 있는데, 하나는 금으로 만들었고, 하나는 은으로 만들었다. 특히 우상을 열심히 섬긴 사람들은 그들이 행한 예식의 표지들을 가지고 그 다리를 건넌다. 그들은 승려의 인도하에 보호받으며 지옥의 고통을 지나 복된 정원, 쾌적한 정원에 도달한다.

반대편 벽에는 지옥의 동굴들이 그려져 있는데, 불과 뱀과 마귀들로 전율하게 만든다. 거기에는 청동 문들이 있고, 한 승려가 다가가 마귀들의 방해에도 불구하고 어머니를 구해 낸다. 이런 비슷한 장면들을 많이 볼 수 있다.

원래 하느님은 사람들에게 악인들의 범죄를 보여 주고 이런 식의 벌을
통해 죄를 멀리하라고 했다. 그런데 인류의 원수는 이런 벌을 줄 수 있는
자격도 없으면서 자기가 할 수 있는 양, 그런 힘이 있는 양 행세하며 사
람들을 죄짓게 한다. 그리고 마치 정의로운 신인 양, 죄인들을 처벌하지
않거나 너무도 가벼운 수단으로 형벌에서 구한다. 사실상 지옥에는 아무
런 형벌이 없다. 모든 형벌에 다음과 같은 종류의 비문이 있기 때문이다.
"누구든지 여기서 이 신의 이름을 천 번 외치면, 이 형벌에서 구원받으리
라". 마귀는 이렇게 쉽게 형벌에서 탈출할 수 있는 길을 가르쳐, 방탕으
로 안내하고, 말 한마디로 [구원이 이루어진다는 것에] 이 거짓 종교의 민낯
이 감추어져 있는 것이다.

997. 무너진 우상들의 자리에 '천사와 사도들에 둘러싸인 구세주 성화'를 안치하다

우리는 신상들을 제단에서 떼어 내어 나무면 불에 태우고, 진흙이면
부수었다.[1530] 하인들은 서로 경쟁까지 해 가며 신상들을 부수는 데 열중
했다. 왜냐하면 작은 거라도 뭔가 건질 수 있을까 하는 기대 때문이었다.
사실 중국인들은 신상神像의 배에 돈이나 보석 같은 걸로 채운다. 하인들
은 조각상을 하나씩 떼어 내고 해체하는 걸 공놀이하듯이 했다. 이런 우
상 소탕 소식은 별장의 전 주인들의 귀에도 안 들어가지 않았겠지만, 아

[1530] 1610년 10월 25일까지 신상들은 큰 방에서, 그리고 다른 방에서는 모두 제거했지만
(De Ursis, p.66), 책란(柵欄)에서 모두 제거된 것은 아니다. 다음 각주에서 보듯이 이
듬해 9-10월경에도 등장한다.

무도 행동하지 않았다. 소유권을 되찾아올 기대를 할 수 없다고 판단했기 때문일 것이다. 사실 그들이 신상의 주인이라고 주장했던 것은 별장의 소유권 때문이지 신상들을 보호하기 위해서가 아니었다.

제단도 철거했고, 벽화들은 석회로 덮었다. 그리고 새로 만든 제단 위에는 〈구세주 성화〉를 안치할 준비를 했다. 그 시기에 그 집에 있던 우리 수사의 작품이다.[1531] 양쪽 천사들 사이에 구세주 그리스도가 빛나는 옥좌에 앉아 있고, 그 밑에 사도들이 스승의 가르침을 듣는 자세로 귀를 기울이고 있다.

998. 리치 신부의 장엄한 안장식과 1611년 11월 1일에 있은 공동묘지 소성당의 축성식

모든 준비를 마친 후, 리치 신부의 안장식과 성당 봉헌식을 '모든성인의 날'에 하기로 날짜를 잡았다.[1532] 봉헌식 전날, 신상들이 있던 자리에 진짜 하느님께 드리는 〈구세주 성화〉를 설치했다. 봉헌식 당일에는 새 교우들을 모두 오게 하여 초와 향을 피우고 성대하게 했다. 미사는 오르간과 여러 악기를 동원하여, 할 수 있는 한 가장 빛나는 전례가 되게 했다. 미사가 끝난 뒤, [리치] 신부의 관은 있던 곳에서 성당으로 옮겨 '망자

1531 이 수사는 의심의 여지 없이 야고보 니쳅 혹은 니바 예일성[倪一誠, cf. N.687, 본서 3권, p.474, 주(註) 1181.]이다. 그림을 그리기 위해 리치의 장엄한 안장식까지 연기했다. 1611년 7월 16일 자, 북경에서 롱고바르도가 바뇨니에게 쓴 편지에 "[책란] 무덤은 이미 유명한 못자리가 되었지만, 야고보 수사가 올 때까지 안장식을 연기했고, 사당이 있던 곳에서 제단이 철거되고, 그 자리에 〈구세주 성화〉가 설치되었습니다"(ARSI, Jap.-Sin., 15, f.26b)라고 적고 있다.

1532 그러니까 1611년 11월 1일이다.

를 위한 기도'를 바친 다음 장례미사를 다시 별도로 드렸다. 미사에서는 짧고 적절한 권고가 있었다. 이어서 성당에서 묘지까지 행렬이 이어졌다. 관은 저명한 새 교우들이 메고 다른 많은 사람은 그 뒤를 따랐다. 모두 울었다. 묘지에 도착하자, 관을 육각형의 소성당 앞에 내려놓고, 거기에 또 다른 〈구세주 성화〉를 올렸다. 그 앞에서 '매장 시 드리는 기도'를 바쳤다.

그런 다음, 준비된 자리에 관을 안치했다.[1533] 교우들은 모두 슬픔을

——

1533 리치의 무덤에 비문이 처음 만들어진 다음[cf. N.490, 본서 2권, p.485, 주(註) 534.], 큰 비석이 하나 세워졌다(그림 47). 비석에 적힌 텍스트는 라틴어와 중국어로 양쪽에 적었고, 가운데 중국어로 크게 "예수회 리치 선생의 묘[耶蘇會士利公之墓]"라고 적어 구분했다. 라틴어 비문은 이렇다. "전능하신 하느님. 마태오 리치 신부, 이탈리아 마체라타 출신, 예수회원으로 42년을 살았음. 중국 선교사로 파견되어 28년간 활동, 중국에 그리스도교 신앙을 전수한 세 번째 사람으로 수도원을 세움. 북경에서 가르침과 덕행으로 명성을 얻고, 서기 1610년 5월 11일 59세 나이로 선종함(*Deo Optimo Maximo. P, Matthaeus Riccius, Italus, Maceratensis, Societatis Iesu Professus, in qua vixit annos XLII, expensis XXVIII in sacra apud Sinas expeditione, ubi primum, cum Christi Fides tertio iam inveberetur, sociorum domiciila erexit. Tandem doctrina et virtutis fama celeber obiit Pekini, anno Christi MDCX, die XI Maii, Aetatis Suae LIX*)". 한편 중국어 비문을 이탈리아어로 번역하니 다음과 같다. "리치 선생, 이름은 마태오, 호는 서태(西泰), 서양사람, 이탈리아인으로 덕을 실천하기 위해 어린 나이에 수도회 입회, 1582년 [그리스도교의] 가르침을 설파하기 위해 처음으로 해로(海路)를 통해 중국에 입국, 1601년 수도[북경]에 도착, 1610년 사망, 나이 59세, 42년간 수도 생활을 함." 이 비석이 언제 세워졌는지 정확한 날짜를 알기는 쉽지 않다. 하지만 17세기 중반으로 추정하기는 그리 어렵지 않다. 비문을 작성한 사람은 리치 이전에 중국에 그리스도교가 두 차례 진출했다는 걸 알고 있고, 그것은 의문의 여지 없이 성 토마스 사도와 635년의 네스토리우스인들로 보고 있다. 그러니까 비석을 1611년에 세웠다고 볼 수는 없다. 시안(西安)의 네스토리우스 비석[대진경교유행중국비(大秦景教流行中國碑)]을 발견하는 것이 1625년이기 때문이다. 오히려 1644년에서 몇 년을 더 깎아야 한다. 왜냐하면 명(明) 왕조가 여전히 통치하고 있었다면, 대(大)라는 글자가 명(明)을 가리키는 말이 되었을 것이기 때문이다. 또 하나는 극단적으로 1736년까지 갈 수는 없는데, 이는 비석에서 읽을 수 있는 것처럼, 만력(萬曆) 황제의 역(曆, 역법)이 끊어졌기 때문이다. Cf. D'Elia¹, p.102, n.1. 오히려 루카 와딩(Luca Wadding,

1588-1657) 신부가 중세의 프란체스코 수도회 선교를 부활시킨 1635년 훨씬 이후로 날짜를 추정할 수도 없다. 그 경우, 리치가 중국에 그리스도교를 소개한 세 번째 사람이 아니라 네 번째 사람으로 알려졌어야 하기 때문이다. 그러므로 비석은 1650년을 전후로 세웠을 것으로 예상된다. 아담 샬(Johann Adam Schall von Bell, 湯若望, 1591-1666) 신부가 북경에서 최고 정점에 있던 시기다. 이 묘지는 곧이어 리치의 많은 동료며 후임자들이 묻히기 시작했고, 17세기 내내 중국인들의 방문이 잦았던 걸로 추정된다. 유명한 문인 학자 유동(尤侗, 1618-1704)이 쓴 아래의 시(詩)가 그 흔적을 말해 준다. 시는 이탈리아인 예수회원들에게 헌정한 것으로 1680년경에 썼다(AMCL, 下, f.19a). 여기에서는 천문학자 희씨(羲氏, Hsi)와 화씨(和氏, Ho)[역주_ 요임금 때 천문을 맡아 보았던 전설상의 인물로, 『이씨위금일지의화(利氏爲今日之羲和)』을 남겼다]도 암시한다. 이 사람들에 관해서는 cf. N.363, 본서 2권, p.339, 주(註) 112.를 보라.

意大里亞竹枝詞	이탈리아 죽지사*
三學相傳有四科	삼학을 전승하고 네 과를 지녔으니**
曆家***今號小羲和	역법가[천문학]는 지금 작은 희씨, 화씨라 일컫네.
音聲萬變都成字	수많은 언어를 접하여 모두 다 익혔으며,
試作耶蘇十字歌	예수 십자가의 도를 실행하려고 하였네.
天主堂開天籍齊	천주당에는 천주교 문서를 갖추어 펼치고
鐘鳴琴響自高低	종소리 풍금소리 절로 높고 낮아라
阜城門外****玫瑰發	부성문 밖에 장미가 피었으니
杯酒還澆利泰西	이태서[마태오 리치]께 술을 부어 올리리라.

[이하 * 표는 모두 역주]

* 죽지사는 당시 민가(民歌) 풍의 시체(詩體)의 하나로, 형식이 7언절구(七言絕句)로 되어 있다.

** 삼학은 문법, 수사학, 변증법, 네 과는 수학, 기하학, 천문학, 음악을 일컫는다.

*** 曆家를 歷家로 잘못 표기한 것으로 짐작되어, 역자가 고쳐서 번역했다.

**** 부성문 밖에 "책란", 리치의 무덤이 있다.

리치와 그 후임자들의 무덤은 예수회가 해산(1773년)되기 이전에는 예수회원들에 의해, 이후 1900년까지, 라자로회 회원들에 의해 종교적으로 잘 보존되었다. 그러나 1900년, 묘지는 반란군들에 의해 심하게 훼손되고, 중국인들은 그것을 "의화권(義和拳)"이라고 불렀다. 여기서 "권(拳)"을 유럽인들은 "주먹질" 혹은 "복서(Boxers)"로 잘못 말하기도 한다. 그해에 많은 그리스도인과 선교사들이 암살당했고, 가톨릭 유적지들이 훼손되었다. 책란에 있던 묘지들은 모독 되고, 유골과 유해들은 흩어졌으며, 비석들은 부서졌다. 다행히 리치의 비석은 파괴되지 않았고, 몇 년 후, 마침 중국에 있던 이탈리아인 선교사며 공학자인 조반니 세라(Giovanni Serra, 1894-1954)의 특별한 관참지 못하고, 모두의 아버지를 잃은 것에 애통해했다. 특히 서광계^{徐光啟} 바오로 박사는 예수회와 그리스도교를 향한 사랑을 넘어, 유럽에서 태어나 양성된 사람처럼 각별한 사랑으로 신부를 대했다. 그는 많이 울었고, 깊은 비애를 보여 주었다. 그는 [중국] 최고의 관리이지만, 자신의 사랑과 슬픔을 증명할 다른 방도가 없어 [리치 신부의] 관을 내려놓는 밧줄을 잡고 안치식에 동참했다.[1534]

교회 예식이 끝나자, 새 교우들은 시민 장례를 치르는 것도 잊지 않았다. 중국의 관습에 따라 먼저 〈구세주 성화〉에, 그다음에는 무덤 앞에서 절을 하고 무릎을 꿇었다.[1535] 그 자리에서 신부들은 교우들에게 감사했고, 그 후 그들은 각자 집으로 돌아갔다.

이후 오랫동안 비교인 친구들이 와서 망자에게 예를 올렸는데, 언제나 변함없이 아픈 감정을 보여 주었다. 그래서 신부 중 하나를 배치하여 그들을 맞이하도록 했다.

999. 성모 마리아 경당. 종교 자유의 징후

공식적인 외에도 망자들을 위한 소성당을 하나 더 지었다. 신부들의 뜻에 따른 것으로, 다른 적합한 자리에 "복되신 동정녀"께 봉헌하는 제단

심으로 다시 정리한 다음, 시멘트로 틀을 만들어 오늘날 보는 것처럼 새로운 받침대까지 만들어 단장했다. Cf. Mario Valli, *Gli avvenimenti in Cina nel 1900 e l'azione della R. Marina Italiana*, 1905, Cap.III.

1534 서광계 바오로 박사에 관해서는 N.680, 본서 3권, p.459, 주(註) 1141.를 보라.

1535 이런 예법에 관해 cf. N.177, 본서 1권, p.449, 주(註) 560.에서 언급했다. 황비묵(黃斐默) 베드로 신부는 중국 자료를 정리하여 우리에게 전하는바, 출처는 밝히지 않고, 황제가 그 시기, 리치의 장례식에 대표자를 보냈다고 했다: 제견대원치제(帝遣大員致祭)(*LIVR*, f.6a).

으로 만들었다.[1536] 사실 이 일을 처음 시작할 때, 성모님께 도움을 청하면서 했던 약속이기도 했다. 성모님께 약속한 이후, 신부들이 얻은 일련의 가장 좋은 모든 일은 거의 모두 마리아 축일에 일어나, 천상의 개입이 없었다고 생각할 수가 없다.

모든 일이 우리가 바라는 대로 마무리되었고, 우리는 대문 위에 "흠사欽賜"[1537]라는 두 중국 글자를 붙였다. 중국인들은 이 글자를 유럽에서 생각하는 것보다 훨씬 더 명예롭게 생각했다. 소문은 후에 많은 사람이 이곳을 방문하게 했고, 모두 몹시 놀라워했다. 동시에 하느님을 숭배하면서 이미지를 보고, 그 기회에 우리 신부들과 이야기를 나누면서 새로운 소식들을 알게 되었다. 이렇게 그리스도교 신앙에 큰 도움이 될 거라고 믿는 일이 막을 내렸다.[1538]

그렇지만 우리는 아직도 간절히 바라는바, 복음 선포의 자유를 얻지 못했다. 그러나 마귀가 이 나라를 어떻게 붙잡고 있었는지를 아는 사람은 지난 30년 동안 엄청난 어려움 속에서도 성취한 몇 가지 일과 그보다 더 많은 일이 이루어지는 것을 보았을 것이다. 그리고 이런 [중국] 선교의 창설자에게 주는 명예가 선교 자체를 보다 안정적으로 만드는 것뿐 아니라, 우리의 확실한 체류와 활동과 가르침을 황제와 조정관리들이 알게 되

[1536] 데 우르시스(De Ursis)는 이렇게 전한다: 1610년 10월 25일에 이미 가득했던 신상들이 철거되고, 뜰 안쪽에 있던 "집"(그림 45, 25.)을 "우리의 경당으로 꾸미기로 하고, 거기에 모든 중국인이 좋아하는 〈성 루카의 성모 성화〉를 설치했다. 그리고 마귀를 쫓아내기 위해 첫 미사를 봉헌하고, 참 천주께 봉헌하는 장소로 축성했다"(p.66).

[1537] 『1610년 연감』에는 "'황제가 내리심'이라고, 'Kīñ sú [흠사(欽賜)]'라고 써서 대문 중앙에 붙였다"라고 적혀 있다(N.3544). 같은 책에서는 이 비문이 걸린 시점을 1610년 11월 29일 직후라고 말한다.

[1538] Cf. *Fonti Ricciane*, III, p.18.

[그림 47] 현재 책란(柵欄)에 있는 리치의 묘비

었다는 것만이 아니라, 그들에 의해 거의 승인되었다는 것을 의미했다.

1000. 엄청난 성과. 하느님의 손길이 이곳에 머물다. 첫 가톨릭 선교사 묘지

가난한 외국인들이 황제로부터 영광스럽게도 집과 묘지를 하사받았다는 것에 놀라지 않을 사람이 누가 있겠는가. 중국에서 외국인에게 한 번도 해 준 적이 없는 일일 뿐 아니라,[1539] 나라를 위해 공을 세운 사람에게조차 중국인 최고 관리들이 한마음으로 합의를 보기가 쉽지 않은, 매

[1539] 알레니(Aleni[1], B, f.19a-b)가 전한바, 한 태감이 감히 각로 엽대산(葉臺山)에게 전(全) 중국 역사에서 이렇게 유일하게 특혜를 베풀어 준 이유를 물었다고 한다: "고대에서 오늘에 이르기까지, 먼 나라에서 온 외국인에게 묫자리를 하사한 적은 없습니다. 그런데 어찌하여 리치 박사에게는 이런 청을 들어주시는지요?" 이에 각로가 답하기를: "고대에서부터 오늘에 이르기까지, 여러분은 리치 박사와 같은 덕(德)과 학문을 가지고 이 나라에 온 어떤 외국인을 본 적이 있습니까? 子見從古來賓, 其道德學問, 有一如利子者乎. 다른 건 말할 것 없이, 『기하원본(幾何原本)』[N.772]을 번역했다는 것만으로도 그는 이 땅에 묻힐 자격이 있습니다."

리치는 북경의 고관들과 최고 학자들 사이에서 학식과 덕행으로 놀라운 명성을 얻었고, 어떤 사람은 공자 다음으로 리치를 꼽기도 했다. 그에 대한 메아리는 바로 그 시기에 중국 선교사들과 소통한 순찰사 프란체스코 파시오(Francesco Pasio) 신부가 전해 준다. 그는 1611년 10월 10일, 나가사키에서 총장 아콰비바에게 이렇게 편지했다. "황궁의 [대신들은] 그[리치]의 학문과 성덕의 개념이 높아서 관리나 학자라는 직함이 없어도, 그 높이가 상서(尙書)와 각로(閣老)에 이르러, 앞다투어 그를 알고 싶어, 자주 그를 방문하곤 했답니다." 그리고 이어서 "그의 죽음은 황궁에 큰 충격을 주었고, 어떤 사람은 중국에서 한 번도 들어 본 적 없는 분야의 학자라고 했습니다. 또 다른 어떤 사람은 학문을 고안한 사람이 1위라면 그는 2위에 해당한다고도 했습니다"(ARSI, Jap.-Sin., 15, f.78v). 문인 학자들은 신화적인 인물인 복희(伏羲)[cfr. N.992, 본서 p.197 주(註).]와 전통에 의하면 처음 중국 문자를 발명했다는 기원전 3000년경의 창힐(倉頡)과 그 문자를 제대로 사용할 줄 알았던 역사적인 인물 공부자(孔夫子, 기원전 551-479)에 비유하여 소개했고, 지금도 중국인들 눈에는 그렇게 소개되고 있다. 학식과 완덕의 최고의 표현이며, 중국 고전 문학이 그에게 큰 빚을 진 셈이다. Cf. Civ. Catt., 1947, IV, p.565, n.3.

우 드문 일이었다. [북경] 수도와 왕국 전체의 이목이 쏠리고, 황궁과 황태후의 눈앞에서, 모든 관리의 승인을 받아, 이 외국인들이 우상과 그것이 있던 제단을 부수고, 그 자리에 〈구세주〉와 〈동정녀의 성화〉를 걸었는데 놀라지 않을 사람이 누가 있겠는가?[1540] 그리고 황실 비문이 새겨진 제단 앞에서 황제를 위해 기도하라는 임무를 받지 않았는가? 드디어 하느님의 섭리가 이루어진 거라고 할 수도 있는, 이 일이야말로 많은 기적 이야기로 등장하리라 믿는다. 이 나라를 잘 알고 있는 우리만 그렇게 알아들은 게 아니라, 우리의 새 교우들과 친구들, 비교인들과 심지어 우리를 반대하던 사람들까지도 [이 일은 기적이라고] 했다. 고관들이 아무런 이득을 바라지 않고, 동료 중국인들의 반대를 설득하고, 일이 잘 마무리되기까지 [그들이 나서서] 노심초사한 것은 이 일이 사람의 일이 아니라, 당신 뜻을 향해 사람의 마음을 움직이시고 만물을 관장하시는 분의 일이기 때문이다.

나아가 리치 신부가 중국선교의 설립자라고만 생각해서는 안 된다. 그는 이 나라에 묻힌 첫 번째 인물이고, 이후 자신의 동료들에게도 그 혜

1540 이런 일련의 모든 사건은 선교의 첫 번째 권위자를 부각했고, 앞의 주(註)에서 인용한, 파시오 신부가 총장에게 쓴 편지도 이렇게 결론짓는다. "이런 하사로 황실의 허락을 받아 예수회는 중국 내에 확실하게 영구 정착할 수 있게 되었습니다. 여태껏 노력했으나 결코 도달하지 못했던 것이었습니다. 아울러 예수회는 [위대한 이름과 명성까지 얻게 되었습니다; cf. *ARSI, Jap.-Sin.*, 14, f.170v] 황궁에서, 또 모든 영역에서 황제가 거룩한 복음의 가르침에 대해 가지고 있던 개념과 존경의 전당이 되었습니다. 이로써 그것을 설교하고 전파한 사람에게 놀라운 명예를 안겨 주었습니다. 주님께서는 이렇게 착한 신부님[리치]을 예수회와 거룩한 복음이 중국에 진출하는 도구로 삼으신 것 같습니다. 마찬가지로, 그[리치 신부]가 죽음으로서 그녀[황태후]를 통해 이 왕국에 예수회가 영구 거주하고 가르침을 설교할 수 있게 권한을 부여해 주었습니다"(*ARSI, Jap.-Sin.*, 15, ff.78v-79r).

택을 물려준 분이다. 실제로 지금까지는 이 포도밭에서 일하다가 죽은 사람은 앞서 언급했듯이,[1541] 마카오 콜레지움에 동료 선교사들과 함께 묻혔다. 물론 그곳도 중국이지만 본토와는 다르다. 이후 우리는 그들에게, 비교인들에게 —사랑의 증인들로서[1542]— 우리의 삶뿐만 아니라 우리의 몸도 맡기는 바이다.[1543]

[1541] Cf. N.971; N.971, 본서 p.141, 주(註) 1370.

[1542] 마태오 복음서 10장 17-18절을 암시한다: 그들이 너희를 의회에 넘기고 회당에서 채찍질할 것이다. 또 너희는 나 때문에 총독들과 임금들 앞에 끌려가, 그들과 다른 민족들에게 증언할 것이다.

[1543] 이제 위대한 마체라타인의 이 자서전을 마무리하며, 많지만, 그중 시기와 장소와 상황이 전혀 다른 두 사람의 증언을 여기에 소개한다. 그들의 증언은 중국 근대 가톨릭 선교 설립자의 영광에 멋지게 부합한다. 첫 번째 증언은 리치의 후임으로 전체 [중국] 선교의 총책임자가 된 니콜로 론고바르도 신부(Nicolò Longobardo)다. 마체라타인이 사망한 지 3년이 채 안 된, 1613년 3월 14일 자로 남웅(南雄)에서 총장에게 이런 칭송의 편지를 썼다. "북경에서 우리는 총장 신부님께서 보내 주신 모델에 맞게 경당과 무덤으로 공동묘지를 조성했습니다. [리치] 신부님의 유해는 그곳에서 합당한 공경을 받으며 쉬고 있습니다. 그분을 기억하는 것은 이교도[중국인]들에게나 우리에게나 축복이 아닐 수 없습니다"(*ARSI, Jap.-Sin.*, 15, f.269). 다른 증언은 뛰어난 중국학자 펠리옷(Pelliot) 바오로 교수다. 1920년에 그가 쓴 글이다. "중국선교의 역사에서 이 모든 것은, 처음 있는 놀라운 일이다. 리치가 황궁에서 획득한 부인할 수 없는 공신력은 엄청난 유산이었다. 외국인의 처지에서 10년간 그와 동료들의 생계를 황제가 지급해 준 건 선례가 없는 일이었다. 그리고 그[리치] 이전에는 수도[북경]에서 사망한 '야만인'에게, 그것도 조공국의 인사로 공식 사절이 아닌 사람에게 황제가 묏자리를 준 예가 없었다. 명대 말 중국은 초창기 선교사들의 학문과 그들 삶의 품격에 매료되었다. 그리고 잠시, 자신의 오만함과 배척을 물리고, [중국의] 많은 좋은 사람이 결국, 이 외국인들이 모든 분야에서 자기보다 조금은 낫다는 걸 인정한 것 같다"(*TP*, 1920-1921, XX, p.14).

[그림 48] 제단, 서양선교사를 묘지 들어가는 입구. 문 안쪽 멀리 중앙에 라치의 비석이 보인다.

리치 용어집[1544]

A

Acabar, اکبر o Echebar 악바르[무굴제국 황제]

Accademia 서원(書院)

Accademia della grotta del cervo bianco 백록동서원(白鹿洞書院)

Accademia dei Nobili o Accademia imperiale 국자감(國子監)

Accademia imperiale 전시(殿試)

Accademia e Redattore 편수(編修)

Aconterzec 아콘테르제크

Acsù o Aksu o ئاقسۇ شەھىرى, 아크수, 고묵(姑墨), 아극소(阿克蘇) [오늘
날 아커쑤 阿克苏]

 - 극묵(亟墨), 발환(撥換), 발완(鉢浣), 포한(怖汗), 위융(威戎), 발록가
 (跋祿迦), 온숙(温宿)

Adoratori della croce 십자교(十字敎)

Agra 아그라 [오늘날 New Delhi 남부]

1544 역자 작성. 마태오 리치는 내용에 중점을 두고, 용어의 일관성에는 크게 신경을 쓰지
않은 것 같다. 문맥상 분명한 고유명사도 몇 가지 형태로 쓰고 있고, 주석을 단 델리야
도 달리 쓰고 있어, 번역에 여간 어려움이 있었던 것이 아니다. 그런고로 후학들은 이
런 어려움을 겪지 않았으면 하는 바람에서 리치의 용어를 한데 모아 정리하였다. 중국
어 고유명사들이 리치 텍스트에서 어떻게 사용되었는지 알 수 있도록 했다.

Ahrun 아혼(阿渾)

Aiuto [dato] dal letterato occidentale all'occhio e all'orecchio [del Cinese] 서유이목자(西儒耳目資)

Aiutante di Stato Maggiore 참군(參軍)

Alcegher o Ac-cechi [Ak-chekil] Alager o Ala-aigir 알체게르

Aleni-Timcelim [Ting Chih-Ling] 정지린(丁志麟)

Amakusa 천초(天草)

Anhwei 안휘성(安徽省)

Animali del distrertto di Putien 광서보전현지(光緒莆田縣志)

Anking 안경(安慶)

Annali del distretto di Anyang 가경안양현지(嘉慶安陽縣志)

Annali del distretto di Chinshui 광서심수현지(光緒沁水縣志)

Annali del distretto di Hwa 동치활현지(同治滑縣志)

Annali del distretto di Hwei 도광휘현지(道光輝縣志)

Annali del distretto di Kingyang 건륭경양현지(乾隆涇陽縣志)

Annali del distretto di kiating 건륭가정현지(乾隆嘉定縣志)

Annali del distretto di Lungyen 용암현지(龍巖縣志)』

Annali del distrerro di Nanchung 함풍남충현지(咸豐南充縣志)

Annali del distretto di Ningpo 광서은현지(光緒鄞縣志)

Annali del distretto di Scianghai 동치상해현지(同治上海縣志)

Annali del distretto di Taian 중수태안현지(重修泰安縣志)

Annali del distretto di Tientsin 천진현지(天津縣志)

Annali del distretto di Wusih 강희무석현지(康熙無錫縣志)

Annali del Mandamento di Fow 동치부주지(同治涪州志)

Annali del Mandamento di Lungyen 도광용암주지(道光龍巖州志)

Annali della Prefettura di Chaochow 건륭조주부지(乾隆潮州府志)

Annali della Prefettura di Chūanchow 동치천주부지(同治泉州府志)

Annali della Prefettura di Hangchow 광서항주부지(光緒杭州府志)

Annali della Prefettura di Kaifeng 강희개봉부지(康熙開封府志)

Annali della Prefettura di Pechino 광서순천부지(光緒順天府志)

Annali della Prefettura di Shiuchow 소주부지(韶州府志)

Annali della Prefettura di Shiuhing 소흥부지(紹興府志)

Annali della Prefettura di Tamin 함풍대명부지(咸豐大名府志)

Annali Generali del Chekiang 건륭절강통지(乾隆浙江通志)

Annali Generali dello Shantung 건륭산동통지(乾隆山東通志)

Annali sommari di Piyang 도광필양총지(道光泌陽總志)

Annali storici 서경(書經)

Annalista 일강관(日講官)

Annotazioni ai Quattro Libri 사서종주(四書宗註)

Ansano 향산(香山)

Antologia dei poeti dei Mim 명시종(明詩綜)

Anyang 안양(安陽)

Anyih 안읍(安邑)

Arabia 천방(天方)

Aramùth o Aramutchi 아라무트

Archisinagogo 장교(掌敎)

Arhat 아함(阿函)

Arima 유마(有馬)

Aritmetica 동문산지(同文算指)

Assistente all'Ufficio dei ricevimenti 주객원외(主客員外)

Assistente di Portogallo 포르투갈 대표

Assistente del Direttore d'ufficio 원외랑(員外郎)

Asistente del Giudice provinciale 안찰사부사(按察司副使)

Assistente del Governatore civile 참정(參政)

- Assistente del Governatore civile 우참정(右參政)

Assistente del Prefetto 동지(同知)

Assistente del Presidente del Censorato 좌첨부어사(左僉部御史)

Assistente del Sottoprefetto 현승(縣丞)

Astrolabio 천체관측기, 줄여서 '혼개통헌도설(渾蓋通憲圖說)'로 쓰기도
함

Astrolabio e Sfera con figure e commenti 천구론 주해/
혼개통헌도설(渾蓋通憲圖說)

Athec o Attoc[Attock] 아토크

Atlante del Iücom 우공광람(禹貢廣覽)

Atti autentici 실록(實錄)

Atti autentici di Scenzom 명신종실록(明神宗實錄)

Atti autentici di Scizom 희종실록(憙宗實錄)

Augusto Cielo 황천(皇天)

Augusto Imperatore 황제(皇帝)

Augusto Re del Cielo 황천왕(皇天王)

Augusto Supremo Imperatore 황상제(皇上帝)

B

Baccelliere o Baccelliere dell'Accademia 서길사(庶吉士) 또는 서상
(庶常)

Badacsciān [Badakshān] 팔답흑상(八答黑商)

Benevolenza 인(仁)

Bianco loto 백련교(白蓮敎)

Biografie dei matematici 주인전(疇人傳)

Biografia di Licezao dei Mim 명이지조전(明李之藻傳)

Biblioteca di Zikawei 서가회(徐家匯)

Bibliotecario della Biblioteca imperiale 장사경국(掌司經局)

Biografie 열전(列傳)

Bodhidharma बोधिधिरमम 보디다르마, 보리달마(菩提達磨)

Bolgai 포로해아(布魯海牙)

Bolgan 패로환(孛魯歡)

bonzo straniero 번승[番僧, 외국 승려]

Bucarate o Bacharata o Bokhara o Buchara [Bukhara] 부하라,
복화아(卜花兒)

Burgagne o Ferghāna o Ferghānah 페르가나, 발한나(拔汗那)

C

Cabùl [Kabul] 카불, 가불리(可不里), 가포라(迦布邏), 가필시(迦畢試)

Caferstam o Cafiristan [Kafiristan] 카페르스탐, 카피리스탄, 파지(波
知), 사미(賒彌)

Calcià o Galcias [Calchas] 칼치아

Ciališ [Chalish] o Cialis 챨리스 혹은 찰력실(察力失)

Cambalù 칸발릭[汗八里, 大都]

Cambasci o Cum-bāš-Ir [Kum-bāsh-Ir] Qum-baši o Canbasci
[Kan-bashi] 캄바쉬

225

Can o Kan 공강(贛江)

Can Sanguicascio, Can-sang-i-caš [Kan-sang-i-kash] 칸 산귀카쉬오, mons lapideus 옥산(玉山), 델리야는 20세기 초에도 'Turris lapidea mons (옥산)'로 불렸다고 말한다.

Cancelliere 서기관

Cancelliere imperiale 무영전대학사(武英殿大學士)

Cancelliere dell'Impero 대학사(大學士)

Cancelliere di Stato 동각대학사(東閣大學士)

Canceo o Kanchow 공주(贛州)

Canga o Chia o Ganga 칼(가, 枷)

Cansay 행재(行在)

Caocom [Kao Kung] 고공(高拱)

Caoiao [Kao Yao] 고요(皋陶)

Caoice [Kao Yi-chih] 고일지(高一志), 알폰소 바뇨니(Alfonso Vagnoni)의 중국명

Caopiao 고표(高表)

Caopuhae [Kao Pu-Hai] 고불해(告不害)

Caosce 고시(告示)

Caosiüen [Kao Sun] 고선(高選)

Caoze [Kao Tzu] 고자(告子)

Caozzae [Kao Ts'ai] 고채(高寀)

Capetalcòl o Kaptar-köl o Ciadir-cöl [Chadir-köl] 챠디르콜

Capitale Centrale 중부(中部)

Capitania o Capitanij 총병(總兵)

Capitano 수비(守備)

Capitano interino 행도지운사(行都指運使)

Carachitai o Caracatai o Karakitai 카라카타이, 합랄걸탑(合剌乞塔) (哈剌契丹), 서요(西遼) 혹은 흑거란(黑契丹)

Carachitat o [Kara-Kitat] 합라거란(哈喇契丹)

Carasciahr [Karashahr] 객라사이(喀喇沙爾)

Carbon fossile 매(煤)/ 석탄-먹

Carovana 대상(隊商)

Carta del regno di Bisnagà 비스나가 왕국의 지도

Carta geografica completa di tutti i regni 곤여만국전도(坤輿萬國 全圖)

Carta geografica completa dei monti e dei mari 산해여지전도(山 海輿地全圖)

Cartaggio di apologetica 변학유독(辯學遺牘)

Carte del cielo e della terra 개재도헌(蓋載圖憲)

Carvàn Bascì, كاروان باسكو 대상(隊商)의 수장

Cascàr o Cašgar o قشغر o Kashgar 카슈가르, 가사가이(加斯加爾), 합실합아(哈實哈兒), 소륵(疏勒), 거사(佉沙), 가사라(伽舍羅), 가사기 이(伽師祇離), 갈차(竭叉), 사륵(沙勒)

Casciani 카샤니

Cašmir [Kashmir] 카슈미르, 가습미라(迦濕彌邏)

casciš [kashish] quasīs o cazissi(كشيش), 카지씨, '사제'라는 뜻

Castello dei forestieri 사이관(四夷館), '이방인들의 성'이라는 뜻

Cataio 카타이[契丹, 거란]

Catalogo 명부 o 회원명부 [예수회원들의 신상기록이 적힌 명부다]

Catechismo 천주실록(天主實錄)

Catechismo o Solido trattato su Dio 천주실의(天主實義)

Cavallo celeste 천마(天馬)

Ccam 캉[炕, 중국의 구들 침대]

Ccaṁi [K'ang-yi] 강의(康懿)

Ccamsci [K'ang Hsi] 강희(康熙)

Ccelan 책란(柵欄)

Ccem [Ch'eng] 정(程)

Ccemhao [Ch'eng Hao] 정호(程顥)

Ccemhoaeccoei o Cemhoaeccoei 정회괴(鄭懷魁)

Ccempéöll [Ch'eng Pai-erh] 정백이(程百二)

Ccemtaio [Ch'eng Ta-yo] 정대약(程大約)

Ccemttam [Ch'eng T'ang] 성탕(成湯)

Ccemttien 승천문(丞天門)

Ccemzu [Ch'eng Tzu] 성조(成祖)

Ccen [Ch'en] 진(陳)

Ccenchiü [Ch'en Chü] 진구(陳矩)

Ccenfom [Ch'en Feng] 진봉(陳奉)

Ccengensi [Ch'en Jen-Hsi] 진인석(陳仁錫)

Ccenhomchi [Ch'en Hung-chi] 진굉이(陳宏已)

Cceṅiao [Ch'en Yao] 진요(陳燿)

Ccenmince 진민지(陳民志)

Cceniüen 진원(陳垣) 혹은 진긍(陳亘)

Ccenscioen [Ch'en Hsün] 진순(陳淳)

Ccentaco [Ch'en Ta-ko] 진대과(陳大科)

Ccenttien [Ch'en T'ien] 진전(陳田)

Ccenttoan [Ch'en T'uan] 진박(陳搏)

Ccesi 차석천(車錫泉)

Ccetagen [Ch'e Ta-jen] 차대임(車大任)

Cchaeiüen 개원사(開元寺)

Cchi [Ch'i] 기(琦)/ 기(祁)

Cchien [Ch'ien] 겸(謙)

Cchienciae 다절(多節) o 건재(乾齋)

Cchienlom [Ch'ien Lung] 건륭(乾隆)

Cchienzzim 건청(乾淸)

Cchieuiü o 'Per domandare la pioggia' 구우(求雨)

Cchieuliampim Domenico 구양품(丘良禀) 도미니코

Cchieuliamheu [Ch'iu Liang-hou] 구양후(丘良厚) 혹은 파스콸레 멘데스(Pasquale Mendes)

Cchieuliampin [Chi'u Liang-pin] 구량품(邱良禀)

Cchiiüen [Ch'i-yüan] 계원(啓元)

Cchiüchimscioen 구문의공집(瞿文懿公集)

Cchiüscecchio 구식각(瞿式穀)

Cchiuscese [Ch'u Shih-ssu] 식사(式耜)

Cchiüsciuccen [Ch'ü Shu-ch'en] 구수진(瞿樹辰)

Cchiügiusciuo [Ch'ü Ju-shuo] 여설(汝說)

Cchiügiuzi [Ch'ü Ju-chi] 구여직(瞿汝稷)

Cchiüttaesu o Chiutaisu[Chiuthaisu] o Kutaiso 구태소(瞿太素)

Cchiügiuzi [Ch'ü Ju-chi] 여직(汝稷)

Cciamiüntu [Ch'ang Yün-tu] 상운독(常雲獨)

Ccianmien 로면(繡綿)

Cciaoiam men 조양문(朝陽門)

Cciomcem o Kangxi 강희(康熙)

Cciuiam [Ch'u-yang] 초양(初陽)

Ccoli o Coli 과리(科吏)

Ccoeisin [K'ui-hsin] 규심(葵心)

Ccoenhu [K'un-hu] 곤호(昆湖)

Ccoenlüen 곤륜(崑崙)

Ccoennim 곤녕(坤甯)

Ccoṁimta [K'ung Ying-ta] 공영달(孔穎達)

Ccota [K'o-ta] 대가(大可)

ccotteu o ccheutteu 개두(磕[叩]頭)

Cé [Chih] 지(贄)

Cechiano o Chekiang 절강(浙江)

Ceciam [Chih-chang] 지상(知常)

Ceiünchien [Chih Yün-chien] 지윤견(支允堅)

Celosanzam 지약삼장(智藥三藏)

Cem [Cheng] 성(成)/ Cem [Cheng] 징(徵) / 진(陳)

Cemce [Cheng-chih] 성지(成之)

Cemiü [Cheng-yü] 진여(眞予)

Ceṁiuei [Cheng Yi-wei] 정이위(鄭以偉)

Cemhoaeccoei, Luse [Cheng Huai-k'ui, Lu-Szu] 정회괴(鄭懷魁),
    로사(輅思)

Cemhuo [Cheng Ho] 정화(鄭和)

Cemsceze [Cheng Shih-tzu] 정세자(鄭世子)

Cemzom [Cheng Tsung] o Timur 성종(成宗) 티무르

Cencco [Chen K'o] 진가(眞可)

Cence [Chen-chih] 진지(振之)

Cenchin [Chen Chin] 진금(眞金)

Cencom 침공방(鍼功坊)

Cenfuse 진무사(鎭撫司)

Cenni biografici dei bonzi celebri 『고승적요(高僧摘要)』

Censore della Capitale 경찰(京察)

Censore di Nanchino 남어사(南御史)

Censore dei magistrati civili 행정 감찰어사(監察御史)

Censore o Censore Imperiale 도어사(都御史)

Censore imperiale per l'Ufficio della Guerra 병과급사중(兵科給事中)

Censore imperiale 도급사중(都給事中)

Censore metropolitani 급사중(給事中)

Censore provinciale 어사(御史)

Cesciiü [Chih-hsiü] 치허(致虛)

Cesciiü [Chih-hsu] 치허(稀虛)

Ceu 주(周)

Ceuchiachim [Chou Kia-ching] 주가경(周嘉慶)

Ceufeilan [Chou Fei-lan] 주비란(周非蘭)

Ceupiṁmu [Chou Ping-mu] 주병모(周炳謨)

Ceutoeṅi [Chou Tun-i] 주돈이(周敦頤)

Cezao [Chih-tsao] 지조(之藻)

Changchow 장주(漳州) o 장주(長州)

Changlo 장락(長樂)

Changpu 장포(漳浦)

Changshu 상숙(常熟, 창수)

Changtai 장태(長泰)

Changteh 창덕(彰德)

Changteh 상덕(常德)

Changtsiu 장추(張秋)

Chaochow 조주(潮州)

Chaoyang 조양(潮陽)

Chaoyi 조읍(朝邑)

Chekiang o Cechiano 절강(浙江)

Chem [Keng] 갱(賡)

Chemiü [Keng-yü] 갱우(賡虞)

Chemtimsciiam [Keng Ting-hsiang] 경정향(耿定向)

Chemscen 경신(庚申)

Chemze 경자(庚子)

Chenliu 진류(陳留)

Chescan o Thescan o Teščán [Teskan o Teshkán] 테스칸, 달실천
　(達失千)

Chi [Chi] 기(驥)

Chia[ma] o Lago Chia 가호(加湖)

Chiaccen 갑진(甲辰)

Chiaï [Chia Yi] 가의(賈誼)

Chiaicuon 가욕관(嘉峪關)

Chiaiiuen 해원(解元)

Chiaimpi o Chai Ying-pi 가응벽(賈應璧)

Chiaiü 가욕(嘉峪)

Chiaiücoan [Kiayükwan] 가욕관(嘉峪關)

Chian 제안(齊安)

Chiansi o Chiansino 강서(江西)

Chiaoho 교하(交河)

Chiaomen [Chiao-men] 교문(蛟門)

Chiaoscemcoam [Chiao Sheng-kuang] 교생광(暾生光)

Chiazim [Chia-Ching] 가정(嘉靖)

Chicheng 계진(薊鎮)

Chichiae [Chi-chieh] 계해(計偕)

Chié [Chieh] 걸(桀)

Chienchi 건극(建極)

Chiengan 건안왕(建安王)

Chieni 간의(簡儀)

Chienso o Chiensce 첨사(僉事)

Chiente Cuon 건덕관(建德觀)

Chienzai 건재(乾齋)

Chiengan o Kian 길안(吉安)

Chengtu o Sindafu 성도부(成都府), 지금의 청두(成都)

Chienu [Kien-wu] 견오(肩吾)

Chienpé [Chien-pai] 견백(見伯)

Chieu ciam soansciu 구장산술(九章算術)

Chieuliampin 구량품(丘良禀)

Chifa [Sicuo] 서국(西國)

Chiho iüenpen 『기하원본(幾何元本)』

Chiieu 기유(己酉)

Chikugo 축후(筑後)

Chimien [Ching-yen] 형암(荊巖)

Chimscioen [Ching-shun] 경순(景淳)

Chin [Kin] 김(金)

Chingpien 정변(靖邊)

Chinkiang 진강(鎮江) o Cinchianfu 진강부(鎮江府)/ 진강(晉江)

Chinshui 심수(沈水)

Chintan 금단(金壇)

Chiochian, Kükiang 곡강(曲江)

Chisce [Chi-shih] 길사(吉士)

Chiu Ju quei 구여기(瞿汝夔)

Chiugiun o Küyung 구용(句容)

Chiuthaisu o Cchiüttaesu 구태소(瞿太素)

Chiyeu 기유(己酉)

Chotan [Khotan] Cotàn 코탄, 우전(于闐)

Chüanchow 천주(泉州)

Chüantsio 전초(全椒)

Chuchow 처주(處州)

Chungjen 숭인(崇仁)

Chungking 중경(重慶)

Chungmou 중모(中牟)

Chungshan 중산(中山)

Chungsiang 종상(鍾祥)

CH'Ŭ Shih-ssŭ, 구식사(瞿式耜)

Ciacor o Chakar o Ciacar 차코르

Ciādir [Chādir] 챠디르, 오루(烏壘)

Ciaiuen 찰원(察院)

Ciališ o Cialìs o Chalis, Carasciahr o Carasciar [Karashahr] 카
라샤르, 언기(焉耆)[오늘날 '카라샤르(Qarasheher)', 략라사이(略喇沙
爾)] 찰력실(察力失)이라고도 함

Ciam [Chang] o Cian 장(張)

Ciam 장(章): Ciam Puia [Chāo-puij] 장박아(章博雅)

Ciamcchien 장건(張騫)

Ciamcchiüchiam [Chang Ch'ü-kiang] 장곡강(張曲江)

Ciamcciomfam, Kimi [Chang Ch'ung-fang, Ching-yi] 장종방(張繩
芳), 경일(敬一)

Ciamchem [Chang Keng] 장경(張庚)

Ciamchieulim [Chang Chiu-ling] 장구령(張九齡)

Ciamchimiüen [Chang King-Yüan] 장경원(張京元)

Ciamcom [Chang-kung] 장공(長公)

Ciamgiu [Chang-ju] 장유(長孺)

Ciamiammei o Ciamiammue 장양묵(張養默)

Ciaminhoan [Chang Yin-huan] 장음환(張蔭桓)

Ciamlieuscioei [Changliushui] 장류수(長流水)

Ciammomnan 장맹남(張孟男)

Ciamnae [Chang Nai] 장내(張鼐)

Ciamngan o Changan 장안(長安)

Ciamppomi [Chang Péng-yi] 장붕일(張鵬一)

Ciamsce [Chang-shih] 장세(長世) / 장식(張識)

Ciamsceccem, Chieuse [Chang Shih-ch'eng, Chiu-szu] 장사성(張
士誠), 구사(九四)

Ciamscioei o Changshui 장수(章水)

Ciamsciüen [Chang Hsiün] 장훤(張萱)

Ciamsimlam 장성랑(張星烺)

Ciamtao [Chang Tao] 장도(張燾)

Ciamtascien [Chang Ta-hsien] 장대유(張大猷)

Ciamteuzin [Chang Tou-Chin] 장본청(章本淸) 혹은 장두진(章斗津)

Ciamuei [Chang Wei] 장위(張位)

Ciamueicciu [Chang Wei-ch'u] 장유우(張維慪) o 이여정(李汝禎)

235

Ciaṁueihoa o Ciamueihoa[Chang Wei-hua] 장유화(張維華)

Ciaṁuenta [Chang Wen-ta] 장문달(張問達)

Ciaṁuentao [Chang Wen-tao] 장문도(張文燾)

Cian [Chan] 첨(詹)

Ciangueinhi 이문위(利文爲)

Cianminte o Ciamtémin [Chang Té-ming] 장덕명(張德明)

Ciao [Chao] 조(趙)

Ciaoccohoae [Chao K'o-huai] 조가회(趙可懷)

Ciaocecao [Chao Chih-kao] 조지고(趙志皐)

Ciaocotai o [Chao K'o-huai] o Ciao Ccohoae o Ciaoccohoae 조
    가회(趙可懷)

Ciaocuocchi [Chao Kuo-ch'i] 조국기(趙國琦)

Ciaoimscem [Chao Ying-sheng] 조영승(趙映乘)

Ciaolom [Chao-lung] 조륭(兆隆)

Ciaopamzim [Chao Pang-ching] 조방청(趙邦淸)

Ciaoscecchim [Chao Shih-ch'ing] 조세경(趙世卿)

Ciaosu [Chao-su] 소소(昭素)

Ciaozzanlu 조참로(趙參魯)

Ciarciunar o Ciar Cinar [Char Chinar] 챠르치우나르

Ciaracàr o Ciāricār o Chārikār o Chārekār 차리카[오늘날
    Charikar]

Ciecialith o Ciciclic, Ciceclic [Chicheklik] 시에챨리스 [설산(雪山)]

Cihien 지현(知縣)

Cilàn [Chilan] o Chelpin [Kelpin] 칠란

Cin 첨(詹)

Cina 제주(齊州)

Cincei o Cinceo 장주(漳州)

Cinque Classici 오경(五經)

Cinque relazioni sociali 오륜(五倫)

Cinten 신전(新田)

Cioami [Chuang-yi] 장의(莊毅)

Cioamiüen o Cioaniuen 장원(壯元)

Cioampu [Chuang-pu] 전보(傳甫)

Cioamze [Chuang Tzu] 장자(莊子)

Cioamzim [Chung-ching] 장정(莊靖)

Ciom 종(鍾)

Ciomce 중지(中志)

Ciomchi 중극(中極)

Ciomfu [Chung-fu] 중부(重夫)

Ciomiüttien [Chung Yü-t'ien] 종우전(鍾于田)

Ciommim 충명(忠銘)

Ciommim [Chung-ming] 중명(中明)

Ciommimgen Sebastiano o Fernandes 종명인(鍾鳴仁) / 종명인(鍾
    明仁)

Ciommimli [Chung Ming-li] 종명례(鍾鳴禮)

Ciomnienscian [Chung Nien-shan] 종념산(鍾念山)

Ciomuanlu 종만록(鍾萬祿)

Ciomzié [Chung-chieh] 충절(忠節)

Ciorone [옻칠 漆]

Ciou [Cho-wu] 탁오(卓吾)

Città imperiale 황성(皇城)

Città interdetta 자금성(紫禁城)

Ciu [Chu] 축(祝)

Ciucciamlo [Chu Ch'ang-lo] 주상락(朱常洛)

Ciuchem [Chu Keng] 주광(朱廣)

Ciucoliam [Chu-ko Liang] 제갈량(諸葛亮)

Ciucuozu 주국조(朱國祚)

Ciuhoanciuo [Chu Huan-cho] 주환졸(朱桓拙)

Ciuhom [Chu-hung] 주굉(袾宏)

Ciuieusciiao 주유교(朱由校)

Ciuizüen [Chu Yi-tsun] 주이준(朱彝尊)

Ciunvanlo 종만록(鍾萬祿)

Ciuongan [Chuo-an] 탁암(琢庵)

Ciuscelin o Cioscelin 축석림(祝石林)

Ciusci [Chu Hsi] 주희(朱熹)

Ciutihan [Chu Ting-Han] 주정한(朱鼎瀚)

Ciuttieṅim [Chu T'ien-ying] 주천응(朱天應)

Cjomhao [Chung-hao] 중학(仲鶴)

Clavio [Sig. Clavio] 정선생(丁先生)

Coamcchi [Kuang-ch'i] 광계(光啓)

Coamgioen 광윤(廣潤)

Coamsciio 광효사(光孝寺)

Coamzom [Kuang-tsung] 광종(光宗)

Coanan [Kuan-nan] 관남(冠南)

Coancu [Kuan Ku] 관곡(管穀)

Coaṅin 관음(觀音)

Coaniü [Kuan-Yü] 관우(關羽)

Cocincina (o Cocin Cina) 코친차이나[코친차이나(交趾支那)는 프랑스

령 인도차이나에서 베트남 남부의 사이공을 중심으로 한 남부지역]

Coenlüen 곤륜(崑崙)

Coima [= Coanin] 관음(觀音)

Colao o Cancelliere dell'Impero 각로(閣老)

Coli 과리(科吏)

Collettore d'imposte 세사(稅使) 혹은 세감(稅監)

Collettore dell'imposta sulle miniere 광산 세금 징수인

Collezione Amministrativa dei Mim 대명회전(大明會典)

Collezione del Mare del Nord 북해집(北海集)

Collezione degli errori putridi 파사집(破邪集)

Collezione di Carte spiegate o Collezione di Carte e testi 도서편
(圖書編)

Collezione di disegni per inchiostro 정씨묵원(程氏墨苑)

Collezione religiosa di Iünsi 운서법휘(雲棲法彙)

Com suo 공소(公所)

Comandamenti 성교요계(聖教要誠)

Comccen [Kung Ch'en] 공진(拱辰)

Comchiae [Kung-chieh] 공개(恭介)

Comchien [Kung-chien] 공간(恭簡)

Com-in (= Coanin) 관음(觀音)

Commentarij della Cosmografia di Tolomeo 프톨레마이오스의 우
주론 해설

Commentario al Libro dell'Armonia dell'Invisibile 음부경해(陰符經
解)

Commentario delle principali espressioni poetiche di sei autori
육가시명물소(六家詩名物疏)

Commento dei Riti e della Musica del Collegio dello Stato 반궁
레악소(泮宮禮樂疏)

Commento sull'esistenza del cielo 환유전(寰有詮)

Commim [Kung-ming] 공명(恭明)

Commissario dell'Educazione 제학(提學)

Commissario delle trasmissioni 통정사(通政使)

Commissario del trasporti 조운총독(漕運總督)

Commissario del trasporto del riso 쌀 운반 책임자[조운총독(漕運
總督)]

Commissario del trasporto del riso sul Canale imperiale 총리하
조(總理河漕)

Commissario militare di certi luoghi di frontiera 특정 국경지역의
군사 책임자[삼변도당(三邊都堂)]

Commissario militare 총독(總督)

Commissario militare di Kanchow-Suchow 감숙총독(甘肅總督)

Compilatore 편수(編修)

Comscioei o Kungshui 공수(貢水)

Comtaoli [Kung Tao-li] 공도립(龔道立)

Comunione 공몽앙(共冡仰)

Comzie [Kung-chieh] 공절(恭節)

Comzim [Kung-ching] 공정(恭靖)

Confederati sino alla morte 배제형(拜弟兄)

Confraternità della Madonna 성모회(聖母會)

Confraternità della Madre di Dio 천주성모회(天主聖母會)

Confuzo 공부자(孔夫子) Confucio 공자(孔子)

Consigliere 참의(參議)

Consigliere del Tesoriere 재무담당 고문

Consigliere della Scuderia imperiale 태복사승(太僕寺丞)

Consiglio dello Stato 국가자문단

Contributi letterati della Cina 중원문헌(中原文獻)

Coria 고려(高麗), 조선(朝鮮)

Corla [Korla] 코를라, 위수(危須)

Corollari 후해(後解)-귀결[논리적 결과]

Correttore o Correttore dell'Accademia 검토(檢討)

Corsari olandesi 홍모번(紅毛番)

Corte Suprema 대리경(大理卿)

Cotomhoa o Cotunhoa o Coscemhoa [Ko Sheng-hua] 갈성화(葛盛華)

Cotunhoa o Cotumhoa, Coutomhoa 갈성화(葛盛華)

Coscioenhoa [Ko Shun-hua] 갈순화(葛舜華)

Costellationi o Oten o Odon 성숙해(星宿海)

Costellationi delle Stelle 『경천해(經天該)』

Costumi degli Schiavi del Nord 북로풍속(北虜風俗)

Cotàm o Cotan 코탐 혹은 코탄 [우전(于闐)], 호탄(Hotan), [오늘날 허텐(和闐)]

Cresima 공비아마세(共斐兒瑪歲)

Cristiano 후학(後學)

Cronaca dei Mim 명(明) 편년사

Cronaca del 1610 / 1610년 연감

çù mô kiao o religione dei fondatore Maometto 조목교(祖穆敎)

Cuachio se 괘각사(掛角寺)

Cuamluse 광록사(光祿寺)

Cucià o Cucia o Cuccia 구자(龜玆), 구자(丘玆), 굴자(屈茨), 굴자(屈
玆), 굴지(屈支), 고차(苦叉), 고차(庫車), 고철(庫徹)

Cuienu [Ku Yen-wu] 고염무(顧炎武)

Culto 예(禮)

Cunlun o Coenlüen [Kun Lun] 곤륜(崑崙)

Cuo [Kuo] 곽(郭)

Cuoceniü 곽정역(郭正域)

Cuocum 국공(國公)

Cuominlüen 곽명룡(郭明龍)

Cuosceuchim [Kuo Shou-ching] 곽수경(郭守敬)

Cuozeciam [Kuo Tzu-chang] 곽자장(郭子章)

Cuottimsciiün [Kuo T'ing-Hsün] 과정훈(過廷訓)

Cuozu [Kuo-tsu] 국조(國祚)

Cuozùchien o Accademia dei Nobili 국자감(國子監)

Cuozzimluo o Cuocinlun o Cuocin 곽청라(郭靑螺)

Cuscioei [Kuchui] 고수(苦水)

Cusce [Ku-shih] 고사(古師)

Cuzuiü [Ku Tsu-Yü] 고조우(顧祖禹)

Cuzzienli [Ku Ch'ien-Li] 고천리(顧千里)

D

De aeterna felicitate Sanctorum 신후편(身後編)

De Amicitia o L'Amicizia 교우론(交友論)

De Coelo 천체론

De Christiana Expeditione apud Sinas 중국에서의 그리스도교 선교

Dellaì o Daulat 델라이

Delle cose che ho udito contare 시사만기(時事漫記)

Descrizione della Capitale cinese 신원식약(宸垣識畧)

Descrizione di tutta la Cina 중국도(中國圖)

Descrizione di tutto il mondo 천하총도(天下總圖)

Dharmarakşa o Gobharana 축법란(竺法蘭)

Dialogo sulla Filosofia 비록휘답(斐錄彙答)

Diario 일지록(日知錄)

Direttore 낭중(郎中)

Direttore del Ceremoniale 홍려경(鴻臚卿)

Direttore della Corte dei sacrifici 태상시소경(太常寺少卿)

Direttore della Scuderia Imperiale 태복소경(太僕少卿)

Direttore dell'Ufficio delle reclute militari 무선랑(武選郎)

Direttore dell'Ufficio delle trasmissioni o Tuncinsu 통정사(通政司)

Direttore dell'Ufficio dei banchetti sacrificali 정선사랑중(精膳司郎
中)

Direttore dell'Ufficio dei sacrifici 태상경(太常卿)

Direttore dell'Ufficio dei sigilli 상실경(尚實卿)

Direttore dell'Ufficio Idraulico 도수청사사랑중사(都水淸史司郎中事)

Direttore dell'Istruzione Imperiale 소첨군(少詹君)

Direttore Generale del trasporto del grano 병참(兵站)부의 체운소
(遞運所) 총책임자

Direttore-assistente di ufficio 원외랑(員外郎)

Discepolo della Religione luminosa 경교후학(景敎後學)

Discorso del Venerabile Universale [=Dio] sulla largizione o elemosina 세존포시론(世尊布施論)

Distanza e grandezza comparata tra il globo terrestre e i pianeti dei Nove Cieli 지구비구중천지성원차대기하(地球比九重天之星遠且大幾何)

Divergenze e convergenze delle misure [geometriche] 측량이동(測量異同)

Dogico 동숙(同宿)

Doppio Dialogo sul sonno e sulla pittura 수화이담(睡畵二答)

Dottrina cristiana o Dottrina christiana 천주교요(天主教要)

Dottrine dei letterati dei Som e degli Iüen 송원학안(宋元學案)

Duca del Regno Cen [Chen] 진국공(顙國公)

E

Eclesiá o Igreja 액격륵서아(厄格勒西亞)

Economia politica 경제류(經濟類)

Effemeridi 천체력(天體曆, ephemeris)

Egriàr o Egri-iar [Egri-yar] 에그리야르

Elegie di Cciu [Ch'u] 초사(楚辭)

Elementi 원본(原本)

Elementi di geometria 기하원본(幾何原本)

Emanuele Ieuuenhöei 유문휘(游文輝) Yóu Wénhuī 游文輝 1575-1630)

Enciclopedia della realtà 잠확류서(潛確類書)

Epilogo 발문(跋文) 혹은 후발(後跋)

Epilogo Famiü Scenlio 방여승략(方與勝略)

Epitome Arithmeticae practicae 실용산술개론

Erküt 에르쿠트족

Esaminatore provinciale 지방검사관

Estrema Unzione 애사득륵마옹장(阨斯得肋麻翁藏)

Euclide 구궤리득(歐几里得)

Famhao o fāng háo 방호(方豪)

Faṁimsce [Fang Ying-shih] 방응시(方應時)

Faṁiü Scenlio 방여승략(方與勝略)

Famlu [Fang-lu] 방록(方麓)

Famzi 방제(方祭)

Fan 번(樊)

Fedeltà 신(信)

Fengcheng 풍성(豊城) o 풍성후(豊城侯)

Fengyang 봉양(鳳陽)

Ferghana 발한(鏺汗) o 발한나(拔汗那)

Figlio del Cielo 천자(天子)

Figure Isoperimetre 환용교의(圜容較義)

Fior di Mezzo 중화(中花)[중화(中華)]

Fiume Aurifero 금사강(金沙江)

Fiume Bianco 백수(白水)

Fiume Azzurro 창강(滄江)

Fiume Chiam o Kiang [Iamzechiam] 장강(長江)

Fiume della giada bianca 백옥하(白玉河)

Fiume della giada verde 녹옥하(綠玉河)

Fiume della giada nera 오옥하(烏玉河)

Fiume Giallo 황하(黃河)

Fiume Pé o Paiho 백하(白河)

Fiume delle perle 주강(珠江)

Fiume Uei o Wei o Wuei 위하(衛河)

Fom [Feng] 풍(馮)

Fomcchi o Fomchi 풍기(馮琦)

Fonciao chi『풍조기(馮朝記)』

Fomfeuchim [Feng Fou-Ching] 풍복경(馮復京)

Fompao 풍보(馮保)

Fomïmchin o Fomïmchim [Feng Ying-ching] 풍응경(馮應敬)/ 풍응
　　경(馮應景)

Fompao 빙보(馮保)

Fomscecco [Feng Shih-K'o] 풍시가(馮時可)

Fomscioei 풍수(風水)

Fomtao [Feng Tao] 풍도(馮道)

Foochow 복주(福州)

Formosa 타이완 혹은 대만(臺灣)

Fowchow 부주(涪州)

Frasi scelte dagli Animali Storici 상서아언(尚書雅言)

Fu 복(福)

Fucioam [Fu Chuang] 복장(復莊)

Fuchow 무주(撫州)

Fuhoei [Fu Hui] 불혜(佛慧)

Fukien o Fochien 복건(福建)

Fulam 불랑(拂郎) o Fulin 불름(拂菻) '로마'를 일컬음

Fulin 복림(福箖)

Fummocam o Funmocam 풍모강(馮慕岡)

Funcin Heo o Funcin Heu 풍성후(豊城候)

Funing 복녕(福寧)

Fusci [Fu Hsi] 복희(伏羲)

Futsing 복청(福淸)

G

Galcias, Calcia, Ciališ 칼치아

Gencchim [Jen-ch'ing] 인경(仁卿)

Generale 도독(都督)

Generale di Stato Maggiore 참모(参謀)

Generalità sulla Scienza Occidentale 서학범(西學凡)

Genfu [Jen-fu] 인부(仁夫)

Genghis Khān 칭기즈칸

Genscefam [Jen Shih-fang] 임시방(任時芳)

Gensciu [Jen-shu] 임숙(壬叔)

Geografia Universale 괄지지(括地志)

Gerente 서(署)

Geta 월지(月支)

giada o Iüceu o jada 옥석(玉石)/ 비취(翡翠) o 옥(玉)

Geografia 직방외기(職方外紀)(알레니 저)

Geometria pratictica 실용기하학

Gerusalemme 조리사렴성(鳥梨師斂城)

Ghidelì, o Guidelì / Zedeli [Iagdalac, Jagdalak] 기델리 혹은 게델리

Gialalabath o جلالاباد o Jelalabad o Jallalabad 잘랄라바드(오늘날
  Jalâlâbâd)

Gioei [Jui] 예(叡)

Gioeittu [Jui-t'u] 서도(瑞圖)

Gioheu [Jo-hou] 약후(弱侯)

Giose [Jo-ssu] 약사(若思)

Giucem 여정(汝禎)

Giuccoei [Ju-k'uei] 여기(汝夔)

Giudea 대유(大猷)

Giudice provinciale o Nnganzasu[Ngancciase] 안찰사(按察使/司)/
  감사(監司)

Giudice provinciale interino 섭안찰사(攝按察使)

Giunan [Ju-nan] 여남(汝楠)

Giurisdizione 재판관

Giustizia 의(義)

Gli spiriti 신귀정기(神鬼正紀)

Gnomone 해시계의 바늘, 주비(周髀)

Gnomonica 해시계 제작법

Governatore 순무(巡撫), 통감

Governatore civile 시민관

Governatore della città di Ansano 향산오(香山澳)

Governatore di Paoting 보정(保定)

Governatore di Tengchow e Laichow 등래순무(登萊巡撫)

Governatore provinciale 포정사(布政使) o 좌포정(左布政) o 우포정
사(右布政使)

Gran Can 대(大) 칸[可(河)汗]

Gran Canceliere dello Stato 대학사(大學士)

Gran Capitano 수비(守備)

Gran Cataio 대(大) 카타이[契丹, 거란]

Gran Consiglio 참의원(參議員)

Gran Fiume 대강(大江)

Gran Iü [Yü] 대우(大禹)

Gran Libro 대경(大經) = 모세오경

Gran Zzin 대진(大秦)

Grande Dominatore della città dei morti 풍도대제(酆都大帝)

Grande Dominatore che perdono i peccati 사죄대제(赦罪大帝)

Grande Magistrato 고위 행정관

Grande Oceano Occidentale 대서양(大西洋)

Grandi Arringhe 태서(泰誓)

Grandi virtù di [Li]ciou 탁오대덕(卓吾大德)

Grasò 그라소

Guan 왕(王)

Guan Sciansciu 왕상서(王尚書)

Guaniuscia 왕옥사(王玉沙)

Guanchileu 왕계루(王繼樓)

Guanciummim o Guan Ciummin o Guanciunmin o Guan
Sciansciu [Uam[Wang] Ciommim[Chung-ming] 왕충명(王忠銘)

Guan Sufu 왕사부(王四府)

Guardia del corpo 금의위(錦衣衛)

Guei Cuocum 위국공(魏國公)

Güyük 고유극(庫裕克)

Ghidelì o Guidelì 기델리

Habagateth o Hajabad o Agaabad 하바가테드

Haeïze [Hai Yi-Tzu] 해기자(海沂子)

Haetao 해도(海道)

Hainan 해남(海南)

Haiteng 해징(海澄)

Haliceban 합리지한(哈利之漢)

Hami 합밀(哈密)

Han 한(漢)

Hanlin [Han Lin] Tommaso 한림(韓霖)

Hancialix o Chān-Ciališ [Khān-Chalish] 칸-챨리스

Hanfeize [Han Fei-Tzu] 한비자(韓非子)

Hangchow o Hanceo 항주(杭州)

Hangchung 한중(漢中)

Hansan o Hanscian [Han-shan] 감산(憨山)

Hanyang 한양(漢陽)

Haniü [Han Yü] 한유(韓愈)

Hanliniuen 한림원(翰林院) = Collegio dei letterati del Re

Hanscian 감산(憨山)

Heu 후(侯)

Heuchiünzi [Hou Chün-chi] 후군집(侯君集)

Hiarcàn o Iarcand o Yarkand 야르칸드[엽이강(葉爾羌)]

Hideyoshi 수길(秀吉)

Hoae [Fiume Hwai] 회(淮), 회강

Hoaesi [Huai-hsi] 회서(懷西)

Hoam [Huang] 황(黃)

Hoamchi 황극(皇極)

Hoamchi [Huang Chi] o Censore Hoamchi 황기(黃驥)

Hoamchienciom [Huang Kien-chung] 황건충(黃建衷)

Hoamchisce 황길사(黃吉士)

Hoamfeime [Huand Fei-Mo] Pietro 황비묵(黃斐默)

Hoamhoei [Huang Hui] 황휘(黃輝)

Hoammen [Huang Men] 황문(黃門)

Hoaṁmimscia o Huaṁmimscia 황명사(黃明沙)

Hoamsciachem 황사간(黃沙墾)

Hoamsciappim o Hwanghsiaping 황사평(黃沙坪)

Hoamsceiü 황시우(黃時雨)

Hoamtaoceu [Huang Tao-chou] 황도주(黃道周)

Hoamttigen [Huang T'i-jen] 황체인(黃體仁)

Hoan [Huan] 환(環) o 환(宦: 장덕명의 시호)

Hoanti [Huang Ti] 황제(黃帝)

Hoamzzüen o Hwangtsun 황촌(黃村)

Hoancciu [Huan-ch'u] 완초(完初)

Hoaniom chioi 『환용교의(圜容較義)』

Hocciucoam 하출광(何出光)

Hochow 합주(合州)

Hoei [Hui] 휘(輝)

Hoeiciam 회장(會長)

Hoeifu [Hui-fu] 회보(會甫)

Hoeihoei 회회(回回)

Hoeiiüen [Hui Yüan] 혜원(慧遠)

Hoencchae ttomsciien ttu sciuo 혼개통헌도설(渾蓋通憲圖說)

Hoenttieni 혼천상(渾天象)

Hom [Hung] 횡(竑)

Homchiaoscian [Hung Chiao-shan] 홍각산(洪覺山)

Homhoei [Hung-hui] 굉해(宏誨)

Homiam [Hung-yang] 굉양(浤陽)

Homluse o Quanlosu o Honluzu 홍려사(鴻臚寺)

Homnghen [Hung-en] 홍은(洪恩)

Hompu [Hung-pu] 굉보(宏甫)

Homu 홍무(洪武)

Homueilien [Hung Wei-Lien] o Homueilien 홍외련(洪煨蓮)

Honan 하남(河南)

Hopeh o Hupeh 호북(湖北)

Horma o Khorma o Huöllman 호르마

Hoscezin 하사진(何士晉)

Hosi 하서(河西)

Hotien 화전(和闐)

Howkwan 후관(侯官)

Hsiangfu 상부(祥符)

Hsiangshan 향산(香山)

Hsiaping 하평(下坪)

Hsihsien 흡현(歙縣)

Hsinan 신안(新安)

Hsinghwa 흥화(興化)

Hsingtai 형태(邢台)

Hsüyi 우이(盱眙)

Hsünchow 심주(潯州)

Huaian-Hsüchow 회서(淮徐)

Huchow 호주(湖州)

Huhoa [Hu Hua] 호화(胡化)

Hukwang o Huquan o Uquam 호광(湖廣)

Huiyang 회양(淮陽)

Humu [Hu-mu] 호목(湖目)

Hunan 호남(湖南)

huomini che non mangia nervi 도근교인(挑筋敎人)

Huomini che non mangiano porco 불끽저육(不喫猪肉)

Huomini che non mangiano animali di ugna rotonda 발굽 갈라
   진 짐승을 먹지 않는 사람들

Huotom [Huo-tung] 화동(火東)

Hupu Sciansciu 호부상서(戶部尚書)

Hutatiémisce o Qutodmis 홀답질미실(忽答迭迷失)

Hwahsien 활현(滑縣)

Hwaian o Hoaingan 회안(淮安)

Hwancheng 완성(浣城)

Hwangan 황안(黃安)

Hwangnan 황남(篁南)

Hwangchow 황주(黃州)

Hwangku 황고(黃堌)

Hwangpei 황피(黃陂)

Hwangywn 황암(黃巖)

Hwating 화정(華亭)

Hweichow 휘주(徽州)

Hweihsien 휘현(輝縣)

I

I [Yi] 기(沂)

I dieci paradossi 기인십편(畸人十篇)

"I regolamenti mensili" amplificati 월령광의(月令廣義)

Iagdalac [Jagdalak] 자그달락

Ialalābād [Jalalābād] 잘랄라바드

Iam o Yang 양(楊)

Iamcchimiiüen= Yang Ch'i-yüan [Yam Ki-yuen] 양기원, 정균(楊淇
園, 廷筠)

Iamceǹngo o Iamcenngo [Yang Chen-e] 양진악(楊振鍔)

Iamchien [Yang Chien] 양간(楊簡)

Iamchimien o Iamchingan 양형암(楊荊巖)

Iami 앙의(仰儀)

Iamié 양야(楊爺)

Iamsciiom [Yang Hsiung] 양웅(揚雄)

Iamscioen [Yang-shun] 양순(養醇) [혹은 정(淳)]

Iamsimzzüen o Iomsiamzun 양성촌(楊姓村)

Iamttimiün 양정균(楊廷筠)

Iamttimiün, Chiiüen [Yang T'ing-yün, Chi-yüan] 양정균 기원(楊廷筠 淇園)

Iamze o Yangtzekiang o Iantio 양자강(陽子江)

Iamzechiam 장강(長江)

Iamzüenmin [Yang Tsun-min] 양준민(楊俊民)

Iangi-hissār [Yangi-hissār] 양기-히사르, 영길사이(英吉沙爾)

Ianscian 양항(楊巷)

Iao 요(堯) [임금]

Iaoiomzi [Yao Yung-chi] 요영제(姚永濟)

Iaoscescen [Yao Shih-shen] 요사신(姚士愼)

Iaosié [Yao Hsieh] 요섭(姚燮)

Iarcand o Yarkand 야르칸드/엽이강(葉爾羌)

Icchim [I-ch'ing] 익경(翼卿)

Icem [Yi-cheng] 이정(以正) [성 成] / 이정(以貞)

Icheng 의진(儀眞)

Icoan [Yi-kuan] 일관(一貫)

Idraulica 『태서수법(泰西水法)』

Ié [Yeh] 엽(葉)

Iéïiüen [Yeh Yi-yüan] 엽일원(葉一元)

Iéliccouen 야리가온(也里可溫)

Iéliü Tasce 야율대석(耶律大石)

Iéliü Cciuzzae [Yeh-lü Ch'u-ts'ai] 야율초재(耶律楚才)

Ience [Yen-chih] 연지(延之)

Iencoam o Iencoam pusa 안광보살(眼光菩薩)

Ieńittam [Yen Yi-t'ang] 연이당(燕貽堂)

Ientoen [Yentum] 연돈(烟墩)

Iésciiamcao 창하초(蒼霞草)

Iéttaescian [Yeh T'ai-shan] 엽대산(葉臺山)

Ieu [Yu] 유(游)

Ieupuo [You-po] 유박(幼博)

Ieuttom [Yu T'ung] 우동(尤侗, 1618-1704)

Ieuuenhoei, Hanppuo [Yu Wen-hui, Han-p'o] 유문휘(游文輝), 함박
(含樸)

Iiü [Yi-yü] 의우(毅宇)

Iiüen [I-yüan] 의원(漪園)

Il discorso solare è più grande del globo terrestre e questo più
grande del disco lunare 일구대어지구, 지구대어월구[日球大於地
球, 地球大於月球]

Il memoriale 태소(泰疏)

Il secolare del pendio dei susini 매파거사(梅坡居士)

Il secolare dello Studio Ttan 담재거사(澹齋居士)

Il tempio del dio della guerra 관왕묘(關王廟)

il secolare demagogo 찬제거사(羼提居士)

Il Solido trattato su Dio 천주실의(天主實義)

Il viaggiatore da Coromandel 쇄리행(瑣里行)

Ilch 액이제(額爾齊)

Illi 이리(伊梨)

Imchim 응경(應京)

Imperatore Homsci [Hung Chi] 홍희(洪熙) 황제

Imperatore Scioen 순(舜) 황제

Impero romano 불림국[원](拂林國[園])

Imsce [Ying-Shih] 응시(應試)

In [Yn] 은(殷)

Incoan, Principe delle tenebre 음관(陰官)

India 신독(身毒)

India Occidentale 서축(西竺)

Indicando la luna 지월록(指月錄)[리치는 그냥 '우상 교리서(Dottrina degli idoli)'라고 함]

Inquira 조사관

Intendente del Canale Imperiale 대운하 총관

Intendente del Fiume Giallo 황하강 감독관

Intendente del Mare 해도(海道)

Intendente dell'Istruzione Imperiale 서자(庶子)

Intendente militare 병비도(兵備道)

Intendente provinciale dell'annona 총독량저(總督糧儲)

Intienfu o Inttienfu [Ying T'ien-fu] 응천부(應天府)

Iofom [Yo-feng] 악봉(嶽峯)

Iomiün [Yung-yün] 용온(用蘊)

Iomlo [Yung Lo] 영락(永樂)

Isa 애설(愛薛) - 예수

Isciu o Iesu o Gesù 이서(移鼠)

Iscrizioni ebraiche di Kaifeng 개봉의 히브리 비문(碑文)

Ishing 의여(宜與)

Isieu [Yi-hsiu] 의수(衣修)

Isole Pescadores o Penghu 팽호(澎湖)

Ispettore del Censorato 관도찰원정(觀都察院政)

Ispettore della gabella 탈감(稅監)

Ispettore di polizia 검교(檢校)

Ispettore dell'Istruzione imperiale 소첨사(小詹事)

Ispettore delle scuole del Nanking 독남기학정(督南畿學政)

Israelita 일사락업(一賜樂業)

Istituzioni dei Ceu o Rituale dei Ceu 주례(周禮)

Istruttore morale 유덕(諭德)

Istruttore del Principe Ereditario 태자대보(太子大保)

Istruzione Imperiale 첨사부(詹事府)

Iü [Yü] 우(虞)/ 우(禹)

Iüce [Yü-chih] 욕지(浴之)

Iüchiccem [Yü Chi-ch'eng] 유계정(俞繼程)

Iüchitem [Yü Chi-teng] 여계등(余繼登)

Iücom 우공(禹貢) / [Yü-kung] 우공(雨公)

Iüen 원(元)

Iüenhomtao [Yüan Hung-tao] 원굉도(袁宏道)

Iüeniüen [Yüan Yüan] 원원(院元)

Iüenmimcchim [Yüan Ming-ch'ing] 원명경(院明卿)

Iüensceu 원수(元壽)

Iüense [Yüan-ssu] 원사(元嗣)

Iüenttomli 원동례(袁同禮)

Iühoattae 우화태(雨花台)

Iümenscien [Yümenhsien] 옥문현(玉門縣)

Iüncen [Yün Chen] 온검(蘊鈐)

Iünfom se 운봉사(雲封寺)

Iünscem [Yun-sheng] 윤승(允升)

Iünsi 운서(雲棲)

Iüntim [Yün-ting] 윤정(允定)

Iünziam [Yün-chiang] 운장(雲將)

Iüpien [Yü-pien] 우변(于汴)

iüscè 옥석(玉石)

Iüscioensci 우순희(虞淳熙)

Iüsin [Yü Hsin] 유신(庾信)

J

Jacorìch o Iaca-aric [Yaka-arik] 야코리치

Jaochow 요주(饒州)

Jenkiu 임구(任邱)

Jenho 인화(仁和)

Jenhwa 인화(仁化)

Juichow 서주(瑞州)

Junan 여남(汝南)

Juning 여녕(汝寧)

Juyüan 유원(乳源)

K

Kaichow 개주(開州)

Kaifeng 개봉(開封)

Kanbalik o Kambalu 캄발루[汗八里, 大都]

Kanchow 감주(甘州)

Kanchow-Suchow 감숙(甘肅)

Kansu 감숙(甘肅)

Kaoyu 고우(高郵)

Karakorum 화림(和林)

Kāśyapa-Mātanga 가섭마등(迦攝摩騰)

Kereit o K'erit 극열역(克烈亦)

Khotan 화전(和闐)

Kiahsing o Chiahin 가흥(嘉興)

Kian 길안(吉安)

Kiang 강(絳)

Kiangchow 봉주(絳州)

Kianghsia 강하(江夏)

Kiangnan 강남(江南)

Kiangsi 강서(江西)

Kiangsu 강소(江蘇)

Kiangyang 경양(涇陽)

Kiankiang 공강(贛江)

Kiating 가정(嘉定)

Kichow-Ningtsin 기녕(冀甯)

Kienan o Chiengan 건안왕(建安王)

Kienchang 건창(建昌)

Kienning 건녕(建寧)

Kingyang 경양(逕陽)

Kinsay 경사(京師)

Kintan 금단(金壇)

Kishui 길수(吉水)

Kiungchow 경주(瓊州)

Kotun 가돈(可敦)

Kubilai 쿠빌라이 o 홀필열(忽必烈)

Kuchinotsu 구진(口津)

Küchow 구주(衢州)

Kükiang 곡강(曲江)

Kükü 구곡(句曲)

Kunshan 곤산(崑山)

Kushih 고시(固始)

Küyung o Kiüyung 구용(句容)

Kwampaku 관백(關白)

Kwangling 광릉(廣陵)

Kwangping o Kwangpin 광평(廣平)

Kwangsi 광서(廣西)

Kwangtung 광동(廣東)

Kweichow 귀주(貴州)

Kweihwa 귀화성(歸化城)

Kweiyang 귀양(貴陽)

Kwohsien 곽현(漷縣)

L

L'Amicizia 교우론(交友論)[1545]

L'Amore universale 겸애(兼愛)

L'Aritmetica pratica 동문산지(同文算指)

L'Astrolabio 혼개통헌도설(渾蓋通憲圖說)

L'eunuco del protocollo 전례대신(典禮大臣)

l'Europa 대서양(大西洋)

l'India 서양(西洋)

l'Idraulica occidentale 태서수법(泰西水法)

L'Isola Verde 청도(靑島) [오늘날의 청주(靑州[洲])다]

L'Ospite venuto dall'Oceano Occidentale 서양래빈(西洋來賓)

la città dell'acqua bianca 백수성(白水城)

La dottrina di Siéliamzuo 상채어록(上蔡語錄)

La Filosofia della Natura 성(性)[리(理)]

la nave del traffico 상선(商船)

la tavola dei logaritmi 대수표

Lacotenente 이부(貳府)

Lago occidentale 서호(西湖)

Lago Poyang 파양호(鄱陽湖)

Lahore o Laor 라호르[파키스탄 북동부에 있는 펀자브주의 주도, 파키
   스탄 두 번째 큰 도시]

Laichow 내주(萊州)

Lampacao 낭백오(浪白澳)

Lansce [Lan-shih] 남석(藍石)

lao 노(老)

1545 L 항목에서 관사 l', la, le 등을 뺀 단어들은 첫 글자의 항목에서 반복해서 찾아볼 수
   있다.

Laoze 도교(道敎)

Laoze [Lao Tzu] 노자(老子)

lapsus memoriae 망각, 기억상실

Le Otto canzoni per clavicembalo 서금곡의팔장(西琴曲意八章)

Le Belle Arti della Civilizzazione europea e la Romanizzazione alla fine dei Mim 명이지구화미술급라마자주음(明李之歐化美術及羅馬字注音)

Le due pratiche del battesimo e della confessione istitute da Dio stesso 천주친입령세고해이요규지리(天主親立領洗告解二要規之理)

Le prove del Cristianesimo 천학증부(天學證符)

Le Venticinque Parole 『이십오언(二十五言)』

Leggi religiose 교율련종도영(敎律蓮宗道影)

Leichow 뇌주(雷州)

Leitam o Leitão 뇌도(雷道)

Lemsce [Leng-shih] 냉석(冷石)

Lettore dell'Accademia 시독학사(侍讀學士)

Lettres édifiantes et curieuses 건설적이고 호기심어린 편지

Lieuiüencen o Leuiuenciuon [Liu Yüan-chen] 유원진(劉元珍)

Leupusie o Lieuppuosi [Liu P'o-hsi] 유파석(劉婆惜)

Leusintum 유심동(劉心同, 劉東星)

Leuto o Liuto 러와푸(熱瓦甫)

Lhcino 전이경(田爾耕)

Lhfu o Luogotenente 이부(貳府)

Li o stadij 리(里)

Li Tschi 이지(李贄)

Liam 양(良)

Liamcciu [Liang-ch'u] 양추(良樞)

Liamfu [Leang-fu] 양보(良甫)

Liamscioeiho 양수하(兩水河)

Liamttience 양천척(量天尺)

Liangchow 양주(涼州)

Liao 요(遼)

Liaocheng 요성(聊城)

Liaoitaogen [Liao-yi-tao-jen] 요일도인(了一道人)

Liaotung 요동(遼東)

Libro Santo 성경(聖經)

Libro da bruciare 분서(焚書)

Libro dei Monti e dei Mari 산해경(山海經)

Libro dei cambiamenti 역경(易經)

Libro delle odi 시경(詩經)

Libro di Gesù Messia 서청미시가[소]경(序廳迷詩訶[所]經)

Libro nascosto 장서(藏書)

Licé 이지(李贄)

Licem [Li Cheng] 이성(李成)

Licenziato 효렴(孝廉)

Licezao [Li Chih-tsao] 이지조(李之藻)

Liccioenhuo [Li Ch'un-ho] 이춘화(李春和)

Lichin [Li Chin] 이금(李錦)

Liciou 이탁오(李卓吾)

Licoamzu [Li Kuang-tsu] 이광조(李光祖)

Lience [Lien-chih] 연지(蓮池)

Lieu [Liu] 유(劉)

Lieuchi [Liu Chi] 유기(劉基)

Lieuchieu [o Formosa] 유구(琉球)

Lieuichim [Liu Yi-ching] 유일경(劉一燝)

Lieugioiü [Liu Jo-Yü] 유약우(劉若愚)

Lieuicoam [Liu Yi-kuang] 유일광(劉一爌)

Lieuiiü [Liu Yi-yü] 유일욱(劉一煜)

Lieuincciam [Liu Yin-ch'ang] 유윤창(劉胤昌)

Lieupusié o Lieuppuosi [Liu P'o-hsi] 유파석(劉婆惜)

Lieusciiam [Liu Hsiang] 유향(劉向)

Lieusinttom [Liu Hsin-t'ung] 유심동(劉心同)

Lieuteusciiü o Leuteuhiu 유두허(劉斗墟)

Lieutomsim [Liu Tung-hsing] 유동성(劉東星)

Lieuttiensiü [Liu T'ien-hsü] 유천서(劉天緒)

Lieuuenfam [Liu Wen-fang] 유문방(劉文芳)

Lieuziéciae o Leusciezai 유절재(劉節齋)

Lieuzomceu [Liu Tsung-chou] 유종주(劉宗周)

Lieuzu 육조(六祖)

Ligehoa [Li Je-hua] 이일화(李日華)

Ligiucem 이여정(李汝禎)

Lihoan [Li Huan] 이환(李環)

Liimsce [Li Yng-shih] 이응시(李應試)

Liittam [Li Yi-t'ang] 이이당(李以唐)

Lilimiün [Li Ling-yün] 이릉운(李凌雲)

Limlomi 영롱의(玲瓏儀)

Limsitao o Lincitao 영서도(嶺西道)

Lin 임(林)

Linchienscem [Lin Chien-sheng] 임건승(林建陞)

Linchü 임구(臨朐)

Linchwanhsien 임천현(臨川縣)

Lincuocoam [Lin Kuo-kuang] 임국광(林國光)

Linieu [Lin-you] 인유(鱗游)

Lingiucciu [Lin Ju-ch'u] 임여초(林如楚)

Lingkiang 능강(淩江)

[Lingo] zzüen 존원(存園)

Lingozuon 이아존(李我存)

Linhsiang 임상(臨湘)

Linhwang 임황(臨潢)

Linpimhan [Lin Ping-han] 임병한(林秉漢)

Linkiangfu o Linchwanfu 임강부(臨江府)

Lintsing o Linzin 임청(臨淸)

Linting 냉정(冷汀)

Lipu Sciansciu 예부상서(禮部尙書)

Lisanzae [Li San-tsai] 이삼재(李三才)

Liscianlan [Li Shan-lan] 이선란(李善蘭)

Lise [Li Szu] 이사(李斯)

Lista dei missionari gesuiti venuti dall'Europa 야소회서래제위선생
 성씨(耶蘇會西來諸位先生姓氏)

Litae [Li Tai] 이대(李戴)

Littimchi [Li T'ing-chi] 이정기(李廷機)

Liü [Lu] 여(慮)

Liü [Lü] 여씨(呂氏)

Liücen [Lü Chen] 여진(呂震)

Liüliamzuo [Lü Liang-tso] 여량좌(呂良佐)

Liüpuuei [Lü Pu-wei] 여불위(呂不韋)

Liusanfu 여삼부(呂三府)

Liütalin [Lü Ta-Lin] 여대림(呂大臨)

Lisinciae o Lisinciai 이심재(李心齋)

Lisiüeṅi [Li Hsüan-Yi] 이선의(李宣義)

Li-shui 율수(溧水)

Litae 이재(李載)

Litao [Li Tao] 이도(李道)

Littaezae 이태재(李太宰)

Liü 여산(廬山)

Liu Sanfu 여삼부(呂三府)

Liüling 여릉(廬陵)

Liüliamzuo [Lü Liang-tso] 여량좌(呂良佐)

Liüttimsiüen [델리야 신부와 마찬가지로, 역자도 이 사람에 대한 정보
   를 찾지 못했다.]

Liyang 율양(溧陽)

Lizae [Li Tsai] 이재(李載)

Lizeccem [Li Tzu-ch'eng] 이자성(李自成)

Lizin [Li Chin] 이진(李晉)

Lizzepin [Li Tz'u-pin] 이차방(李次龐)

Lo 나(羅)

Loching 낙청(樂淸)

Lochizom [Lo Chi-tsung] 나계종(羅繼宗)

Lodi Imperiali della Vera Religione 정교봉포(正敎奉襃)[중국인 학자

신부 황백록(黃伯錄, 1830~1909)이 한문으로 저술한 중국 천주교회사]

Logica 명리탐(名理探) 혹은 명리(名理)

Logiufam [Lo Ju-fang] 나여방(羅汝芳)

Lohan 나한(羅漢)

Lokchong 낙창(樂昌)

Lomcchim [Lung Ch'ing] 융경(隆慶)

Lomeuttem [Lo Mou-T'eng] 나무등(羅懋登)

Lomimgioei [Lung Ying-jui] 용응서(龍應瑞)

Lomiü [Lung-yü] 용여(龍與)

Longan 낙안왕(樂安王)

Loyang 낙양(洛陽)

Lozu o Lieuzu o Luzu 육조(六祖)

Lu 노(盧)

Luchieuiüen [Lu Chiü-Yüan] 육구연(陸九淵)

Lüeňiü o dei Discorsi 논어(論語)

Lun Hêng 논형(論衡)

Luhueinem [Lu Hui-neng] 노혜(盧惠) [혜능(慧能)]

Lungchi o Lungki 용계(龍溪)

Lungyen 용암(龍巖)

Lushi 여씨(慮氏)

Luuenchae o Lu Uanchae[Wan-kai] 육만해(陸萬陔)

Luzziüen [Lu-ch'üan] 노천(魯泉)

M

Maccone 마공(馬公)

Macheng o Ma-tsch'eng 마성(麻城)

Machia 마가(馬家)

Machimlüen [Ma Ching-lun] 마경론(馬經論)

Mandgalyāyana / Mulien [Mu Lien] 목련(目連)

Maggiordono del Palazzo del Principe Ereditario 좌유덕(左諭德)

Mahuo 마화(馬和)

Managechiana 마나야가나(麻那惹加那)

Manuale pratico di amministrazione 경세실용편(經世實用篇)

Manzi 만자(蠻子)

Maoilu 모일로(毛一鷺)

Maotécchi [Mao T'e-ch'i] 모덕기(毛德琦)

Mappamondo universale 『산해여지전도(山海與地全圖)』

Mattam 마당(馬堂)

Mauencchim [Ma Wen-ch'ing] 마문경(馬文卿)

Medicina per medicare l'infermità 간병약(看病藥)

Mei pé [Mei-pai] 매백(梅伯)

Meiling 매령(梅嶺)

Meiti 묵적(墨翟)

Memoriale dei Riti 예기(禮記)

Memorie poetiche dei Mim 명시기사(明詩紀事)

Memorie sull'acqua santa 성수기언(聖水紀言)

Mencio o Momze [Meng Tzu] 맹자(孟子)

Meselelec o Merketalik o Merket-tallik 메셀레크

Méti [Mo Ti] 묵적(墨翟)

Metodi e Teoria delle misure [geometriche] 측량법의(測量法義)

Meucam [Mou-kang] 무강(茂岡)

Meuhoae [Mou-huai] 무회(茂槐)

Meulom [Mou Lung] 모롱(謀壠)

Meuze [Mou Tzu] 모자(牟子)

Miao 묘(苗)

Mim chi 명기(明紀)

Mimchiao 명교(明敎)

Mimcao [Ming-kao] 명고(明皐)

Mimccem [Ming-ch'eng] 명성(明成) 혹은 명성(名誠)

Mimi [Ming-yi] 명일(明逸)

Mimiüen [Ming-yüan] 명원(明遠)

Mimscia [Ming-sha] 명사(明沙)

Mince [Min-chih] 민지(民志)

Mingieda o Mingyedi o Ming-jigda 명예다

Minhsien 민현(閩縣)

Ministero delle finanze 호부(戶部) 혹은 호부상서(戶部尙書)

Ministero della Guerra 병부(兵部) 혹은 병부상서(兵部尙書)

Ministero dei Culti 숭복사(崇福寺)

Ministero dei Lavori Pubblici 공부(工部) 혹은 공부상서(工部尙書)

Ministero dei Riti 예부(禮部) 혹은 예부상서(禮部尙書)

Ministero di Grazia e Giustizia 형부(刑部)

Ministero degli Uffici Civili 이부(吏部) 혹은 이부상서(吏部尙書)

Ministro 상서(尙書)

Ministro dei Riti 대종백(大宗伯)

Minutante della Cancelleria Imperiale 시독학사(侍讀學士)

Miscellanee di Sungkiang 운간잡지(雲間雜誌)

Miscellanee della Sala di pittura e di meditazione 화선실수필(畵
禪室隨筆)

Miscellanee dello studio Iücam 울강재필진(鬱岡齋筆塵)

Miscellanee sul Fiume Hoae e sui mari 회해집(淮海集)

Mochi 마지(麻地)

Mollà o mollah o moollah 만자(滿剌) 학라(吒喇)

Momnan [Meng-nan] 맹남(孟男)

Möngkä 몽가(蒙哥)

Monte Kitso 계족산(雞足山)

Monte Lao 뇌산(牢山)

Monte Liu 여산(呂山)

Monte Wulim 무림산(武林山)

Monte Wutai 오대산(五臺山)

Moscia o Misceho 미시가(彌施訶)

Moticam o Motikang 마지강(麻地岡)

Mucam [Mu-kang] 모강(慕岡)

Muciom [Mu-chung] 목중(木仲)

Mullasi, اما o Mullash 회교 학자들[오늘날 Mullah]

Muzon [Mu Tsung] 목종(穆宗)

N

Ngai o Nghae [Ai] 애(艾)

Nagasaki 나가사키(長崎)

Namyung 남웅(南雄)

Nanhium o Namyung o Nanhiom 남웅(南雄)

Nancheng 남성(南城)

Nanchino o Nanking o Nanquim 남경(南京)// 남직례(南直隷) / 유
　도(雷都)

Nanchung 남충(南充)

Nanciam o Nanchan o Nanchão 남창(南昌)

Nanhai 남해(南海)

Nanhoa 남화(南華)

Nankang 남강(南康)

Nankangli 남강리(南岡里)

Nanpu 남포(南浦)

Nansciao o Nanshao 남소도(南韶道)

Nanyang 남양(南陽)

Neihwang 내황(內黃)

Nganieu [An-you] 안우(安友)

Ngansi [Anhsi] 안서(安西)

Nghae [Ai] 애(哀)

Nghaeiamiscĕ 애아미실(愛牙迷失)

Nghaettien [Ai T'ien] 예전(艾田)

Nghencom[En-kung] 은공(恩公)

Ngozzüen [Wo-ts'ung] 아존(我存)

Nhiethaiscian 엽대산(葉臺山)

Nienchiam [Nienchiang] 염강(念江)

Nientom [Nien-tung] 염동(念東)

Niiccem o Niva [Ni Yi-ch'eng] 예일성(倪一誠) 야고보

Niṁiü [Ning-yü] 영우(寧宇)

Ninghsia 영하(寧夏)

Ningpo o Ninpo 영파(寧波)

Ningtu 영도(寧都)

Nomi di contee e di regni antichi e moderni 고금군국명류(古今郡
國名類)

Nozioni generali di cosmografia e di geografia 우주학과 지리의
일반적인 개념, 『천지혼의설(天地渾儀說)』

O

Oceano Occidentale 서양(西洋)

Oghul Caimiscĕ 간올입해미실(幹兀立海迷失)

Oitogràc o Oi-tograk o Oi-toghraq 오이토그라크

Olandesi 홍모(紅毛)

Öllciam [Erh-chang] 이장(爾張)

Öllscioei [Erh-shui] 이수(二水)

Olohan 아라한(阿羅漢)

Olopen 아라본(阿羅本)

Olouho 아라하(阿羅訶)

Öngüt 옹구트족(Ongud, 汪古部 또는 翁牛特族)

Opere Complete del Ministro Foncchi 『풍기종백집(馮琦宗伯集)』

Ordos 오르도스(중국 네이멍구 자치구의 중남부에 있는 고원 지역)

Osciano o Osciami 화상(和尙)

Ospite del Principe Ereditario 태자빈객(太子賓客)

Osservazioni critiche sul viaggio in Occidente 비평서유기(批評西
遊記)

P

Pace genarale 비공(非攻)

Pachow 패주(霸洲)

Padiglione della Concordia protetta 보화전(保和殿)

Padiglione della media Estremità 중극전(中極殿)

Padiglione imperiale 자녕궁(慈寧宮)

Padiglione imperiale della Longevità 수황전(壽皇殿)

Pagoda India 천축사(天竺寺)

Pagoda Limin 영은사(靈隱寺)

Pai 배(拜)

Paishali 백사리(白沙里)

Palazzo dei barbari 사이관(四夷館)

Palazzo del Sottoprefetto di Tahsing 대흥현(大興縣)

Palazzo del Sottoprefetto di Yüanping 완평현(宛平縣)

Palien 백련교(白蓮敎)

Pancu [Pan ku] 반고(班固)

Paochienzié [Pao Chien-chieh] 포견첩(包見捷)

Paoting o Paotinfu 보정(保定)

Papa 발파(發波)

Paradosse 기인십편(畸人十篇)

Parenti del Re 왕부(王府)

Parole autentiche dei due fratelli 이정수언(二程粹言)

Parole chiare 근언(近言)

Parvàm o Paruan[Parwan] 팔로만(八魯灣)

Pasquale Mendes 파스콸레 멘데스 구양후(丘良厚)

Passáur o Pesciāur o Peshāwur 페샤와르, 포로사포라(布路沙布羅)

PCLC(Primi libri cristiani)[북경, 1629] 천학초함(天學初函)[이지조가
집대성]

Pechino o Peking o Pacchino o Pequim 북경(北京) 또는 북직례(北
直隷)

Pekiang 북강(北江)

Pého 백하(白河)

Peiping 북평(北平)

Péiü [Pai-yü] 백유(伯裕)

Pencu [Pen-ku] 본고(本固)

Pentateuco 대경(大經)

Penzzim [Pen Ch'ing] 본청(本淸)

Péppim [Pe-p'ing, Peiping] 북평(北平)

Persiani 파시(波斯)

Pésciao [Pai-shao] 백소(伯昭)

Pesciāur o Peshāwur 페샤우르, 포로사포라(布路沙布羅), 부루사(富樓
沙)

Péttam o Chiesa del nord 북당(北堂)

Pi[comccen] [Pi (Kung-ch'en)] 필(畢)[공신(拱辰)]

Piccolo Oceano Occidentale 소서양(小西洋)

Pien o pienngo 편(扁) 혹은 편액(扁額)

Pietra Iaspe 옥석(玉石), 비취

Piiüen [Pi Yüan] 필원(畢沅)

Pimfu [Ping-fu] 병부(病夫)

Pimpitao o Pinpitao 병비도(兵備道)

Pin 빈주(濱州)

Pinchwan 빈천(賓川)

Pinghu 평호(平湖)

Pingyang o Pinyang 평양(平陽)

Piniscem [Pin Yi-sheng] 빈의생(蠙衣生)

Pinttié 빈철(鑌鐵)

Pitagora 피타고라스(페타와자 閉他臥剌)

Piyang 필양(泌陽)

Poesie offerte dai Signori del Fukien 민중제공증시(閩中諸公贈詩)

Pohai 발해(渤海)

Pohpeh 박백(博白)

Polvere di archibugio o medicina di archibugio 쟁약(鎗藥)

Porta del Sud Esatto 정양문(正陽門)

Porta Feuccem 부성문(阜城門)

Porta Homu 홍무문(洪武門)

Porta Iaofam 요방문(姚坊門)

Porta Nganté 안덕문(安德門)

Porta Ppimze 평즉문(平則門)

Porta Siü 서문(胥門)

Porta Süeńu 선무문(宣武門)

Porta Téscen 덕승문(德勝門)

Porta U 우문(牛門)

Posta di Soochow 고소역(姑蘇驛)

Ppamcchi [P'ang Ch'i] 팽기(彭奇)

Ppamlichiao [P'ang Lichiao] 방리교(龐履敎)

Ppaniomccioen [P'an Yung-ch'un] 반융춘(潘融春)

Ppansiam [P'an Hsing] 반상(潘相)

Ppem 팽(彭) Ppemzomuam [P'eng Tsung-wang] 팽종왕(彭宗旺)

Ppemueiccem [P'eng Wei-ch'eng] 팽유성(彭惟成)

Ppili 벽력천(霹靂泉)

Ppimzzim [P'ing-ch'ing] 평천(平倩)

Precettore del Principe Ereditario 동궁강독관(東宮講讀官) o 태자태
전(太子太傅)

Predella dello specchio delle punizioni 얼경대(孼鏡臺)

Predicatori della dottrina 강학(講學)

Prefazione 서문(序文) Préfaces 혹은 서(序)

Prefazione a Stampe offerte [all'Imperatore] 진정서상(進呈書像)

Prefazione alla Carta geografica completa dei monti e dei mari
산해여지전도서(山海輿地全圖序)

Prefazione ed Elogio della Stela della propagazione del
cristianesimo[nestoriano] in Cina 경교유행중국비송병(景敎流行中
國碑頌幷)

Prefetto 지부(知府)

Prefetto di Juichow 서주(瑞州)

Prefettura 현(縣)

Prefettura di Paoting 보정부(保定府)

Preghiere per diverse circostanze 천주성교일과(天主聖敎日課)

Premessa 소언(小言)

Presidente del Censorato 우검도어사(右檢都御史) 혹은 도찰원우첨도어사(都察院右僉都御史) / 우도어사(右都御史)

Presidente del Consiglio degli esami licenziati 석사(거인) 시험 감독 관장

Presidente dell'Accademia 서원장(書院長)

Presidente dell'Accademia dei Nobili 제주(祭酒)

Presidente della Corte dei banchetti 광록대부(光祿大夫)

Presidente della Corte Suprema 태리경(太理卿) 혹은 태리시경(太理寺卿)

Pretori 법무관

Prima Collezione di Libri Cristiani 천학초함(天學初涵)

Primo Eunuco di palazzo 제독태감(提督太監)

Primo figlio 원자(元子)

Prima Giudice criminale 추관(推官)

Prima Magistrato 지주(知州)

Prima Segretario 주사(主事)

Primo Vice-presidente del Censorato 좌부도어사(左副都御史)

Primo Ministro 당국(當國)/ 총리

Principe di Chiengan o Kienan 건안왕(建安王)

Principe di Longan o Loan 낙안왕(樂安王)

Principe Ccami [K'ang Yi] 강의왕(康懿王)

Principe Ereditario 태자(太子)

Proibizione di uccidere gli esseri viventi nel Catechismo 천주실의살생변(天主實義殺生辯)

Prove della Santa Religione 성교신증(聖敎信證)

Provincia di Nanchino 남직례(南直隷)

Provveditore legale 집법(執法)

Pucciàn o Pucian 푸치안, 벽전(闢展)

Pucinsu o Pucemse 포정사(布政司)

Pucheng 포성(蒲城)

Puchow 포주(蒲州)

Puhaoli [Pu Hao-li] 전호례(傳好禮)

Puhyang o Puyang 복양(濮陽)

Pulomchi [Pulunchi] 복륭길(卜隆吉)

Putuo o Pootoo 보타(普陀)

Q

Quadrante geometrico 표도설(表度說)

Quadrato geometrico 구도(矩度)

Quadro del Signor del Cielo 천주상(天主像)

Quaingan 회안(淮安)

Quanhiao 광효사(光孝寺)

Quantone o Kwangtung 광동(廣東)

Quanzhou 오늘날의 천주(泉州)

Quattro Libri 사서(四書)

Quinlie o Chimlio 경략(經略)

R

Raccolta della camera del pesco violaceo 자도잡철(紫桃雜綴)

Raccolta di documenti cristiani 천학집해(天學集解)

Raccolta di pittori della dinastia Zzin 국조징록(國朝徵錄)

Raccolta di poesia delle varie dinastie 열조시집(列朝詩集)

Raccolta di Preghiere 기도집(祈禱集)

Raccolta di uomini illustri 헌징록(獻徵錄)

Raccolta di Siüélam 설랑집(雪浪集)

Raccolta di Téiüen 덕원집(德園集)

Raccolta per i principianti 초학집(初學集)

Re del seno della terra 지장왕(地藏王)

Redattore all'Accademia o Redattore di seconda classe all'Accademia 편수(編修)

Redattore di prima classe 수찬(修撰)

Regione di Paotinfu 보정부(保定府)

Regno dei Liao Occidentali 서요(西遼) 왕국

Regola del tre 삼수산법(三數算法)

Regolamenti mensili amplificati 월령광의(月令廣義)

Relazione di viaggi 경행기(經行記)

Reminiscenze 담왕(談往)

Rete di Brahma 범망경(梵網經)

Revisore nell'Ufficio imperiale d'istruzione 소첨사(少詹事)

Ristampa 재인쇄(교재, 較梓)

Rituale dei Ceu 주례(周禮)

Rivista Cattolica 성교잡지(聖敎雜誌)

Rivista Ngozzüen 아존잡지(我存雜誌)

Romanzo popolare sulla Memorie dell'Oceano Occidentale 서양기
통속연의(西洋記通俗演義)

Rūm 노미(魯迷)

Sacerdote 살책아탁덕(撒責兒鐸德)

Sala de' forestieri 객청(客廳)

Sala del chiaro specchio 명경당(明鏡堂)

Sala del riposo 편전(便殿)

Samarhan o Samarcanda [Samarkand] 사마르칸트, 살마아한(撒馬
兒罕)

San Francesco d'Assisi 방제서방성인(芳薺西邦聖人)

San-ço 삼저(參著)

Sanchiao 삼교(三敎)(회회 回回)

Sanhoae o Sanhoei 삼회(三淮)

Sanliho 삼리하(三里河)

Santaocheu [Santaokou] 삼도구(三道溝)

Sapienza 지(智)

Sare Guebedal o Sare-Guebedal 사르 궤베달

Saregabedàl o Sarigh-Abdal 사리그압달

Sarīcol o Sarcil [Sarīkol o Sirīkol] 사르타(朅盤陀), 갈반타(渴槃陀)
[=Kabhanda], 카르반다(朅盤陀國)로도 표기

Satelliti 조예(皂隸)

Sce[Shih] 석(石)

Scechia 석가(釋迦)

Sceciomhan [Shih Chung-han] 시중함(施仲含)

Sceciuzeliam [Shihchutzuliang] 석주자량(石柱子梁)

Scecu [Shih-ku] 사고(師古)

Scehoamti [Shih Huang-ti] 시황제(始皇帝)

Scehomchi o Francesco de Lagea 석굉기(石宏基) 라게아

Scehomchi Heuzzi [Shih Hung-chi Hou-ch'i] 석굉기후제(石宏基厚齊)

Scelan 석란(石欄)

Scelanöll 석란아(石欄兒)

Scelin [Shih-lin] 석림(石林)

Scelou 석공진(石拱辰)

Scelu [Shih-lu] 세록(世祿)

Scen [Shen] 심(沈)

Scencchio [Shen Ch'io] 심최(沈漼)

Scenchiaomen 심교문(沈蛟門)

Scenciuhom 심주굉(沈袾宏)

Scene di agricoltura e di tessitura 『경직도(耕織圖)』

Scenicoan [Shen Yi-kuan] 심일관(沈一貫)

Scenieuiom [Shen Yu-jung] 심유용(沈有容)

Scenli [Shen Li] 심리(沈鯉)

Scenlimiü [Shen Ling-yü] 심령예(沈令譽)

Scenminlei [Shen Min-lei] 심명뢰(沈鳴雷)

Scennom [Shen Nung] 신농(神農)

Scenscien [Shen-hsien] 신헌(愼軒)

Scensi 섬서(陝西)

Scensieu 신수(愼修)

Scenueichim [Shen Wei-ching] 심유경(沈惟敬)

Scentéfu [Shen The-fu] 심덕부(沈德符)[1328-1401]

Scenzom 신종(神宗): 만력(萬曆) 황제를 일컫는 말

Scesim 석성(石星)

Scetao 사도(師道)

Scetécem [Shih The-cheng] 시덕정(施德政)

Sceüsciuen [Shou-hsüan] 수현거사(守玄居士)

Sceze cam 석자강(石子岡)

Scezù hoeihoei 십자회회(十字回回)

Scholi 논(論)

Sciala o Shala 책란(柵欄)

Sciam [Shang] 상(商)

Sciamce [Shang-chih] 상식(尙植)

Sciamme [Shangmo] 상묵(尙默)

Sciamti 상제(上帝)

Sanciano 상천(上川)

Sciangai o Shanghai o Scianghai 상해(上海)

Scianscio 상숙(常熟)

Sciansciu 상서(尙書)

Sciansi 산서(山西)

Sciantum o Sciantun o Sciantone 산동(山東)

Sciaoceu, Shiuchow o Sciaoceo o Xaucheo 소주(韶州)

Sciaoiom [Shao Yung] 소옹(邵雍)

Sciazüenze [Shachüantzu] 사천자(沙泉子)

Sciia [Hsia] 하(夏)

Sciiachim [Hsia-ching] 하경(夏卿)

Sciaochin o Sciaochino 조경(肇慶)

Sciaocioan [Shao-chuan] 소전(紹傳)

Sciechia 석가(釋迦)

Sciia [Hsia] 하(夏)

Sciiacian [Hsia-chan] 하첨(夏詹)

Sciiamcao [Hsiang-kao] 향고(向高)

Sciiamta [Hsiang Ta] 향달(向達)

Sciiaolimuei o Hsialingwei 효릉위(孝陵衛)

Sciiaotim [Hsiao Ting] 효정(孝定)

Sciiappim 하평(下坪)

Sciiommimiü [Hsiung Ming-yü] 웅명우(熊明遇)

Sciiü 허(許)

Sciiü-Siü sce 허서씨(許徐氏)

Sciiücenchiün [Hsü Chen-chün] o Hiuchiuncun 허진군(許眞君)

Sciiühomcam [Hsü Hung-kang] 허홍강(許弘綱)

Sciiüiüentu [Hsü Yüan-tu] 허원도(許遠度)

Sciiüloscian [Hsü Lo-shan] 허락선(許樂善)

Sciiüsiüccen 허서신(許胥臣)

Scilan o Scielou 시랑(侍郞) [석공진(石拱辰) o 석시랑(石侍郞)]

Scimciam 형장(刑長)

Scimiünlu [Shing Yün-lu] 형운로(邢雲路)

Scioamlin [Shuang-lin] 쌍림(雙林)

Scioamtapao [Shuangtapao] 쌍탑보(雙塔堡)

Scioen [Shun] 순(舜)

Scioeñiü [Shun-yü] 순옥(純玉)

Sciüence 순치문(順治門)

Sciüenccem 순승(順承)

Sciüencchim [Hsüan-ch'ing] 현경(鉉卿)

Sciüenhu [Hsüan-hu] 현호(玄扈)

Sciüenzam [Hsüan Tsang] 현장(玄奘) o Iüenzam [Yüan Tsang] 원
장(元奘)

Scioensci [Shun-hsi] 순희(淳熙)

Sciumeu [Hsu-mou] 숙무(叔茂)

Sciuncin 순승문(順承門)

Sciuscioen [Shu-shun] 숙순(叔醇)

Sciusciu chii 수술기유(數術記遺)

Scritti di Junan 여남유사(汝南遺事)

Se suo 사소(私所)

Secondo Sottosegretario di Stato al Ministero dei Riti 예부우시랑
(禮部右侍郎)

Secondo Vice-presidente del Censorato 우첨도어사(右僉都御史)

Sedia coperta 옥교(屋轎) [가마(轎)]

Segretario 주사(主事)/ 첨사(僉事)

Segretario dei paesi tributari 직방주사(職方主事)

Segretario del Ministero degli Uffici Civili 전부(銓部)

Segretario dell'annona per Ninghsia 독리녕하량저랑중(督理寧夏糧
儲郞中)

Segretario della Soprintendenza dell'Istruzione Imperiale 좌중윤
(左中允)

Segretario dell'Ufficio dei sigilli imperiali 상보승(尙寶丞)

Segretario nell'Ufficio dello Scrutinio 고공사(考功司)

Segretario per gli affari criminali 추관(推官)

Sei Dottrine 육경(六經)

Sei Libri di Euclide 기하원본(幾何原本)

Semacoam [Szu-ma Kuang] 사마광(司馬光)

Sezione delle Finanze 호과(戶科)

Sezione dei Riti 예과(禮科)

Sezione Generale dell'Aritmetica 동문산지통편(同文算指通編)

Sfera o Globo terrestre 지구(地球)/『천문략(天問略)』

Sfera o Sphaera 천구론 주해(클라비우스)/ 혼개통헌도설(渾蓋通憲圖
　　說)(이지조)

Shanchow 전주(澶州)

Shanghai o Scianghai 상해(上海)

Shangyao 상요(上窯)

Shansi 산서(山西)

Shansien 단현(單縣)

Shantung o Sciantun 산동(山東)

Shanyüan 상원(上元)/ 전연(澶淵)

Shaohing 소흥(紹興)

Shaoyang 소양(邵陽)

Shenchow 심주(深州)

Shensi 섬서(陝西)

Shiki 지기(志伎)

Shohchow 삭주(朔州)

Shunching 순경(順慶)

Shunteh 순덕(順德)

Shunyao 순요(順堯)

Signor del cielo 천주(天主)

Si-yu 서역(西域)

Siam o Sião 시암, 섬라(暹羅)

Siamccoei [Hsiang-kʼuei] 상규(相奎)

Sian o Singan 서안(西安)

Siao 소(蕭)

Siaotahem 소대형(蕭大亨)

Siéliamzuo [Hsieh Liang-Tso] 사량좌(謝良佐)

Siécuocem [Hsieh Kuo-cheng] 사국정(謝國楨)

Siésceien [Hsieh Shih-yen] 설사언(薛士彦)

Siésciüen [Hsieh Hsüan] 설선(薛瑄)

Siéttaecchim [Hsich Tʼai-chʼing] 사태경(謝台卿)

Sieuce [Hsiu-chih] 수지(修之)

Signor del Cielo 천주(天主)

Silim [Hsi Ling] 서릉씨(西陵氏)

Sim [Hsing] 성(星)

Sim Tem o Sing Teng 성등(姓鄧)

Simpé [Hsing-pai] 성백(星白)

Simsimsciia [Hsingsinghsia] 성성협(星星峽)

Sinagoga 시나고가[禮拜寺]

Sincceu 신축(辛丑)

Sinchen 신진(新鎭)

Singtze 성자현(星子縣)

Sinhui 신회(新會)

Sining 서녕(西甯)

Sinkien 신건(新建)

Sintienzzuen o Sintientsun 신전촌(新田村)

Sinttam [Hsin-t'ang] 심당(心堂)

Sinttom [Hsin-t'ung] 심동(心同)

Sir-i-Pāmir 세르파닐(파미르고원)

Siü [Hsü] 서(徐)

Süancheng 선성(宣城)

Siücciamce [Hsü Ch'ang-chih] 서창치(徐昌治)

Siüchimscien [Hsü Ching-Hsien] 서경현(徐景賢)

Siüchow o Siuceo 서주(徐州)

Siücoamcchi 서광계(徐光啓)

Siüelam [Hsüeh-lang] 설랑(雪浪)

Siüen [Sun] 손(孫)

Siüeniüenhoa [Sun Yüan-hua] 손원화(孫元化)

Siüensciiosce [Sun Hsiüeh-shih] 손학시(孫學詩)

Siüenu 선무문(宣武門)

Siühomchi [Hsü Hung-chi] 서홍기(徐弘基)

Siüio [Hsu Yao] 서악(徐岳)

Siuning 휴녕(休寧)

Siünze [Hsün-Tzu] 순자(荀子)

Siüseccem 서사성(徐思誠)

Siushui 수수(秀水)

Siütagen o Siutagin 서대임(徐大任)

Siüuenttim 서문정(徐文定) = 徐光啓 集

Siuzai 수재(秀才)

Siwantze 서만자(西彎子)

Soli 쇄리(瑣里)

Som 숭(嵩)

Somimcciam [Sung Ying-Ch'ang] 송응창(宋應昌)

Somma della scuola "Filosofia della Natura" 성리대전(性理大全)

Sopraintendente 독(督)

Sopraintendente delle munizioni militari 군수품 관리 감독관

Sorghaqtani 사로홀첩니(唆魯忽帖尼)

Sottoprefetto 지현(知縣)

Sottosegretario di Stato 시랑(侍郎)

Specchio legale dei Censori 난대법감록(蘭臺法鑒錄)

Spiegazione dei Quattro Libri 사서질의(四書質義)

Spigolature nei campi 야획편(野獲篇)

Spiegazione dei nomi di contee e di città 군현석명(郡縣釋名)

Spiegazione della Dottrina Cristiana 천주교요해략(天主敎要解畧)

Spiegazione illustrata degli strumenti di meccanica 기기도설(奇器
圖說)

Spiegazione illustrate per fomentare la rettitudine 양정도해(養正
圖解)

Spirito della porta 문신(門神)

Stele dei dottori 제명비록(提名碑錄)

Stele nestoriana 대진경교유행중국비(大秦景敎流行中國碑)

Storia compendiata 통(通)[감(鑑)]

Storia degli Iüen 원사(元史)

Storia dei Han anteriori 전한서(前漢書)

Storia dei Mim 명사고(明史稿)

Storia dei Ttam 당서(唐書)

Storia del buddhismo in Cina 중국불교사(中國佛敎史)

Storie dinastiche 정사(正史)

Strada imperiale 어로(御路)

Strana foresta 이림(異林)

Studio sul Mappamondo di Matteo Ricci 考利瑪竇的世界地圖

Süancheng 선성(宣城)

Suceo o Soochow 소주(蘇州)

Suchow o Socceo o Socheu 숙주(肅州)

Suchow-Kanchow 감숙(甘肅)

Suciuon o Szechwan 사천(四川)

Süenccochia [Sun K'o-chia] 손극가(孫克家)

Suian 수안(遂安)

Suiyüan 수원(綏遠)

Sumario de la cosas de Jappão 일본 상황들에 관한 개요

Sungli 취이(檇李)

Sungkiang 송강(松江)

Supplemento a "La finestra ricoperta di edera" 봉창속록(蓬窗續錄)

Supplemento alla Storia di Homchien [Hung Chien] 속홍간록(續弘簡錄)

Supremo Dominatore o Supremo Imperatore 상제(上帝)

Susce [Su Shih] 소식(蘇軾)

Sutaium o Sutaiom [Su Ta-jung] 소대용(蘇大用)

Susce [Su Shih] 소식(蘇軾)

Sutomppuo [Su Tung-p'o] o Sutunpo 소동파(蘇東坡)

Szechwan 사천(四川)

Ta Mim 대명(大明)

Ta Si 대서(大西)

Tacoan o Tacquon 달관(達觀)

Tae [Tai] 재(載)

Tahsing 대흥(大興)

Tahu [Ta-hu] 대호(大乎)

Taian 태안(泰安)

Taichow 태주(台州)

Taiho 태화(泰和)

Taio [Ta-yo] 대약(大約)

Taiom [Ta-jung] 대용(大用)

Taitsang 태창(太倉)

Taiyüan 태원(太原)

Talhàn o Talichàn 탈한, 탑리한(塔里寒)

Talichan, Talhan, 塔里寒 탈란

Taliang 대량(大梁)

Tallec o Tallic [Tallik] 탈레크

Tamerlano 티무르

Taming o Tamin 대명(大名)

Tamo 달마(達磨)

Tan 담(擔)

Tangian [Tan-jan] 담연(澹然)

Tantalo 단대씨(但大氏)

Tanyang o Taniam 단양(丹陽)

Taogen 도인(道人)

Taohoei [Tao-hui] 도회(道會)

Taoli 도리(道吏)

Taonan [Tao-nan] 도남(道南)

Taopim [Tao-ping] 도빈(道賓)

Taosce 도사(道士)

Taotéchim 도덕경(道德經)

Taouamlim [Tao Wang-ling] 도망령(陶望齡)

Tapaonghen 대보은(大報恩)

Tartari 타타르, 달단(韃靼)

Tasce [Ta Shih] 달실(達實)

Tauli o Taoli 도리(道吏)

Tausu 도사(道士)

Ta Zzim 대청일통지(大淸一統志)

Tçuzzu o Tçuzu 통사(通事)

Téciom [Tê-chung] 덕중(德仲)

Téfu [Tê-fu] 덕부(德孚)

Tehhing 덕흥(德興)

Téiüen [Tê-yüan] 덕원(德園)

Téiün [Tê-yün] 덕윤(德允)

Tem [Teng] 등(鄧)

Temchiazzüen o Tengkiatsun 등가촌(鄧家村)

Temmeicem [Teng Mei-cheng] 등미정(鄧美政)

Tempio del dio della guerra 관왕묘(關王廟)

Temscelom [Teng Shih-lung] 등사룡(鄧士龍)

Tenduc 당돌(唐突)

Teng-i-Badacsciān 八答黑商, 達巴哈傷 팔답흑상(팔닥고개)

Tengchow 등주(登州)

Tengfeng 등봉(登封)

Tenghi-tar o Tanghetar 탕게타르

Tenghsien 등현(籐縣)

Teorie europee sul corpo umano 태서인신설개(泰西人身說槪)

Terrapieno di Homu 홍무 제방(洪武岡)

Tešcan, Cheman 케만

Tetrabiblio 사서(四書)

Teuciun, Teuzin [Tou-chin] 두진(斗津)

Teusciiü [Tou-hsu] 두허(斗墟)

Tézzim [Tê-ch'ing] 덕청(德淸)

Ti 제(帝)

Ti zam 지장왕(地藏王)

Tiecciucom 철주궁(鐵柱宮)

Tien Chu 천주(天主)

Tiençu 천자(天子)

Tientsin o Tiencin 천진(天津)

Tienzin 천진위(天津衛)

Tihio, Ttisciio 제학(提學)

Tingan 정안(定安)

Tingchow 정주(汀州)

Tizzam 지장(地藏)

Toanchien [Tuan Chien] 단간(端簡)

Toantac o Tughān-tāgh 투안타크

Toanzié [Tun-chieh] 단절(端節)

Togan Timus 순제(順帝)

Tomba dei Mim 황릉(皇陵)

Tomcchicciam [Tung Ch'i-ch'ang] 동기창(董其昌, 1555-1636)

Tomiü [Tung Yü] 동유(董裕)

Tomsim [Tung-hsing] 동성(東星)

Tonchino [Tongking o Tonking] 통킹

Tou-king-pen 독경본(讀經本)

Trapiantazione di un fior di susino in una strana foresta 매화도
　이림(梅花渡異林)

Trattati sul cielo e sulla terra 건곤체의(乾坤體義)

Trattato cinese 중국서설(中國序說)

Trattato dei Quattro Elementi 사원행론(四元行論)

Trattato del Monoteismo 일천론(一天論)

Trattato delle cose di Europa 서양기(西洋記)

Trattato delle Costellazioni 경천해(經天該)

Trattato delle Figure isoperimetre 환용교의(圜容較義)

Trattato sul triangolo rettangolo 구고의(句股義)

Triangolazione 삼우(三隅)

Tribunale delle Cortesie 예부(禮部)

Tripitaka 삼장(三藏)

Tsangchow 창주(滄州)

Tsehchow 택주(澤州)

Tsientang 전당(錢唐)/ 전당(錢塘)

Tsinan 제남(齊南)

Tsingho 청하(淸河)

Tsing-yüan 청원(淸遠)

Tsinhsien 진현(進賢)

Tsining o Zinin 제녕(濟寧)

Tsinkiang o Tsingkiang 진강(晉江)

Tsungming 숭명(崇明)

Ttaefan [T'ai-fan] 태번(泰藩)

Ttaechi o Sommo Estremo 태극(太極)

Ttaeciuo [T'ai-cho] 태졸(太拙)

Ttaeiom [T'ai-yung] 태영(泰永)

Ttaehom [T'ai-hung] 태홍(泰鴻)

Ttaehu o T'au hu 태호(太湖)

Ttaemom [T'ai-mong] 태몽(泰蒙)

Ttaescian [T'ai-shan] 대산(臺山)

Ttam 당(唐)

Ttam [T'ang] 탕(湯)

Ttamiomttom [T'ang Yung-T'ung] 탕용동(湯用彤)

Ttem 등(滕)

Ttien [T'ien] 신(新) / 천(天)

Ttien [T'ien] 전(田)

Ttenciu sce i o Solido Trattato su Dio 천주실의(天主實義)

Ttenciu sce lu 천주실록(天主實錄)

Ttenciu scemchiaocchimom o Manuale del cattolicesimo 천주성
교계몽(天主聖敎啓蒙)

Ttienlo [T'ien Lo] 전락(田樂)

Ttienmu [T'ien-mu] 천목(天目)

Ttienppu [T'ien-p'u] 천단(天溥)

Ttiensciaocoam [T'ien Shao-kuang] 전소광(田少廣)

Ttiensciia 천하(天下)

Ttiensciio 천학(天學)

Ttiensciio sce i o Solido trattato sul Cristianesimo 천학실의(天學實義)

Ttientai [T'ien Ta-yi] 전대익(田大益)

Tticiae [T'i-chai] 체제(體齊)

Ttimsiüen [T'ing-hsüan] 정선(廷選)

Ttmttimcchin [Tung T'ing-ch'in] 동정흠(董廷欽)

Ttomcemse o Trasmettitore dei memoriali 통정사(通政司)

Ttomhoan [T'ung-huan] 통환(統鐶)

Ttomuen soance 동문산지(同文算指): Guida del calcolo con confronti letterari

Tuieu [Tu You] 두우(杜佑)

Tuhoan [Tu Huan] 두환(杜環) o 환(還)

Tum 동(董)

Tunga 동아(東阿)

Tungan 동안(同安)

Tungchang 동창(東昌)

Tungchow 통주(通州)

Tungchwan 동천(潼川)

Tunghu 동호(東湖)

Tungming 대명(大名)

Tungting (Lago) 동정호(洞庭湖)

Tuochem [To Keng] 다경(多煉)

Turfàn 투르판, 토로번(土魯蕃)/ 토로번(土魯番)

Tusce [Tu Shih] 독십(篤什), 도실(都實)

Tutore del Principe Imperiale 태자태보(太子太保)

Tutore dell'Accademia dei Nobili 국자감사업(國子監司業)

Tuttam 도당(都堂)

Tuu [Tu-wu] 독오(篤吾)

U

U o Wu 오(吳)나라

Uam [Wang] 왕(王)

Uamcciom [Wang Ch'ung] 왕충(王充)

Uamcchemttam [Wang K'eng-t'ang] 왕순암(王順菴) 왕긍당(王肯堂)

Uamcecem [Wang Chih-cheng] 왕지정(王之楨)

Uamchiace [Wang Chia-chih] 왕가직(王家稙)

Uamchiennei [Wang Chien-nei] 왕건내(汪建內)

Uamchileu o Guanchileu 왕계루(王繼樓)

Uamciaozuo [Wang Chao-tso] 왕조좌(王朝佐)

Uamciommin [Wang Chung-ming] 왕충명(王忠銘)/ 왕중민(王重民)

Uamchiace [Wang Chia-chih] 왕가직(王家稙)

Uamchin [Wang Chin] 왕근(王菫)

Uamcoan [Wang Kuan] 왕관(王官)

Uamfomsu [Wang Feng-su] 왕풍숙(王豊肅)

Uamgiuscioen [Wang Ju-shun] 왕여훈(王汝訓)/ 왕여정(汪汝淳)

Uamhaoscian [Wang Hao-shan] 왕호선(王好善)

Uamhomsiü [Wang Hung-Hsü] 왕홍서(王鴻緒)

Uamiammim [Wang Yang-ming] 왕양명(王陽明)

Uamiéhom [Wang Yeh-hung] 왕업홍(王業弘)

Uamimchiao o Uam[Wang] Imchiao[Ying-chiao] 왕응교(汪應蛟)

Uamittom [Wang Yi-t'ung] 왕이통(王以通)

Uamiüscia 왕옥사(王玉沙)

Uammomppuo [Wang Meng-p'o] 왕맹박(汪孟樸)

Uamngansce [Wang An-shih] 왕안석(王安石)

Uamppam [Wang P'an] 왕반(王泮)

Uamscetoen [Wang Shih-tun] 왕사돈(王事敦)

Uamseiü [Wang Szu-yü] 왕사우(王嗣虞)

Uamuei [Wang Wei] 왕위(王偉)

Uamuenlu [Wang Wen-Lu] 왕문록(王文祿)

Uamzuo [Wang Tso] 왕좌(王佐)

Uamzziao o Uamzzio [Wang Ch'iao] 왕초(王樵) - Guantuizam

Uanli [Wan Li] 만력(萬曆)

Uansettom [Wan Szu-T'ung] 만사동(萬斯同)

Uccem [Wuch'eng] 무정(武程)

Ucchi [Wu Ch'i] 오계(吳溪)

Uchien [Wu Kien] 오건(吳建)

Ucom [Wu-kung] 무공(無功)

Uei 위(衛)

Uei [Wei] 위(瑋)

Ueicciu [Wei-ch'u] 유추(維樞)

Ueiciao [Wei-chao] 유소(維炤)

Ueiciomscien [Wei Chung-hsien] 위충현(魏忠賢)

Ueii [Wei-yi] 유익(惟益)

Ueiien [Wei-yen] 유언(惟彦)

Ueiiüncem [Wei Yün-cheng] 위윤정(魏允貞)

Ueisceim [Wei Shih-ying] 위시응(魏時應)

Ueizom [Wei-tsung] 유종(惟宗)

Uen [Wen] 문(文)/ Uen [Wen] 文王

Uencchi [Wen-ch'i] 문기(文起)

Uencco [Wen-k'o] 문각(文恪)

Uencioam [Wen-chuang] 문장(文莊)

Uenscioen [Wen Shun] 온순(溫純)

Uenciom [Wen-chun] 문충(文忠)

Uencom [Wen Kung] 문공(文恭)

Ueni [Wen-yi] 문의(文懿)

Uenlim [Wen-ling] 온릉(溫陵)

Uentoan [Wen-tuan] 문단(文端)

Uenttim [Wen-t'ing] 문정(文定)

Uenzi [Wen-chi] 문즉(文卽)

Ufficiale dell'Esercito 군(軍) 사관(士官)

Uffici civili 이부(吏部)

Ufficio astronomico 흠천감(欽天監)

Ufficio dei defunti 망자를 위한 기도

Ufficio del calendario 역국(曆局)

Ufficio della sepoltura e dei defunti 매장 및 망자를 위한 기도문

Ufficio dell'Istruzione imperiale e Precettore 강관(講官)

Ufficio delle trasmissione 통정사(通政司)

Ufficio di benemerenza 계훈사(稽勳司)

Ufficio di Cancelliere maggiore 대법관

Ufficio di revisione 첨사부(詹事府)

Ufficio di Magistrato 지주(知州)

Ufficio idraulico 수부(水部)

Ugan o Ögan o Ugen 우간

Uigur 형흘(迴紇) o 형골(迴鶻)

Uiü [Wu Yü] 오우(吳虞)

ullambana / iülanpen 우란분(盂蘭盆)

Ulumzi [Ulumchi] 오로목제(烏魯木齊)

Uomo vero 진인(眞人)

Uomcemccioen [Weng Cheng-ch'un] 옹정춘(翁正春)

Uomtéuam [Weng Tê-wang] 옹망(翁望) [원회(元燴), 수령(修齡)]

Uquam o Uquan 호광(湖廣)

Usceuam [Wu Shih-wang] 오사망(吳士望)

Usciamce [Wu Shang-chih] 오상지(吳尙志)

Ustâd 오사달(五思達)

Utaonan [Wu Tao-nan] 오도남(吳道南)

Utim [Wu Ting] 오정(吳定)

Uueisin [Wu Wei-hsin] 오유신(吳維新)

Uzohai o Uzuohae 오좌해(吳左海)

V

Vaghi ricordi di cose contemporanee 시사만기(時事漫記)

Vaigino 화인(華仁)

Vantaggi del digiuno 제지(齊旨)

Vasta Collezione illustrata di antichità 박고도(博古圖)

Venticinque parole 『이십오언(二十五言)』

Vero Principio di tutto il creato 『만물진원(萬物眞元)』

Vergine 정녀(貞女)

Vescobo - Bispo 주교비사파(主敎俾斯玻) - 비사파(俾斯玻)

Via del campo occidentale 서영(西營) 가(街)

Via del Culto dei riti 숭례가(崇禮街)

Vice-commissionario per l'Educazione 제학부사(提學副使)

Vice-direttore della Corte dei Sacrifici 태상소경(太常少卿)

Vice-direttore dell'Ufficio dei Conviti per i bisogni dell'esercito
    독군수광록사소경(督軍需光祿寺少卿)

Vice-Esaminatore provinciale 독학부사(督學副使)

Vice-Governatore provinciale 삼정(參政)

Vice-Governatore di Pechino 순천부승(順天府丞)

Vice-prefetto 동지(同知)

Vice Presidente della Corte della Scuderia imperiale 태복시소경
    (太僕寺少卿)

Vice-presidente della Corte di cassazione 대리소경(大理少卿)

Vice-presidente del Censorato 좌부도어사(左副都御史)

- Vice-presidente del Censorato 우부도어사(右副都御史)

Vicerè 총독(總督) / 순무(巡撫)

Villaggio Yangchao 양조리(陽兆里)

Vita del dott. Ricci del Grande Occidente 대서리서태자박(大西利西
    泰子博)

Vita di S. Giosafatte (sicl) 성약살법시말(聖若撒法始末)

Vita straordinaria del Sig. Iamcchiüen 양기원선생초성사적(楊淇園
    先生超性事蹟)

Volontà del Cielo 천지(天志)

Wanan 만안(萬安)

Wantsai 만재(萬載)

Weihaiwei 위해위(威海衛)

Weihwei 위휘(衛輝)

Weinan 위남(渭南)

Wenchow 온주(溫州)

Wengyüan 옹원(翁源)

Wenshang 문상(汶上)

Wu Kuang-ch'ing 오광청(吳光淸)

Wuchang 무창(武昌)

Wuchow 오주(梧州)

Wukiang 오강(吳江)

Wushui o Fiume Wu 무수(武水)

Wusih 무석(無錫)

Wuyüan 무원(婺源)

Xezu [=sceze] 십자교(十字敎)

Xulikien o Selichien 사례감(司禮監)

Yang o Iam 양(揚)

Yangchow o Iamceu o Ianceo 양주(揚州)

Yaoan 요안(姚安)

Yaochow 요주(姚州)

Yé 엽(葉)

Yehsien 액현(掖縣)

Yencheng 염성(鹽城)

Yenching o Yenking 연경(燕京)

Yenchow o Yingchow 엄주(嚴州)

Yenting 염정(鹽亭)

Yentsing 연진(延津)

Yngtak o Inte 영덕(英德)

Yüancheng 원성(元城)

Yüanping 완평(宛平)

Yüanwu 원무(原武)

Yülin 유림(楡林)

Yungfeng 영풍(永豊)

Yungkia 영가(永嘉)

Yünkien 운간(雲間)

Yunnan 운남(雲南)

Yütze 유차(楡次)

Yuwei 석위(石衛)

Yüyao 여요(餘姚)

Zaecé [Tsai-chih] 재지(載贄)

Zaegen [Tsai Jen] 창임(戟任)

Zaeiü [Tsai Yü] 재육(載堉)

Zaetom 자동[나무]-엄나무의 일종으로 보임

Zaihiuthai 채(蔡) / 채수우(蔡守愚)의 다른 박사 친구?

Zaiton 자동(Quanzhou, 刺桐), 오늘날의 천주(泉州)

Zamim [Tzu-ming] 자명(子明)

Zecem [Tzu-cheng] 자정(子貞)

Zeciam [Tzu-chang] 자장(子章)

Zecu [Tzu-ku] 자고(子固)

Zegen [Tzu-jen] 자인(子仁)

Zeliang [Tzu-liang] 자량(自梁)

Zemu [Tzu-mu] 자목(子木)

Zesciia [Tzu Hsia] 자하(子夏)

Zesien [Tzu-hsien] 자선(子先)

Zeu[ien] [Tsou Yen] 추연(騶衍)

Zeuam 자망(子望)

Ziao [Chiao] 초(焦)

Ziaohom 초횡(焦竑)

Ziaopimcem [Chiao Ping-cheng] 초병정(焦秉貞)

Zikawei o Siccawei 서가회(徐家匯)

Zimzzüen o Tsingtsun 정촌(靖村)

Zin Occidentali 서진(西晉)

Zincchim [Chin-ch'ing] 진경(進卿)

Zincioam [Tsin-chuang] 진천(晉川)

Zoeiueilu o Cciachizuo 죄유록(罪惟錄) / 사계좌(査繼佐)

Zumpino 총병(總兵)

Zuo [Tso] 좌전(左傳)

Zuohae [Tso-hai] 좌해(左海)

Zzae 채(蔡)

Zzaecao [Ts'ai Kao] 채과(蔡果)

Zzaemeuscien [Ts'ai Mou-hsien] 채무현(蔡懋賢)

Zzaemeuté [Ts'ai Mou-tê] 채무덕(蔡懋德)

Zzaescienccen [Ts'ai Hsien-ch'en] 채헌신(蔡獻臣)

Zzaesciiüttae [Ts'ai Shou-yü] 채수우(蔡守愚)

Zzamscié [Ts'and Hsieh] 창힐(倉頡)

Zzanlu [Ts'an-lu] 참로(參魯)

Zziao [Ch'iao] 초(樵)

Zziengen [Ch'iu-jen] 추인(秋紉)

Zzao [Ts'zo] 조(曹)

Zzaocemiü [Ts'ao Cheng-yü] 조진여(曹眞予)

Zzaoiüpien 조우변(曹于汴)

Zzeiüen 삼변(三邊)/ 사원(辭源)

Zziaohom 초횡(焦竑)

Zziencchieni [Ch'ien Ch'ien-Yi] 전겸익(錢謙盆)

Zzienfu [Ch'ien-fu] 잠부(潛夫)

Zziensceuciae [Ch'ien Shou-Chai] 전수재(錢收齋)

Zzimluo [Ch'ing-luo] 청라(靑螺)

Zzin 진(晉) / 진(秦)

Zzinchiiüen 진치원(秦致遠), 흔히 '진(秦) 마르티노'로 부름

Zzincoan [Ch'in Kuan] 태관(泰觀)

Zzoeichi [Ts'ui Chi] 최급(崔汲)

Zzoeiteutan [T'sui Tou-tan] 최두담(崔斗瞻)

Zzoeittimsce [Ts'ui T'ing-shih] 최정시(崔庭試)

Zzoeiscecchi [Ts'ui Shih-ch'i] 최사계(崔士啓)

Zzoeiimcco [Ts'ui Ying-k'o] 최응과(崔應科)

Zzomccioan [Ts'ung-ch'uan] 종전(宗傳)

● 옮긴이의 말

역자가 『리치 원전』을 처음 만난 것은 2010년 9월, 마태오 리치 (Matteo Ricci, 利瑪竇, 1552~1610) 서거 400주년 기념, 국제학술대회를 앞두고 논문을 준비하는 과정에서였다. 서강대 로욜라 도서관의 한쪽 끝에 먼지에 싸여 거의 방치된 채로 있었다.

두 권짜리 두꺼운 검은색 양장본으로 중간에 접은 부분이 페이지 밖으로 살짝 삐져나온 걸로 봐서 1949년 이탈리아 왕립학술원 발간 초판본으로 추정되었다. 겉표지와 비교해 내부는 매우 깨끗했다. 서강대학교를 설립한 예수회 소속의 어느 교수가 마태오 리치가 중국을 만난 것과 같은 심정으로, 서강대학교의 초석을 놓은 걸로 짐작되었다.

책을 빌려 신학연구소로 돌아와 뛰는 가슴으로 책을 읽어 나갔다. 며칠간 집에 가는 것도 잊을 만큼 17세기 초, 리치의 서재에서 벗어나지 못했다. 그분과의 인연은 그렇게 시작되었다. 그로부터 14년이 흘렀고, 그간 나는 꽃 피는 봄날에도, 한겨울의 긴 밤에도 책상에 앉아 밤의 적막을 깨고 자판을 두드렸다. 고전 이탈리아어, 포르투갈어와 스페인어, 라틴어 및 중국어 개념까지, 높디높은 언어의 장벽들 속에서도 그분을 대하듯 번역을 이어갔다. 텍스트를 접할수록 '적응'이라는 말은 '물들고 싶다'라는 뜻으로 다가왔고, 사랑의 행동이라는 걸 깨달았다. 동서양 문화와 사고방식의 차이에도 불구하고, 그분이 가졌던 인간에 대한 깊은 사랑과 인내심에 감동과 감탄을 금치 못했다. 그것이 긴 시간을 버틸 수 있었던 힘이었다. 낯선 문화와 사회 속에서 살아온 28년간의 기록을 통해 서학이 어떤 과정을 통해 나왔고, 어떤 내용을 담으려고 했는지, 서양 선교사의 인성과 중국 지성인들의 품격 있는 대화를 보는 즐거움도 한몫했다.

본서『리치 원전(Fonti Ricciane)』(그리스도교의 중국 진출기)은 순찰사 알렉산드로 발리냐노(Alessandro Valignano, 1539~1606)의 마지막 명령에 따라, 리치가 사망하기 전 3년간(1607~1610), 중국선교를 시작한 1583년부터 일자별로 기록한 일지 형식의 보고서다. 당시의 중국 관련 정보는 물론, 근대 초 서양인의 눈에 들어온 극동 아시아의 상황과 국제정세 및 동서양이 무엇을 주고받았는지 등을 알 수 있는 귀중한 자료다.

1910년 이탈리아 정부는 마태오 리치 서거 300주년을 기해, 동서양 문명의 가교가 된 '이탈리아의 위대한 아들'을 기억하기 위해 국가 주도로 이 책을 감수하여 발간하였다. 사업의 총책임은 예수회 소속 중국학자 델리야(Pasquale M. D'Elia S. I.) 신부가 맡았다.

델리야는 이후 30여 년간 원전에서 언급하고 있는 행로를 따라 중국 현지를 답사하고, 기록을 고증하는 한편, 그때까지 연구된 명말청초 동서양 문명교류사의 모든 기록을 각주에 담아 1942년(Volume I)과 1949년(Volume II)에 두 권의 책으로 출판하였다. 책은 다섯 책(册)으로 구분한 리치의 원문 텍스트를 본문으로 하고, 델리야가 검증한 내용과 그때까지 연구된 학문적 자료들을 각주로 달아 방대하고 상세한 정보를 제공하고 있다. 따라서 책은 엄밀히 말해 '리치 원전과 델리야의 주석서 합본'이라고 할 수 있지만, 델리야는 그냥『리치 원전, 그리스도교의 중국 진출기』로 편찬하여 소개하였다. 역자가 번역서로 사용한 판본은 바로 이것이다.

책의 내용은 리치가 세분하여 번호(number)를 단 그대로, 모두 1000번까지 있다. 이것은 리치가 성경을 비롯한 전통적인 고전서의 양식을 그대로 따랐다는 것을 말해 준다.

한편, 『리치 원전』은 본문과 각주의 비교를 통해 리치의 원저에 페레이라와 트리고가 이미 손을 댔고, 거기에 델리야가 다른 방식으로 손을 댄 흔적을 찾아볼 수 있다. 원저자인 리치, 분실된 몇 개의 장(章)을 포르투갈어로 가필한 페레이라, 그것을 그대로 집대성하여 라틴어로 번역하여 유럽으로 가지고 갔던 트리고, 그리고 20세기 초, 이 판본들을 총 정리하여 『리치 원전』으로 소개한 델리야를 통해 본서를 둘러싼 중국학의 변천사를 엿볼 수 있다.

각주가 많아 읽기에 불편한 점이 있겠으나 학문적인 관점에서는 오히려 이 점이 더 중요하게 평가되어야 할 것으로 생각된다. 이것은 핵심 저자인 리치와 델리야가 다른 사람의 경험이나 견해를 빌려서 쓴 것이 아니라, 오로지 자기가 직접 경험하고 느끼고, 연구한 소견을 담은 자료이기 때문에 원문 텍스트에서 읽히는 행간의 의미까지 깊이 있게 통찰할 수가 있다.

이탈리아인 마태오 리치(Matteo Ricci), 중국인 리마두(利瑪竇)의 열정과 성실함을 보면서 한 중국인 학자가 『기인십편』(리치 저) 발문에서 한 말, 리치의 말과 삶이 기이하고, 그야말로 "역설을 사는 사람"이라는 말이 여운으로 남았다. 베네딕토 데 고이스의 묘비명 "카타이를 찾다가 하늘을 발견했다"라는 대목에서는 한국교회의 기원이 떠올랐다. 서학, 서양 학문을 찾다가 천학, 그리스도교를 만난 우리의 이야기 말이다.

저자인 리치와 델리야가 쓴 이탈리아어 특유의 만연체 문장을 최대한 우리말의 통사구조에 맞게 옮기려고 노력했다. 가독성을 생각해서 용어를 쉽게 풀어 쓰려고도 노력했다. 그런데도 여전히 부족한 점이 있는 것은 역자의 능력의 한계이기에, 졸역의 책임은 오로지 역자에게 있음을 밝혀둔다.

끝으로 본서가 나오기까지 결정적인 계기를 마련해준 부산교회사연구소와 지원을 아끼지 않은 한국연구재단에 깊이 감사드린다. 다양한 언어 번역에서 도움을 준 여러 선생님, 특히 중국어 번역에 힘을 보태준 김태완(전남대학교 호남학연구원 특별연구원) 박사님과 방대한 분량의 편집을 맡아 준 세창출판사의 안효희 과장님께 그저 마음을 굽히고 두 손을 모은다.

찾아보기

◎

ㅈ

마태오 리치(Matteo Ricci, 중국명 利瑪竇, 1552-1610)

이탈리아 마르케주 마체라타에서 태어나 예수회에서 운영하는 학교에서 공부했고, 로마로 가서 현(現) 로마대학교 전신인 콜레지움 로마눔에서 당대 최고의 과학자며 교황청 학술원장으로 있던 예수회 소속 아나스타시우스 키르허 교수 밑에서 수학과 물리학을 전공했다.

예수회에 입회하여 신학을 공부하던 중 아시아 선교사로 발탁되어 고아, 코친을 거쳐 당시 동인도지역 예수회 순찰사 알렉산드로 발리냐노의 명으로 아시아선교의 베이스캠프인 마카오에서 중국선교를 준비했다. 중국어와 중국문화에 관한 체계적인 공부를 했고, 중국 내륙으로 파견되어 발리냐노가 수립한 "적응주의 선교 정책"을 실천했다.

1610년 5월 11일 북경에서 58세의 일기로 생을 마감하기까지 28년간 중국인 리마두로 살았다. 그가 보여 준 삶을 통한 대화의 방식은 '긍정적인 타자 형상'으로 각인되었고, 학문을 매개로 한 대화는 동서양 문명의 가교가 되었다. 도덕과 이성, 양심에 초점을 맞춘 인문 서적과 실생활에 도움을 주는 실천학문으로서 과학 기술서의 도입이 그것이었다. 르네상스 시대 유럽에서 꽃을 피운 예술(藝術)도 대화의 수단으로 활용했다. 그 덕분에 절벽으로 표현되던 폐쇄적인 중국 사회에서 대화가 가능한 길을 찾아 동서양 화해를 모색한 방법은 역사의 현시성을 극명하게 보여 주는 사례가 되었다.

김혜경(金惠卿, 세레나)

로마에서 선교신학을 전공하였다. 가톨릭대, 서강대, 성신여대 등에서 강의했고, 현재 부산가톨릭대 연구교수로 있다. 연구과제와 관련하여, 이탈리아에 머물며 피렌체대학교에서 미술사학을 공부하고 있다.

저서로 『예수회의 적응주의 선교』(2013년 가톨릭학술상 수상), 『인류의 꽃이 된 도시, 피렌체』(2017년 세종우수교양도서), 『모든 길은 로마로』(2024), 『세계평화개념사: 인류의 평화, 그 거대 담론의 역사』(공저: 서울대학교 평화통일연구원 편) 등 전공 및 일반교양 도서가 10여 편 있고, 『사랑만이 우리를 구원할 수 있습니다』(프란

저자 소개

역자 소개

체스코 교황 저),『바티칸 박물관, 시대를 초월한 감동』(2023) 등 약 20편의 역서가 있다.

「마태오 리치의 적응주의 선교와 서학서 중심의 문서선교의 상관성에 관한 고찰」 (『선교신학』 제27집, 2011), 「실천하는 영성가 요한 바오로 2세의 평화의 관점에서 본 가난의 문제」(『인간연구』 제21호, 2011), 「선교사들이 직면한 토착언어 문제: 선교역사를 통해 보는 몇 가지 사례」(『신학전망』, 2015), 「왜란 시기 예수회 선교 사들의 일본과 조선 인식―순찰사 알렉산드로 발리냐노의 일본 방문을 중심으로」 (『교회사연구』 49호, 2016), 「마태오 리치의 세계지도에 대한 선교신학적 고찰」 (『신학전망』 제198호, 2017), 「발리냐노의 덴쇼소년사절단(天正遣欧少年使節)의 유럽 순방과 선교 영향」(『선교신학』 제52집, 2018) 등 다수의 논문이 있다.